Filha das Estrelas

Filha das Estrelas

Uma Aventura Secreta

Maud Kristen

Tradução
MARIA STELA GONÇALVES
ADAIL UBIRAJARA SOBRAL

EDITORA PENSAMENTO
São Paulo

Título do original: *Fille des Étoiles.*

Copyright © 1994 Éditions du Levant.

Todos os direitos reservados. Nenhuma parte deste livro pode ser reproduzida ou usada de qualquer forma ou por qualquer meio, eletrônico ou mecânico, inclusive fotocópias, gravações ou sistema de armazenamento em banco de dados, sem permissão por escrito, exceto nos casos de trechos curtos citados em resenhas críticas ou artigos de revistas.

O primeiro número à esquerda indica a edição, ou reedição, desta obra. A primeira dezena à direita indica o ano em que esta edição, ou reedição, foi publicada.

Edição	Ano
1-2-3-4-5-6-7-8-9-10-11	02-03-04-05-06-07-08-09

Direitos de tradução para a língua portuguesa
adquiridos com exclusividade pela
EDITORA PENSAMENTO-CULTRIX LTDA.
Rua Dr. Mário Vicente, 368 — 04270-000 — São Paulo, SP
Fone: 272-1399 — Fax: 272-4770
E-mail: pensamento@cultrix.com.br
http://www.pensamento-cultrix.com.br
que se reserva a propriedade literária desta tradução.

Impresso em nossas oficinas gráficas.

Dedico este livro

Aos Xamãs índios executados pelos cow-boys.
A todas as "feiticeiras" queimadas vivas nas fogueiras da Inquisição.
Aos alquimistas torturados por padres ignorantes.
Aos monges budistas executados pelos Khmers Vermelhos e àqueles que, hoje, silenciosamente, com relação a todos e contra todos, tentam no cotidiano religar o homem ao cosmos, restituindo-lhe sua essência divina, que é a única liberdade.

Agradeço Às Runas de Odin
Às lâminas do Tarô de Marselha
Ao espírito do *I Ching*
Ao meu anjo da guarda
A André B.
e a Gitta Mallatz, no invisível, por todo o conhecimento que tentaram transmitir-me.

Sumário

Introdução	9
A vidência existe desde a aurora da humanidade	21
Minhas explorações no espaço e no tempo	30
A vidência pode mudar o destino	51
Quando o meu anjo da guarda me fala: mensagens pessoais e premonições coletivas	124
Estranhas mensagens sobre o futuro do mundo	142
Saiba tirar proveito da dimensão extra-sensorial	155
Armadilhas a evitar	173
Quando o destino fica "bloqueado": aprenda a transformar suas provações para sair do bloqueio	184
Cataclismo ou mutação? Você decide!	215
Descubra o seu potencial de adaptação à sociedade futura	227
Bibliografia	238

Introdução

Quinze horas. Uma alegre e florida casa de campo. O silêncio.
Vejo água... névoa. Névoa e algumas montanhas... Vejo uma paisagem longínqua, longínqua no espaço e no tempo... Sinto que é velhíssimo este pequeno pedaço de madeira...

Puxa! Como é velho... É uma pequena parte de um conjunto, é um fragmento que fez parte de um todo; ele desejaria voltar justamente à água, está... como que triste. Vejo os séculos que desfilam, um turbilhão talvez e uma aurora ensolarada... O pequeno pedaço de madeira me diz que gostaria de reencontrar o todo do qual veio e retornar às ondas...

E depois mais nada. Minha mão se fechara. Terminara. Eu acabava de "sentir", de "captar" a história de um pedacinho de pau leve e escuro, de cerca de cinco centímetros de comprimento por um centímetro de largura. Mas o homem que acabara de pô-lo na palma da minha mão, alguns minutos antes, não era senão Olivier Costa de Beauregard, físico famoso, de lendário renome, misto de inteligência e de serenidade.

Ele me observava com espanto, quase encantado, sentado em seu salão acompanhado da mulher. Alexandre Baloud, também convidado nesse dia pelo ilustre cientista, pareceu encantado quando este último nos deu a proveniência do fragmento de madeira escura: ele lhe fora dado como pertencente... ao casco da arca de Noé! O teste era positivo.

Eu confirmava, sem sabê-lo, a hipótese de sua proveniência, sua antigüidade, e minhas imagens marinhas e nostálgicas envolveram numa brisa poética um lanche de verão no campo.

Eu acabava de fazer esse pequeno exercício — para mim natural — recordando o meu desempenho no programa "Mistérios", sobre o relógio de Alexandre Baloud e o "muro de Berlim", que eu assim "fizera falar" diante dos telespectadores, contando sua história sem nada saber anteriormente acerca deles.

Apenas uma coisa: esses pequenos exercícios que me parecem tão comuns quanto cantarolar ao volante ou acariciar afetuosamente um cachorro não me exigem nem mais nem menos concentração, mas simplesmente uma pequena inspiração. Eles vêm contradizer e abalar todas as certezas científicas habituais.

Aquilo que vivo constantemente permanece impensável e altamente subversivo para o pensamento ocidental deste fim do segundo milênio. E isso não é fácil!

Mas o que eu teria pensado, há dez anos, se me tivessem contado histórias de um "pedacinho de madeira que fala" e de relógios que relembram a vida, as dificuldades e as histórias de seus proprietários, tal como testemunhas mudas das quais eu seria o "leitor"?

Nada. Eu teria rido. E me teria perguntado qual o sentido desse estranho delírio. E, não obstante, eu já via. Eu o sabia. Eu o vivenciara de maneira silenciosa e horrorizada. Eu pensava que era poeta. Eu estava enganada.

Pois as histórias que me tocam e que eu conto, tendo nas mãos objetos anônimos, talvez sejam engraçadas, mas sobretudo, com freqüência, são confirmadas por aqueles que os emprestam a mim.

Quando era pequena, eu encontrava como fórmula de avaliação dos professores de literatura ou de desenho: "Aluna cheia de imaginação e promissora." Compreendo hoje por que isso me acabrunhava bizarramente.

Encontrei alguns desenhos do tipo "croquis de moda" feitos em 1981-1982. É algo sem dúvida "cheio de imaginação", mas é sobretudo justamente a moda deste verão de 1994, incluindo a tatuagem e o *foulard*, numa época em que só os condenados e alguns excêntricos, ou originais, se arriscavam a fazer correr sob a pele tintas vermelhas ou pretas com desenhos indeléveis de estrelas, corações ou animais.

Esses desenhos não eram imaginários, mas premonitórios, ou seja, descreviam uma realidade antecipada.

E eu não sou — de fato não sou! — um prodígio. A ficção científica está cheia — e voltaremos a isso — de descobertas científicas. Há artistas visionários em todas as gerações e a maioria de nós profetiza sem sabê-lo, como o sr. Jourdain o fazia com a prosa. Não falo de especialistas — pois vou me referir a eles depois — que, durante toda a vida, demonstraram uma regularidade desconcertante em termos de vidências tão precisas quanto verificáveis — e verificadas.

Acumulei em sete anos de experiência profissional, de experiência pessoal e de pesquisas diversas — incluindo as científicas e históricas —, provas indiscutíveis da realidade do fenômeno para todo observador minimamente bem-intencionado. Então como se pode ainda hoje situar o debate no terreno de que "a vidência e os fenômenos parapsicológicos existem de fato", enquanto os serviços de espionagem fazem uso, a preço de ouro, de pessoas com capacidades paranormais?

Isso é de uma simplicidade que poderia parecer paranóica: é um grande complô! Complô histórico, social, político, religioso.

Eu não me contentaria em golpear o leitor com propostas tão violentas sem alicerçar rigorosamente a minha tese — o que não impede a cólera! — nas páginas seguintes.

Porque parece que enquanto a sorrateira prensa das religiões, dos dogmas e do pensamento positivista produz em série cidadãos dóceis, manipuláveis, ansiosos e apalermados, a redescoberta para cada um de nós de um potencial intuitivo e de faculdades parapsicológicas poderia ampliar perigosamente o campo de consciência do indivíduo, melhorar de maneira notória sua vida afetiva e seu modo de comunicação com seus semelhantes, possibilitando o surgimento de um povo de pessoas autônomas, responsáveis, críticas e felizes.

Em suma, o próprio tipo do desmancha-prazeres que nada dispõe para servir de bucha de canhão, que não sonha à noite em tornar-se uma máquina de produzir, que não se presta a servir de cobaia para a ciência, de candidato a um infarto e de cliente dos traficantes.

Como vocês viveriam se tivessem de repente consciência de sua imortalidade, da ajuda que seus guias — não peguem a lupa, eles são invisíveis a olho nu! — poderiam dar a vocês aconselhando-os em suas dificuldades? Se vocês pudessem dar respostas aos dramas afetivos que às vezes permearam a sua vida, deixar de perder tempo em caminhos inúteis, em projetos fadados ao fracasso?

Que fariam vocês se pudessem sentir de novo o maravilhamento da sua infância diante de um botão de rosa ou do barulho do mar, com freqüência, com muita freqüência?

Se, por fim, vocês soubessem o que pensa o seu cônjuge e o que deveriam fazer para superar uma crise? Como restabelecer o contato entre vocês? Que momento escolher para abrir-se ao outro? Como prever as crises e evitá-las?

É simples, vocês começariam a viver. E a ter um pouco menos de medo. A sentir prazer nisso, deixando de ser apanhados pelo turbilhão do destino, tal como a roupa suja no tambor de uma máquina, revirada, superaquecida, torcida...

Não resta grande coisa de um ser humano que se lança à vida sem permanecer "ancorado" por raízes invisíveis ao céu e à terra, que perde seu vínculo com o cosmos.

Justamente uma bola de dor, de ressentimento e de automatismo, esvaziada de sua alma, realiza sem fé gestos mecânicos, nunca chega a projetar-se no futuro, mas não tem nenhum gosto com relação ao presente.

Não tenho um sistema miraculoso para obter a felicidade sem fim, a hilaridade contínua ou a beatitude intangível. Os caminhos da santidade produzem estranhos êxtases que não serão abordados neste livro. Trata-se justamente de deixar de sofrer de forma inútil. Pois, passando por dramas familiares e morais terríveis, tive de desenvolver, para sobreviver e talvez escapar ao suicídio, essas faculdades que hoje me permitem poder saber que uma senhora tem um problema nos olhos apalpando o seu anel ou descrever a casa do meu interlocutor sem nunca tê-la visitado. Não o fiz de propósito! Exposta a dores morais desvitalizadoras, desisti sem ter consciência disso desde a minha infância.

Não estando mais ligada normalmente aos meus pais e ao mundo circundante, estabeleci, sem desejá-lo e maquinalmente, vínculos com as estrelas, as árvores, os pássaros, os objetos. O mundo aparente se desvaneceu e me "reencontrei em cada coisa, e reencontrei cada coisa em mim". Lendo pela primeira vez a descrição desse estado de consciência em que as fronteiras do ego individual são abolidas num inspirado texto do budismo, tive um choque: eu não era a única a conhecer isso?

INTRODUÇÃO 13

Eu tinha catorze ou quinze anos: foi em Ardèche. Ao erguer os olhos, vi um céu totalmente limpo e centenas de estrelas brilhantes. Ouvi interiormente a sinfonia maravilhosa que elas em conjunto produziam. Senti-me protegida. Pensei: "Sou uma filha das estrelas", e esse pensamento me comoveu de gratidão.

Eu não sabia tudo o que a vida me reservaria em termos de aventura humana espiritual e parapsicológica, mas é a lembrança dessa plenitude que ainda hoje me impele a escrever e a compartilhar.

O caminho que comecei a trilhar não é o de um eremita e não tenho vocação para a santidade. Simplesmente desabrochei para além de toda esperança lógica ao chegar a resolver e a superar acontecimentos ao mesmo tempo dramáticos e terrivelmente comuns.

Pois quase todos nós conhecemos um dia o inferno por causa de um falecimento, de uma ruptura, de uma doença, do desemprego.

O que desejo transmitir é uma experiência e instrumentos que permitam lutar contra as provações, antecipando-as, compreendendo-as e superando-as.

Não se tratará de esforço nem, propriamente falando, de exercício. Será antes um reconhecimento, uma tomada de consciência. Quanto aos recursos que podem torná-los livres, vocês já os conheceram mais ou menos conscientemente. Quando descobre que pode andar, a criança já tem pernas...

Não lhes revelarei senão o que vocês já sabem e que esqueceram. Vou justamente tentar ajudá-los a reencontrar o lugar em que vocês esconderam o seu conhecimento e a sua liberdade, tal como o herói da maravilhosa história em quadrinhos de Jodorowsky: a maioria de nós é como "crianças-tronco" que no decorrer das experiências e provações sobre as quais triunfarão vão recuperar um braço, uma perna, depois a outra... até voltar a tornar-se inteiros, válidos, podendo enfim reunir-se aos outros.

Nada me destinava a tornar-me vidente.

Conheci o mundo em escolas leigas, em plena floração do ateísmo, numa época em que só o intelecto, a qualificação, a matéria e a razão eram considerados legítimos.

Nascida em meados dos anos 60, cresci, tal como todos os da minha geração, em pleno apogeu econômico, numa paisagem humana em que a mera evocação da sobrevivência da alma e da mediunidade era desqualificadora.

Aos olhos dos meus professores, toda noção de sagrado se apresentava como um odor de superstição camponesa, enquanto eles esperavam que a tecnologia vitoriosa desse a todos uma felicidade obrigatória.

A pretensão do Ocidente, nessa época, era proporcional às nossas riquezas e ao que pensávamos ser o "progresso". É verdade que havia alguns *hippies* para fazer o papel de aves de mau agouro ao falar da poluição e do envenenamento em que a sociedade encerrava progressivamente os homens, mas eles o fizeram com inépcia e não mudaram nada ao longo da História.

Desde a segunda série, senti — essencialmente mediante sonhos premonitórios — as perturbações da sociedade de hoje. Mas eu não sabia o que fazer com aquilo, eu aprendera a desconfiar da minha pretensa imaginação. E quem teria prestado atenção às angústias de uma adolescente um tanto rebelde?

Superficialmente, eu me integrara. Neguei minhas intuições da infância e da adolescência, ocultei minhas experiências místicas. Fiz o jogo da estudante de direito, da jovem publicitária.

Eu era bem-sucedida, mas não tinha nenhum gosto em viver, embora estivesse perfeitamente de posse dos critérios de integração exigidos pelo nosso mundo: noiva de um jovem inteligente, bem-relacionada, alvo de um bom julgamento da parte de meus empregadores, tudo me destinava à vida tranqüila de uma burguesa moradora de um bairro nobre.

As fendas criadas por estados alterados de consciência pareciam fechadas. Eu dissimulava envergonhada as tragédias familiares de filha única indefesa — no centro de estruturas de poder destruidoras, de graves mentiras de adultos, bem como de violências diversas — que eu outrora recobrira, e seus efeitos secundários:

— O estabelecimento de uma hierarquia interior em total desacordo com as normas de uma sociedade materialista;

— Uma experiência do espaço-tempo que só encontrei descrita nas tradições religiosas... e nas obras de física quântica, que muda radicalmente o sentido da vida, tanto no plano individual como no coletivo.

Portanto, o destino decidira que eu não seria uma profissional da comunicação. Eu acreditava aspirar a uma felicidade confortável, a uma vida harmoniosa e equilibrada. E tive de fazer o sacrifício do conformismo, pagar dia após dia o preço de minhas descobertas espirituais mediante uma solidão moral extrema, até correr o risco, em 1987, de me instalar... como vidente. E de começar a viver.

Posso dizer hoje, sem corar, que me comunico freqüentemente com o meu anjo da guarda, que vivi a experiência da sobrevivência da alma através de comunicações inteiramente sérias com pessoas falecidas, que saio do corpo quando quero e que um sobrenome e um nome me permitem — com restrições sobre as quais evidentemente voltarei a falar — ter uma grande quantidade de informações exatas sobre o passado, o presente e também o futuro de seu possuidor.

Eu poderia me contentar em usar minhas faculdades mediúnicas como um ganha-pão agradável e um jogo social mundano graças ao qual poderia surpreender meus interlocutores e arrebatar uma governanta à espera de um ambiente seguro.

Um médium dotado é um convidado bem-vindo em jantares elegantes e produz um bom efeito entre músicos ciganos e *soufflé* com champanha.

Infelizmente, o que descobri graças à vidência é o essencial!

Todos conhecem o livro do doutor Raymond Moody, *La Vie après la Vie* (A Vida Depois da Vida), no qual alguns homens e mulheres narram que, depois de ter estado perto da morte e visitado outros planos de consciência, sua visão do mundo se modificou para sempre, no sentido de uma maior autenticidade, de vínculos harmoniosos e da urgência de dedicar-se à sabedoria.

Pois bem, no que me diz respeito, não foi ter estado perto da morte que me fez mudar todo o meu sistema de valores! Foi ter descoberto a realidade da vida espiritual através de experiências de vidência primeiramente fortuitas, depois dirigidas, canalizadas. E a diferença entre a consciência comum e o estado mediúnico de consciência é mais ou menos a mesma de assistir a um filme em preto-e-branco estilo soviético, por um lado, e numa grande tela Panasonic com sistema Dolby estéreo, por outro! Quando se tem a alegria de estar no coração da vida, o que fazer com os mundanismos e sua tristeza?

Com esse tipo de afirmação eu poderia dar a impressão de estar pontificando, se não acrescentasse logo em seguida que não tenho nenhum mérito moral!

Com efeito, como eu poderia ter a oportunidade, a graça extrema de "ver" e de descrever ao jardineiro a doença que acomete um carvalho — simplesmente tocando uma de suas folhas que não "vibra" com a mesma música das folhas sadias: um som mais desafinado, mais fraco, repercute então em meu interior, alarme de sua doença — e sentir prazer com o espetáculo aflitivo de jantares em que todos fingem?

A consciência da minha imortalidade não me impede de ter uma visão bastante simples do tempo que compõe um dia e da necessidade de empregá-lo com vistas a uma única prioridade: aproximar-me do essencial a cada instante.

Tenho a impressão de exercer o mais belo ofício do mundo. E acontece ainda de eu surpreender um ar de troça no olhar do outro quando revelo a minha profissão... A prática cotidiana da vidência e a realidade palpável de um fenômeno que vivo me fazem esquecer — e isso às vezes é patético — que os homens de hoje não usam ainda senão dez por cento do cérebro... Mas que com esse pedacinho de matéria cinzenta penosamente irrigada no meio de uma massa que desprezam, eles às vezes me tomam... por louca.

E fica cada vez mais difícil para mim trabalhar ao mesmo tempo com sucesso para empresas grandes e muito sérias, participar voluntariamente de experiências científicas, correr o risco de ser ridicularizada — pode acontecer de nem sempre dar certo — tentando vidências diante dos telespectadores em horários de grande audiência e sujeitar-me ao gracejo do funcionário cético que me reconhece no avião e despeja sobre mim banalidades sobre a teoria das probabilidades cuja vulgarização leu no *Reader's Digest*.

INTRODUÇÃO 17

Minha prioridade é ambiciosa, concordo. Trata-se, nem mais nem menos, de usar oficialmente a intuição, as artes divinatórias e a mediunidade nos processos de decisão, tanto pessoais como coletivos.

A intuição não é infalível, não mais do que a lógica, mas em termos de probabilidade veremos em seguida, através de casos concretos e de experiências registradas, que ela permite prever, gerir, neutralizar bom número de tragédias e de erros individuais e, repito-o, coletivos.

Não é por filantropia que me empenho desse modo em querer reabilitar o "sexto sentido"; é porque tenho a convicção de que a nossa civilização deve efetuar urgentemente uma mudança profunda de valores, a fim de não desaparecer. Estando todavia bem encarnada nesta Terra, prefiro naturalmente a segurança à insurreição, o frescor do ar ao refúgio da máscara de gás obrigatória, o crescimento econômico à crise. E, a esse respeito, acho difícil não ser da minha opinião...

Mas as imagens que às vezes me despertam à noite se aparentam mais — infelizmente! — aos universos de *Expresso da Meia-Noite*, de *Apocalypse Now* e de *Réservoir Dog* do que aos dos filmes de Walt Disney! Não sou a única. Em sete anos de exercício, ouvi confidências de homens e de mulheres de todas as idades, de todos os meios, que também tinham, por seu turno, experiências estranhas e sonhos premonitórios. O que acontece é que eles também não estão tranqüilos. Então me sinto pressionada, prestes a sofrer as críticas e a hilaridade visto que a minha "autoridade" não advém senão da minha mediunidade... Somente isso: os métodos e os valores do materialismo mostram-se incapazes de resolver os males que todos padecemos hoje.

O que acontece a uma sociedade que contabiliza doze mil suicídios por ano, isto é, mais do que os acidentes de trânsito, e em que eles representam ao mesmo tempo a segunda causa de mortalidade dos jovens e a sétima na escala da população, num mundo que ousa ainda falar de progresso?

Consumimos mais antidepressivos do que Carambars, e nossas periferias regressam a uma violência tribal, o que nos impede de julgar ter lições a dar ao resto do mundo ou de considerar selvagens os aborígines — que respeitam globalmente sua progênie — quando uma criança morre por dia na França vítima de maus-tratos infligidos pelos próprios pais.

Por ter se enganado sobre o tempo e sobre a finalidade da vida, por ter desejado o paraíso na Terra, a sociedade materialista está em vias de decompor-se, engolfando-se em suas mentiras, em sua fuga para a frente, suas crises cardíacas e suas contradições esquizofrênicas.

Fomos já amplamente atingidos pelas conseqüências práticas da crise, visto que cada um de nós tem em seu ambiente um desempregado que se desespera, um jovem dependente de drogas ou ainda um doente acometido pela AIDS.

Proponho-me neste livro tentar elucidar as origens desse desmoronamento, mas sobretudo indicar as pontes que nos levarão ao mundo de amanhã, pois só ele é importante. Todas as esperanças continuam a ser permitidas, simplesmente porque não estamos na mesma posição dos dinossauros antes da mudança climática que foi fatal para eles. Podemos, por meio de nossas tomadas de consciência, mudar o nosso destino coletivo.

Ao contrário do pensamento lógico, que precisa de um encaminhamento e, portanto, de certo tempo para fornecer respostas, a intuição é fulgurante e, por conseguinte, perfeitamente adaptada às situações de urgência. Parece de fato que as capacidades desconhecidas do homem de que o professor Yves Lignon fala com humor e inteligência em seu livro *L'Autre Cerveau* [O Outro Cérebro] são hoje as únicas capazes de reconstruir o mundo de amanhã.

Não quero dar a impressão de esgrimir uma falsa ameaça apocalíptica velha como o mundo, uma vez que os nossos ancestrais, os gauleses, já temiam que o céu lhes caísse sobre a cabeça... Mas nunca houve na história uma violência moral semelhante à que sofremos com o materialismo: obcecamo-nos em ser mortais quando somos eternos, limitamo-nos a pensar que nossa esfera de troca se restringia ao nosso corpo físico, quando este não é senão uma infinita parcela da nossa existência energética, desesperamo-nos de solidão quando em outros planos de consciência nossos guias anseiam por ajudar-nos...

Tal como o albatroz de Charles Baudelaire, de asas cortadas na coberta de um navio, estamos mutilados. Nossa sociedade é o produto de um mundo de doentes.

Em plena guerra, na Hungria, entre 1943 e 1945, uma jovem recebeu estranhas mensagens sem tê-las buscado. Ela se chamava Gitta Mallatz, e estamos falando dos "Diálogos com o Anjo". Com um excerto destes últimos concluirei a minha proposta:

"Torna-te metade Deus, metade Terra...
O novo elemento entre céu e terra é o conhecimento,
O conhecimento não é o saber,
O conhecimento é luz, que dá,
O conhecimento é na verdade Amor..."

É desse conhecimento universal, que não é o saber intelectual, que se tratará no decorrer deste livro. Ao que parece, não temos de fato outra coisa a fazer senão usá-lo, E RAPIDAMENTE.

A vidência existe desde a aurora da humanidade

Em primeiro lugar, questionei-me sobre a minha suposta bizarria. Como eu podia considerar inteiramente natural um tipo de atividade psíquica, a vidência, que para muitos parece referir-se ao milagre ou ao malefício, já que era necessário igualmente o olhar do outro? Esta pequena frase de exclusão, certo dia no pátio de recreio: "Deixe essa menina para lá, ela é uma feiticeira", para me fazer sufocar por quinze anos o que devia mostrar-se como a minha forma mais natural de sentir e de me expressar: as zonas sem palavras, aquelas em que o conhecimento emerge de si mesmo, tal como desabrocha o lótus, explode uma gota de água, a zona em que os símbolos, se lhes peço ajuda, podem organizar-se como sistema divinatório, como o Tarô de Marselha ou as Runas, requadricular em alguns segundos a realidade de uma situação presente ou fazê-la acontecer, tal como os raios X restituem à coluna vertebral das coisas seu caráter de essencialidade.

E eis que tudo o que eu tocava, todos os dias e com felicidade, parecia desencadear em toda parte negação ou angústia. A angústia ainda passa. Na nossa cultura, tudo foi organizado para nos afastar dessas potencialidades circundadas por uma proibição mais pesada e mais importante para o estado geral da humanidade do que a que teria condenado o *slow* e o monoquíni durante a época vitoriana: isso teria sido completamente impensável.

Ora, se eu quero de fato admitir o debate sobre a legitimidade das práticas divinatórias, na vida dos homens, sobre a honestidade relativa do exercício profissional nas nossas sociedades contemporâneas, sobre a "questão de confiança" que o acesso a esse tipo de saber pode suscitar para as pessoas religiosas, sobre a margem de erro, o desgaste eventual desse tipo de faculdade, não posso mais admitir que o nível da discussão se situe no "isso existe ou não existe?" Porque não se pode em duzentos anos de história, localizada principalmente no Ocidente, voltar a questionar fenômenos que os homens vivenciam, partilham, comentam, aperfeiçoam e usam desde o período paleolítico, ou seja, há trinta mil anos, para governar sua vida e tentar diminuir seu sofrimento.

O que são dois séculos num ponto do globo diante de trinta mil anos num planeta?

O que são até os dois mil anos de cristianismo diante dessa imensidão de conhecimento e de prática divinatória de magia ou de cura, cuja tradição foi às vezes inteiramente aniquilada, e que os homens, sob o gelo do Pólo Norte, ou o escaldante sol do Equador, parecem reinventar continuamente para além das culturas, da cor da pele, das épocas e das religiões sem vigor?

É de fato nova essa aptidão para fazer funcionar o que o professor Rémy Chauvin e outros chamam de "a função psi", traindo certa expressão de total surpresa e transtornada por tê-la descoberto? Nossas capacidades de visualização a distância, de telepatia, de clarividência e de precognição (isto é, de vidência do futuro) não são, propriamente falando, revelações, mas o reaparecimento daquilo que nunca conseguiu verdadeiramente desaparecer no homem, há muito tempo: toda a parte feminina e animal da sua inteligência.

Então, hoje, o professor Yves Lignon fala do "outro cérebro", o professor Régis Dutheuil fala da "dimensão superluminosa".

Mas se, como é muito provável, as evoluções da física quântica permitirem formular numa equação inevitável o que hoje embasbaca o Ocidente, se os trabalhos da Fundação Marcel e Monique Odier, dos quais participo como "sujeito", forem bem-sucedidos, não descobriremos nada. Não faremos senão ter êxito em aprender com um modo de pensamento bastante específico, que é o do cientista, fenômenos tão onipresentes e universais quanto a pulsão sexual e o apetite na história dos homens.

Pois em cada período de perturbações em que tudo parece às vezes separar-nos dos outros, "a função psi" é, ao lado dos nossos grupos sangüíneos, o que podemos partilhar com todos os homens. É engraçado pensar que um jovem *yuppie* bem-posto na vida e que aplica na Bolsa, em caso de acidente de carro, pode ter a vida salva, se for do grupo A+, por um pigmeu iletrado, A+ também ele.

Isso reenvia os pêndulos da megalomania intelectual à hora humana... É igualmente engraçado descobrir que tanto um como o outro são potencialmente telepatas.

Um psicanalista, legitimando a teoria freudiana, a propósito dos diferentes estágios de preocupação na evolução de um indivíduo, contou-me certo dia a resposta dada pelo "mestre" a um vizinho de mesa que, para contradizê-lo, pretendia que, em certas culturas longínquas, os homens e as mulheres não conheciam nenhum estágio anal: "Ora, caro amigo, é que eles não têm ânus!" É mais ou menos nesse espírito que eu gostaria de poder acabar com a negação da existência da vidência. Um homem que não fosse sequer *um pouquinho* intuitivo não poderia viver por muito tempo. Pois só o pensamento holográfico cria soluções quando um novo problema é suscitado.

Simplificando ao máximo: coloque diante de uma banheira transbordante uma criança de cinco anos que ainda não foi à escola; ela fechará a torneira, mesmo que nenhuma banheira nunca tenha transbordado perto dela. O robô mais sofisticado, ainda que não comporte um programa pré-registrado "transbordamento de banheira", nunca poderá fazer o mesmo. Nossa humanidade, por sua vez, é na nossa inteligência holística a que agrupa, enquanto o nosso cartesianismo divide.

Em primeiro lugar, bem antes dos interpretadores de Runas celtas ou do geomante árabe, houve o xamã.

Agente de cura, mestre de cerimônias, às vezes juiz, adivinho e mágico, encontram-se vestígios dessas práticas que existem ainda hoje nas grutas do paleolítico. Eles podem ser observados vivos no México de hoje, ou imortalizados nas paredes da gruta dos Três Irmãos em Ariège.

As origens do xamanismo remontam à pré-história. Elas estão ligadas ao mundo animal e à caça. Foi em primeiro lugar um desejo de simbiose ora com a caça ora com os predadores que, de acordo com Joan Halifax, grande especialista americana do assunto, teria provocado os primeiros transes: a sobrevivência.

Ora, é a mesma necessidade psíquica "de sobreviver" que parece, como o veremos em seguida, permitir de súbito a homens e mulheres como eu tornar-se clarividentes milhares de anos depois dessas primeiras angústias de fome e de morte, embora físicas estas últimas.

Eterna humanidade, sempre com as mesmas defesas...

Ora, na Sibéria, na América do Norte, na Lapônia, na América do Sul e no Tibete, alguns homens se mostram, desde a noite dos tempos, invencíveis videntes, agentes de cura eficazes que intercedem, em transe, em outros planos de consciência, para cuidar de outros homens, fazendo uso da força vital de espécies animais e que tomam às vezes a forma destes últimos, no decorrer de danças rituais.

E não há nada de muito sério que nos permita pensar que eles tenham tido contatos suficientes entre si para manter nesses pontos do globo ritos que, embora difiram quanto à forma, são, no fundo, semelhantes.

E tal como o doutor Raymond Moody descobrindo que os atores das Near Death Experiences, experiências de quase-morte, quaisquer que sejam sua cultura de base, sua religião ou ausência de religião, descreviam a mesma saída do corpo, o mesmo túnel, a mesma luz no final, a mesma compaixão, eu descubro, por minha vez, que desde a aurora da humanidade alguns homens passeiam em "grutas", regiões povoadas de criaturas monstruosas, "túneis", e passam por fases de iniciação que pintam ou cantam com cinco ou seis mil anos de intervalo e a vinte mil quilômetros de distância, com os mesmos qualificativos e as mesmas emoções.

Melhor: encontro desenhadas pelos mongóis do século XIV criaturas demoníacas que povoavam, às vezes de modo muito freqüente, os meus sonhos de criança. AS MESMAS. Eu me sobressaltei...

Quanto à iniciação que lhes permite chegar à "dupla visão", e à "viagem astral", ela passa por caminhos semelhantes, uma vez mais, desde a pré-história e com continentes de separação.

Joan Halifax, em *Les Chamans* [Os Xamãs], descreve as fases sucessivas.

1. As geografias psíquica, cósmica e pessoal se reúnem em torno de um centro.

2. A morte é causada pela fragmentação do corpo e pelo sacrifício: a pessoa é torturada, despedaçada, depois as diferentes partes voltam a se reunir; ela também pode estar morta e falar com os espíritos.

3. O retorno a um período anterior, ao paraíso ou ao ventre materno; o tema da regressão também pode manifestar-se por um comportamento infantil.

4. A irrupção de um conflito cósmico entre as forças do Bem e do Mal, ou outros opostos.

5. O sentimento de ser dominado pelo outro sexo; esta ameaça do contrário também pode manifestar-se em termos de identificação positiva com o seu contrário.

6. A transformação do indivíduo desemboca numa apoteose mística na qual ele se identifica com uma personagem cósmica ou da realeza.

7. A pessoa chega a um casamento sagrado, à reunião dos dois opostos.

8. Um novo nascimento faz parte dos sonhos e das experiências de renascimento.

9. A antecipação de uma nova era ou de uma nova sociedade.

10. O equilíbrio de todos os elementos desemboca no mundo quadrado, estrutura de quatro elementos de equilíbrio e de profundidade.

E se essas fases, que procedem de uma iniciação voluntária e organizada, pudessem às vezes desencadear-se *acidentalmente* e de modo lento, umas depois das outras, como conseqüência, por exemplo, de traumas?

Isso explicaria a perenidade, observada por todos os antropólogos, do que equivocadamente julgamos ser tradições, mas das quais, na minha pequena casa da periferia, eu não tinha, com catorze anos — quando as primeiras aconteceram —, nenhuma idéia e que seria necessário sobretudo considerar reações psíquicas universais, reflexos, cuja ocorrência é involuntária, inconsciente e interior.

Optei por falar em primeiro lugar do xamanismo porque, ao contrário da grande quantidade — seria necessário dedicar a isso uma obra inteira — de práticas divinatórias e mágicas inventadas pelos homens para guiar seu sentido do invisível, e cuja construção, é mais fácil retorquir, não passa de um puro fantasma, a existência do xamanismo suscita um verdadeiro problema para os racionalistas, pelos motivos enunciados anteriormente... E porque sua perenidade tende a demonstrar sua eficácia: trinta mil anos é muito tempo para um gracejo. E isso faz muitas gerações de cretinos, vítimas de esquizofrênicos ou de ilusionistas, visto que é assim que alguns observadores os definiram à primeira vista, sufocando grosseiramente uma lei bastante humana: quando uma pessoa ou um grupo de pessoas não permite mais resolver os problemas com os quais é confrontado, é impiedosamente riscado da História.

Ora, se os xamãs não vissem nada e não curassem ninguém, há muito tempo sua comunidade os teria mandado delirar nas pastagens do alto das montanhas.

Mais próximos de nós, os gregos antigos se interessaram, também eles, pela adivinhação, e seu racionalismo não os impediu de querer testar os oráculos.

Mario Varvoglis narra em *Rationalité de l'irrationnel* [Racionalidade do Irracional] que Creso, último rei da Lídia, procurou testar os oráculos gregos. Ele enviou então mensagens para pedir aos diferentes oráculos que testassem sua capacidade psi; o teste consistia no fato de ser capaz de prever o que ele faria no centésimo dia depois da partida dos emissários.

Ora, o oráculo de Delfos, muito dotado e adulado em sua época, declarou:

"Posso contar os grãos de areia, posso medir os oceanos, tenho ouvidos para ouvir o silêncio e conheço o que o mudo nomeia.

Meus sentidos estão cheios do odor de uma tartaruga em sua carapaça, que ferve agora no fogo, num caldeirão, com a carne de um carneiro.

De bronze é o caldeirão, e de bronze é a tampa."

E o que fez Creso depois de ter quebrado a cabeça para encontrar uma ocupação inverossímil, uma "mistura" infensa à adivinhação?

Ele matou uma tartaruga e um cordeiro, desmembrou-os e os fez ferver num caldeirão de bronze. Belo desempenho de vidência pura!

Quanto aos sistemas que permitem organizar o que Collin Wilson chama de conhecimento "lunar", isto é, a intuição e a viagem por planos invisíveis, sua antigüidade e sua perenidade de funcionamento parecem protegê-los de toda desconfiança, uma vez mais.

Por que eu usaria hoje, todas as manhãs, as Runas, cujas "avós", chamadas em sueco *Hallristningar*, datam da Idade do Bronze recente (cerca de 1300 a.C.) e cuja inspiração está ligada aos cultos indo-europeus da fertilidade e do sol? *Runa* significa em gótico "coisa secreta, mistério". O deus Odin teria tido a revelação delas quando de uma prova terrível, no curso da qual esteve pendurado em Yggdrasil, a Árvore do Mundo, durante nove noites.

E eis que, tirando a Runa Fehu, sei esta manhã que o meu carro vai voltar a funcionar depois do reparo que o mecânico fez ontem, da mesma maneira como um dos meus ancestrais, ainda envolto em peles de animais, sabia, por sua vez, tirando a mesma Runa, que a caça seria boa... Porque Fehu fala de bens materiais e de sua prosperidade, de nutrição também! Cerca de três milênios separam nossos dois gestos, e ambos obtemos uma resposta justa que nos permite conduzir melhor, mesmo em fatos tão corriqueiros, nossa respectiva vida...

Continuando nossa viagem pelos tempos remotos, mas mudando agora de região, chegamos à China.

Toda manhã eu também jogo o *I Ching** com moedas que, caindo no chão, formam com um certo número de caras e coroas um desenho chamado "hexagrama", acompanhado de um pequeno texto que responde à minha pergunta; ou seja, faço perguntas ao que é considerado hoje o mais velho livro do mundo sobre aquilo que me preocupa.

Eu soube esta manhã que o meu dia seria caloroso, tranqüilo, ao formar o hexagrama número 35, "O Progresso", que, como sempre, descreve impecavelmente o conteúdo do meu emprego do tempo, visto que

---

* As citações do *I Ching* foram feitas a partir da edição em português da Editora Pensamento. (N. dos T.)

descobri, esta tarde, dois manuscritos que me faltavam para a redação desta obra, e tive a oportunidade de ter, com um erudito em Cabala, uma conversa telefônica de uma hora e meia.

Da mesma maneira como o sábio da China antiga jogava no chão algumas varetas para saber, ele também, se o seu caminho era o certo, ou que atitude tomar com relação ao seu mestre.

Quanto ao Tarô de Marselha, e aos seus vinte e dois arcanos maiores, que me acompanham todo dia em consultas, ele dataria, de acordo com De Givry, em sua *Anthologie de l'Occultisme* [Antologia do Ocultismo], de 1329, ano em que se descobriram seus primeiros vestígios na Alemanha, um século antes de os boêmios surgirem na Europa.

Acrescento esse esclarecimento porque na verdade me parece que ninguém tem de fato condições de revelar a origem exata do Tarô, atribuída equivocadamente aos ciganos.

Porque, como o observa muito judiciosamente Collin Wilson, se essa obra-prima de retranscrição simbólica do universo proviesse dos ciganos, existiriam forçosamente diversas versões, mas estranhamente só uma e única versão permanece ao longo dos anos, sem dúvida ilustrada de maneira variada, mas tendo rigorosamente o mesmo conteúdo.

Quando se pensa nas perseguições da Igreja, nos diferentes pontos de vista dos comentadores, não se pode senão ficar embasbacado ao ver, hoje, todas as significações e correspondências sutis do "Sumo Sacerdote", do "Eremita" e do "Enforcado" chegar a nós intactas.

Como, quando se descobrem a complexidade desses sistemas divinatórios, seu alcance espiritual, sua riqueza filosófica, imaginar por um instante que homens cuja principal preocupação — sobretudo nos períodos remotos da História — era a pura sobrevivência, pudessem ter o espírito trespassado pela idéia absurda que consiste em fazer a pergunta simples: "Isto vai *dar certo* ou não?" Se não tivesse dado certo, pura e simplesmente, eles não teriam continuado! Vimos com freqüência homens, desde a noite dos tempos, e em todos os continentes juntos, se tomarem por pássaros? Não.

É certo que alguns tentaram isso e, diante do fracasso dos resultados, de modo geral não foram seguidos por muito tempo ao pé da falésia na qual se arrebentaram!

Todos esses homens, de cores, raças e culturas diferentes, a milênios de distância uns dos outros e separados por continentes, teriam assim, desde o começo do mundo, perdido horas preciosas para elaborar, estudar e aprimorar técnicas que lhes permitissem aceder ao conhecimento intuitivo do presente e do futuro?

E nem sequer falo aqui da surpreendente geomancia árabe nem da Cabala. Quanto a esta última, há homens que, ainda hoje, passam boa parte do seu tempo estudando-a.

E neste ponto da minha demonstração, volta a pergunta. Não se trata mais de demonstrar a existência da vidência e de todas as capacidades agora qualificadas como "parapsicológicas"; trata-se de compreender como duzentos anos de opressão cultural e de materialismo conseguiram persuadir cada um de nós de ter perdido brutalmente faculdades que seus ancestrais possuíam desde o começo do mundo e sem interrupção.

É esse um longo encadeamento de eventos históricos, bem como de necessidades políticas. Porém deixarei a conclusão a W. B. Yeats, poeta e ocultista contemporâneo de Allan Kardec, que também percebeu um dia o "porquê" de uma tal perseguição às capacidades parapsicológicas e mediúnicas do homem:

> Se um número suficiente de homens tivesse acesso à memória do universo, veríamos esvaziarem-se os parlamentos, as universidades e as bibliotecas; as pessoas correriam para o deserto e se empenhariam tanto em esgotar o seu corpo e em aplacar a agitação do seu espírito que, embora vivas, transporiam as portas por que passam cotidianamente os mortos; porque qual desses sábios se preocuparia em fazer leis, escrever a História, dar importância às coisas da Terra tendo as da eternidade ao alcance da mão?

> ...E se, pelo contrário, esse conhecimento permitisse de súbito fazer tudo isso de outra maneira? Mudar o curso dessas coisas rumo a uma melhoria cujos efeitos nós todos poderíamos ver em nossa própria vida?

> ...Elevar nosso nível de consciência, por exemplo?

Minhas explorações no espaço e no tempo

Como o vidente vê? No início, o vidente vê... sem ter sempre consciência disso! Como essa é a primeira pergunta que de modo geral faço a mim mesma, vou começar por aqui a fim de esclarecer o que são verdadeiramente os *flashes* de vidência.

Por mais surpreendente que possa parecer, a vidência não é espetacular para quem a vive. Ela não o foi para mim.

Sinceramente, eu não sabia que via porque essa função estava integrada à minha vida como todas as atividades psíquicas normais. E a criança só tem consciência da própria diferença nos olhos do outro. Lembro-me de ter lido uma entrevista de Jean-Paul Sartre em que ele explicava só ter passado a perceber a própria feiúra a partir de uma certa idade, tendo ficado completamente perturbado por essa descoberta, sendo-lhe necessário algum tempo para digeri-la.

Eu não teria a menor condição de dizer quando "isso" começou, porque acredito que "isso" se instalou com muita rapidez, já nos meus primeiros anos de vida, como uma resposta a uma situação pessoal dolorosa.

François Favre relata em *Soixante années de parapsychologie* [Sessenta Anos de Parapsicologia], uma entrevista sua com um vidente excepcional, Gérard Croizet, astro da sua época, capaz de proezas que, pelo que sei, foram sem igual na procura de desaparecidos e de diversas localizações. À pergunta "Quando você começou a ver?", Croizet respondeu sem hesitar: "Sempre." Sinto-me tentada a dizer o mesmo.

Como eu já pressentira, o surgimento dos dons da vidência nas culturas que não lhe atribuem um papel social maior, chegando mesmo a denegri-la, o que é o caso da nossa sociedade, parece ser um reflexo de sobrevivência, uma espécie de adaptação engenhosa a uma situação de angústia ou de bloqueio, perigosa física ou moralmente.

Uma forma de pirueta psíquica, de pedido de socorro para saber a verdade, de superantena de geração espontânea voltada para estabelecer ou restabelecer um contato com o mundo.

Examinando um pouco a vida de videntes e de grandes místicos, vemos aí uma bela amostra de sofrimentos de todo gênero. Uma infância descrita como lúgubre por Gérard Croizet, marcada pela perseguição nazista. Problema de saúde causador de invalidez e repetitivo, no caso de Anne-Catherine Emmerick, mística estigmatizada dotada de poder mediúnico, ou de Marthe Robin, também ela estigmatizada, igualmente surpreendente em suas clarividências, que ficou presa ao leito por toda a vida.

Terrível também: a violação na tarde da sua noite de núpcias no caso da senhorita Fraya, a grande vidente do começo do século, cujo desencadeador dos dons foi, como nos conta Marguerite Bevilacqua, esse choque psíquico. Também violação, seguida de "vazamento" dos dois olhos no caso de uma velha xamã índia cuja estranha história é contada por Lynn V. Andrews.

É claro que os sofrimentos nem sempre são tão espetaculares nem tão evidentes os traumas. Alguns médiuns de outros lugares, como Marcel Picart ou Yaguel Didier, apresentam a própria infância como perfeitamente normal.

Mas, seja como for, o que impeliu a doutora Elizabeth Laborde-Notale a estudar o fenômeno foi a observação clínica involuntária que fez da clarividência em seus pacientes. E, deixando o melhor para o fim, devo esclarecer agora que a doutora Laborde-Notale não é clínica geral, mas... psiquiatra.

Não se trata de má vontade, mas admite-se comumente que se vai ao psiquiatra quando não se está muito bem, mais freqüentemente, além disso, porque se está com depressão e angústia, mais do que porque se vêem animais em placas ou porque se pensa que se é Napoleão.

É como se a vidência viesse eclodir em personalidades que passaram por erosões, deslocamentos, privações, que foram lançadas em situações em que a lógica e a análise se mostrariam insuficientes ou francamente incapazes.

Do mesmo modo, estamos hoje de pé porque outrora foi muito necessário que nos levantássemos para sobreviver, que combatêssemos outros animais e colhêssemos os frutos nas árvores. Isso pode parecer uma simplificação, mas se tivéssemos tido de enfrentar tartarugas ou doces vacas em vez de predadores, e se os frutos dessem em grande quantidade em meio aos dentes-de-leão, certamente ainda estaríamos rastejando.

Tive duas vezes a oportunidade de ser consultada por uma armênia excepcional cujos dons me deixaram estupefata. Ela não tem nenhum desejo de exercer os dons e por outro lado, não sente em si disponibilidade psíquica para isso.

Ora, o relato de sua vida arrancaria lágrimas de um inquisidor. Aos quatro anos, viu a mãe ser fuzilada. Aos seis, o pai falecer de tuberculose. Foi mais tarde empregada para serviços gerais depois de uma passagem por um orfanato em que religiosas sádicas a maltrataram, já que não há entre esses dois epítetos, infelizmente, incompatibilidade.

Ela fracassa em Paris numa loja de roupas íntimas que se incendeia e quase perde o filho único num acidente de moto. Não havia como a pobre senhora ter respostas razoáveis, fazer análises detalhadas e deduções lógicas para assumir uma tal vida de sofrimento. E como ela resistiu? Graças aos seus sonhos premonitórios, ao "contato" que passou a ter a partir dos vinte anos com seu guia espiritual e às suas próprias adivinhações com o Tarô de Marselha.

Não sei bem por que ela veio me ver já que sonha premonitoriamente os principais elementos de sua vida. E, sendo artista, ela os desenha.

Assim, um dia ela me traz um guache representando um retrato de um homem gordo, de olhos azuis, risonhos, vestido informalmente, e me pergunta de repente:

— E quem é este? Sonho com ele todas as semanas.

— Seu futuro companheiro, senhora. A senhora o desposará numa cidade toda branca.

Ela se casaria três anos depois com o homem que desenhara. Engenheiro petrolífero, seu trabalho o fazia viajar pelo exterior; eles pararam

em Casablanca e foi ele que insistiu que aí se casassem... Foi nessa ocasião que ela percebeu o que eu lhe recordo. O que eu fiz. Ela me diz ter feito, involuntariamente, uma vidência relativa a mim; que eu tenho um processo em curso (exatamente!) com uma mulher ruiva e um homem de cabelos embranquecidos (exatamente!). Que eu devia ver aí uma terceira pessoa, que usa óculos (exatamente!), e que depois eu viveria tranqüila (exatamente, até o momento).
O que ocorreu? Nada. Exceto manifestações de psicometria. Antes de partir, a mulher me fizera uma pequena visita. Ela me fizera involuntariamente usar um lápis e, tomando-o nas mãos algumas semanas depois, viu-se invadida pelas informações que anotara imediatamente.
Porque os objetos podem tornar-se depositários de preciosas informações relativas ao seu possuidor.

Já que falamos de psicometria, eis justamente um belo exemplo de trabalhos práticos.
Há dois anos, recebi um telefonema que me propunha participar do programa "Mystères".
Corinne Spack, a produtora, é agradável e instruída. É uma mulher que de fato se interessa pelo irracional.
No começo, não se tratava de uma demonstração, mas da participação num debate.
Bem, eu não iria sair dessa situação com facilidade. O próprio Philip Plaisance duvidou da minha capacidade de ler "em envelopes fechados".
E Corinne Spack tenta negociar. No começo, não concordei. Esse tipo de experiência é extremamente perigoso e depende muito da qualidade humana do pesquisador e de sua receptividade.
É muito simples tirar de mim toda capacidade extra-sensorial. Basta ter para comigo uma franca hostilidade ou lançar sobre mim uma suspeita humilhante que a cegueira se instala; não perco em contrapartida a capacidade de replicar, que tende a se aguçar com o conflito. Envelopes fechados passados pelo escrutínio das minhas visões às vezes por brincadeira, e haveria muitos depois nos escritórios da Sygma Plaisance, já que

essa aventura televisada de uma noite me levou a trabalhar com a mesma equipe no projeto de um programa, que não deu certo por uma série de razões — sendo a principal o fato de eu não ter flexibilidade suficiente quanto à idéia que faço do meu ofício, e o fato de minha incapacidade de conceder tornar inconcebível um trabalho de grupo escapa forçosamente um pouco da minha competência.

Durante a minha colaboração, tive o direito de ler toda espécie de coisa nos envelopes... carteiras de identidade, cartões postais enviados por amigos, fotos de celebridades! Em resumo, divertimo-nos muito.

Mas no momento em que Corinne entra em contato comigo, eu me mostro reservada, e depois aceito. Prefiro ao teste do envelope fechado a "psicometria", isto é, uma vidência a partir de um objeto.

Minha única condição: não quero público. Eles fizeram um trabalho muito bom em termos de montagem.

Chegou o dia. Eu estava tão cansada naquela noite, que nem fiquei ansiosa. Sentada ao lado de Alexandre Baloud, espero pela minha experiência, com tranqüilidade. Há um número impressionante de câmeras, de encarregados do som... porque "Mystères" é um programa das 20 horas, muito sofisticado. Eu conheço o ambiente para saber por outro lado que sou mostrada fora do auditório. Eu só adivinho quando o professor Yves Lignon, parapsicólogo, autor de *L'Autre Cerveau*, que cumprimentei na sala de maquiagem, também é mostrado fora do auditório. Para minha felicidade, pois tenho certa inibição diante de cientistas que tratam às vezes de "sujeitos psi" — é assim que eles nos chamam — como ratos de laboratório.

A cada um suas *condições*; as minhas, pobre de mim, são tão injustificadas quanto os preconceitos dos outros a meu respeito.

Muitos franceses devem ter visto o que se seguiu, porque a minha vida cotidiana se viu perturbada por reflexões como: "Veja, é a moça que leu o relógio de Alexandre Baloud e o muro de Berlim na TV", mais de dezoito meses depois do programa. Houve versões menos *soft* e declarações de admiração mais intempestivas. Eu assumi.

Tremo retrospectivamente ao pensar no risco que corri. Mas Alexandre Baloud alia a inteligência ao calor humano. É um verdadeiro curioso cheio de benevolência e de respeito humano.

Se fizesse o mesmo exercício sob os projetores com um apresentador, de acordo com o modelo exibicionista grosseiro, com preconceitos materialistas e outras coisas estranhas, eu não o teria conseguido.

Essa foi a minha pequena loucura, porque todo dia acontecem na minha casa, nas consultas, coisas aos meus olhos incrivelmente banais que parecem milagres para os que não passaram pela experiência. E tive vontade, naquela noite, de mostrar simplesmente um pouquinho daquilo que posso fazer em matéria de vidência a milhares de homens e de mulheres aos quais uma sociedade tenta fazer aceitar a pílula mais mutilante de todos os tempos: aquela que os leva a pensar que eles só podem apreender a realidade através dos seus cinco sentidos. Os objetos que me foram apresentados naquela noite foram em número de quatro, e só duas seqüências foram conservadas, embora as quatro experiências tenham "funcionado".

Tendo na mão um pequeno pedaço de cimento cinza, estabeleci como de hábito o silêncio em mim mesma.

Quando vejo, disparo, perco a consciência de mim. Marie Delclos, que é não só uma vidente talentosa como uma surpreendente astróloga, fala de "uma tela cinza pálida vazia, uniforme". No meu caso, não há cor. Nem mesmo representação. É o pequeno "infinito" dos matemáticos. O infinito. Lá em cima, vêm-me pensamentos. Ou, mais exatamente, recordações. Uma espécie de lembrança das coisas, de coisas que sei muito bem que interiores a mim, mas com as quais tenho uma espécie de "parentesco". "Coisas semelhantes que não são contíguas, mas que são separadas por um intervalo e que simpatizam em virtude de sua semelhança", como dizia Plotino, filósofo neoplatônico.

Na realidade, para o vidente *tudo* é familiar, assim como para o bom ator toda personagem é interpretável. Assim, o pequeno pedaço de cimento cinza me contou a sua história e, ao decodificar as suas "ondas", pude falar de frio, de um país onde chovia, de pessoas que dançavam diante dele, de explosão, de revolução, de violência. Julguei que ele viesse da Polônia. Errei. O fragmento provinha do muro de Berlim.

Tudo corria bem. Alexandre parecia enlevado, o que foi para mim o maior *estímulo*. Creio cada vez mais que uma das mais fortes motivações em matéria de vidência é a de agradar.

Ele me passa então um relógio.

Mudança de ambiente, as sensações chegam em forma de palavras, de contos, de histórias. Percebo uma trama que se constitui pouco a pouco no interior do meu espírito como se se abrisse um biombo. Isolado. Estou num andar baixo. "Vejo um garotinho... livros, este relógio foi usado por alguém que trabalhou numa biblioteca, vejo também um homem mais velho. Esse relógio tem um enorme valor afetivo para a pessoa que o usa. Mas teve de ficar num móvel ou numa gaveta."

E eis a história do objeto: o relógio pertencia a Alexandre. Ele lhe foi dado em sua primeira comunhão (garotinho) pelo seu pai (homem mais velho). Alexandre o usou por toda a adolescência e durante os seus estudos (a biblioteca) antes de jogá-lo, quebrado, numa gaveta. Foi sua mulher que o consertou recentemente (duplo valor afetivo, se nós a unirmos ao pai) e o ofereceu de novo a ele, fazendo-lhe assim uma agradável surpresa.

Na saída, os técnicos me perguntam: "Mas como é que você faz...?"

Eu justamente não *faço* nada, não faço verdadeiramente nada, isto é, não tenho nenhuma vontade, nenhum desejo, nem um pouco de querer, nenhum vestígio de elaboração. Torno-me um *laser* que gira numa base microscópica, um cabeçote de leitura passivo. Tenho a sensação "de ser assim". E, muito naturalmente, o conhecimento interior das coisas sempre me foi estranhamente acessível. Eu o rejeitei com horror porque ele provocava muitas vezes um curto-circuito na rede lógica desenvolvida por toda educação.

A escola parte do princípio de que somos ignorantes e, no seu estado atual, ela tem razão. Uma criança só pode agüentar a restrição que constitui um programa escolar médio se for previamente condicionada à idéia de que não dispõe de outros meios de aprendizado.

E o fato de oferecer o mesmo saber a todos quando cada um tem necessidade de alguma coisa diferente é criar um povo cujas individualidades enfraquecidas são mais fáceis de governar. O estado da nossa sociedade vincula-se também com essa aberração na educação. Não gostando da escola, eu me saí no início bem e bastante mal a partir da adolescência por causa de conflitos familiares que me desvitalizavam.

Da mesma maneira, concluí o colegial por milagre aos dezessete anos, tendo depois cursado Direito. Mas com completo desgosto e desinteresse. Eu sempre me comuniquei interiormente com tudo aquilo que me cercava. Como durante aquela primeira vidência numa taça de cristal, através da qual pressenti a existência do átomo como milhares de pequenos pontos que se movem. Mas eu sentia também o caráter das árvores, dos lugares, das histórias que aí se passavam.

Eu tinha muitos sonhos premonitórios, tendo estabelecido um verdadeiro diálogo com os objetos, que eram para mim presenças constantes como o são as pedras para os animistas; capaz de ficar durante horas no meu quarto, eu compensava a minha solidão descobrindo sem o saber outros campos de consciência. Em plena moda ecológica, nossa escola primária implantara um pequeno programa de jardinagem. Davamnos diversas sementes, que devíamos plantar; regar; cuidar — o que era uma iniciativa muito boa.

Ora, quando escolhia uma planta, eu tinha a verdadeira impressão de que ela era tão viva quanto eu, dotada de uma personalidade, de uma propriedade bem particular. Da minha sacada, eu olhava as andorinhas. Eu sempre soube que elas migravam, mas também como migravam, bem antes de tê-lo visto. Elas me disseram. Não falo das terríveis visões que me esperavam no meu quarto. Todas as crianças do mundo têm medo do escuro. E elas têm razão, porque as criaturas do baixo-astral têm um senso de humor sádico e se comprazem em atormentá-las. Mas eu *via* muito bem a criatura exangue de olhos compridos que parecia me espreitar, nas sombras, irônica, assustadora.

Por mais que minha mãe me dissesse que nada havia ali, eu sabia bem que "ali havia". E como me proteger? Hélène Bouvier conta também que, desde a sua mais tenra infância, seus pais tinham um bar-tabacaria em Paris, no XVII distrito, e que ela vira pessoas passar e lhe sorrir. Pessoas que só a pequena Hélène via... Hélène Bouvier teve uma carreira de vidente admirável por sua modéstia, humildade e generosidade, tendo deixado o período do pós-guerra espantado com o seu talento.

Quanto às vidências do futuro, foi através dos meus primeiros exercícios de grafologia que me dediquei a elas... Assim, meus companheiros, meus amigos e seus pais me confiaram aos onze ou doze anos cartões postais e outros escritos para que eu dissesse o que pensava deles. O álibi grafológico era grosseiro, visto que não são os "que sei eu?" e outros manuais de vulgarização que andavam na minha casa que teriam podido fazer de mim uma "profissional" de doze anos.

Mas, tocando as folhas, vinham-me mentalmente imagens, semelhantes a simples pensamentos, primeiro vagas, depois mais precisas, mais nítidas. Vinham-me ao espírito palavras, bem como lugares. No dia em que a grafologia permitir saber que alguém mora num país quente, à beira-mar! Mas, como o que eu contava era mais ou menos certo, ninguém se surpreendia. E me faziam cada vez mais pedidos. Eu argumentava envergonhadamente: "Sim, isso é normal com um *P* ou um *D* como esse; ele acabou de perder sua mulher!"

A vidência não é um turbante, um ar inspirado à beira do transe, uma súbita agitação, um revirar de olhos seguidos de uma voz rouca que diz: "Vejo a distância um malfeitor que vem do lado em que o sol se levanta." Trata-se mais de um pequeno abalo, como quando nos vem uma idéia que vai se enchendo de afetividade ao se construir lentamente, a um só tempo móvel e frágil, e que nos faz dizer: "Tenho a sensação de que você conhece um homem um pouco negativo que talvez venha da Ásia ou da Rússia..." Quando vejo, não tenho um choque, porque não tenho a impressão de descobrir, mas antes de reencontrar, como se tivesse colocado o dedo numa lembrança gravada em algum lugar, lembrança que, embora não me pertença, me pode ser comunicada da maneira mais natural do mundo.

Assim, Blanche Orion, que era consultada regularmente pelo presidente René Coty, escreve: "Pode-se dizer que tudo se passa como se houvesse em cada um de nós um ser subconsciente que tem o conhecimento de toda a nossa vida passada, presente e futura, e quem sabe quantas outras coisas mais. Ele parece às vezes dotado de uma verdadeira onisciência."

E tudo isso nada tem que ver com esforço.

Por outro lado, Rosanna Nichols observa, ela também: "Quanto menos me concentro, melhores são as minhas mensagens." E também nada que ver com a aprendizagem, já que ela escreve: "Desde os treze anos, eu lia eventos num simples jogo de cartas. Eu não tinha aprendido nada, eu via as figuras se moverem."

É como se começássemos a nos tornar videntes depois que toda a construção da personalidade tivesse de alguma maneira... explodido a partir de eventos que, de forma sobremodo involuntária, lançassem pelos ares as categorias mentais habituais. Também quanto a isso, Rosanna Nichols foi bastante provada: infecção com total interrupção de atividades durante dezoito meses e tentativa de suicídio aos vinte e cinco anos, durante a qual uma força espiritual (seu guia) lhe aparece e a impede de cometê-lo.

Lembro-me de um dia, quando saía de uma padaria na frente da estação da minha infância, em que vi interiormente, num átimo, uma espécie de cobertura de vidro assentada sobre colunas coloridas, acima da ponte, enquanto eu, de olhos no vazio, comia um pão de chocolate.

Indo jantar no ano seguinte na cidade em que cresci, vi acima da passarela... uma espécie de tubo grosso transparente e colorido feito para proteger os viajantes da chuva.

Os videntes são videntes... desde pequenos! Assim, Bernard Sahli, que é tão sério, conta que fizera para uma velha siciliana sobressaltada com os aviões a previsão de que "via alguma coisa cair do céu". Uma nuvem de gafanhotos se abateu então sobre o local.

Desde a minha adolescência, tudo se transformou. Passei a escrever estranhos poemas nos quais contava histórias de "sóis verdes hepáticos eternos" ou do "código maravilhoso de pássaro, quente noz de plumas": quando eu escrevia esses poemas, aquilo que não era senão uma vidência difusa, por vezes puramente circunstancial, se transformou numa consciência cósmica cheia desta certeza: tudo correspondia a tudo e o conhecimento da natureza das coisas estava no ar, disponível em toda parte, para aquele que dele pudesse se impregnar.

Consegui terminar o colegial porque implorei ao meu guia que me ajudasse a compreender a geografia. Passei o curso inteiro completamente atrapalhada. À noite, sonhei com o carnaval do Rio. Mais do que isso, eu fui até lá. Lembro-me do cheiro das frutas, da poeira, do suor, compreendi o sentido do transe das percussões, das plumas, das garrafas no chão, do fogo. Estudei profundamente "o Brasil". Três dias depois, tive de falar sobre o assunto.

Faltava-me no entanto a constância. Às vezes, quando escrevia aqueles poemas, tinha o real sentimento da correspondência de que fala Baudelaire. Era maravilhoso. Mas na vida cotidiana eu ainda não havia descoberto a possibilidade de estar "ligada" ao meu eu profundo, não mais episódica, mas constantemente. Eu vivia às voltas com informações perfeitamente inúteis.

Uma delas era um manhoso cão de boca quadrada que me assustava; uns dez anos antes, eu o via quando passava por canteiros ou locais em demolição. Eu sempre tinha a impressão de que havia ali um cão por trás dos tapumes.

Como saber o que seria o abominável *pitt-bull*? Ou melhor, o uso abominável que dele faziam os traficantes em suas invasões?

É claro que se tratava de uma vidência efetiva, já que eu sentia uma paixão sem limites pelos animais. Parece, por outro lado, que os videntes são mais capazes de "localizar" o que lhes interessa.

Assim, Gérard Croizet, um prodígio na profissão, conta que as vidências são feitas em associação com emoções pessoais passadas. Especializado na busca de corpos, ele apresentou, por ocasião das Jornadas Internacionais de Parapsicologia de Bruxelas, um documentário no qual aparecia primeiro localizando e depois recuperando com a polícia o corpo de dois afogados. E de que Gérard Croizet quase morreu quando criança? De afogamento.

Através dessas histórias, percebemos que o fenômeno pode aparecer quando quer, referir-se a eventos, importantes ou não importantes, do passado, do presente e do futuro. Toda comunicação extra-sensorial é uma forma de vidência; exceção feita à telepatia, toda informação que se possa descobrir antes de ser dita, lida ou ouvida, toda certeza que não procede da conclusão de uma análise, é vidência.

Contudo, para facilitar a compreensão do fenômeno, os pesquisadores em parapsicologia descobriram nomes que permitem catalogar os diferentes fenômenos a fim de organizá-los amplamente sob o termo "vidência". Não se trata de fazer aqui o inventário desses fenômenos, mas de recordar os principais:

Clarividência ou clariaudiência
É a faculdade de perceber, por imagens ou sons ouvidos interiormente, ou, em alguns casos, distintamente, informações que não podem advir dos meios sensoriais clássicos.

Ver em envelopes fechados é clarividência, assim como o é descrever a paisagem na qual me encontro hoje estando a dois mil quilômetros, ou então ver um tumor no seio de uma mulher totalmente vestida.

A psicometria, que é a capacidade de fazer uma leitura, através de um objeto, de sua história ou da história de seu proprietário, também pode entrar nessa categoria.

A precognição
É a adivinhação, isto é, a capacidade de saber o que vai acontecer. É a clarividência projetada no futuro. Todas as imagens que nos fazem atravessar o tempo e o espaço e permitem, dez anos antes, dizer a um consulente o local, a cor e a aparência de sua casa.

A telepatia
É a capacidade de ler pensamentos, pensamentos e não eventos! Desconfiem do telepata. Quase todos os videntes são telepatas, mas nem todos os telepatas são videntes.

Dessa maneira, é muito comum, durante as consultas, que eu me veja constantemente prestes a repelir o ruído mental dos meus clientes, a fim de perceber apenas os eventos, e não os seus desejos. Eu não sabia que era telepata até o dia em que compreendi que, quando tinha a impressão de ver no futuro um verdadeiro e um falso, o falso era, na verdade, com muita freqüência, a construção mental do meu consulente...

E os suportes?
De início, creio ser importante diferenciar entre os sistemas divinatórios completos, como o *I Ching*, o Tarô de Marselha, as Runas ou

as figuras geomânticas, e os simples "desencadeadores" de vidência, como o podem ser o resíduo de café, a bola de cristal ou o fogo nos hábitos de cura xamânicos.

Os primeiros são estruturados numa linguagem fechada, "uma escritura" de diferentes estados energéticos, registrados como sendo os estágios sucessivos de um ciclo constante de vida, de construções, de destruições, de transformações. Que diz o Arcano Maior número 2 do Tarô, "A Papisa"? Ele fala de fecundidade, de germinação, de elaboração discreta num princípio feminino. Exatamente como o hexagrama número 2 do *I Ching*, "O Receptivo", que significa a força original do Yin, que é discreta, maleável, receptiva.

Esses suportes têm como ponto comum o poder de ser estudados por qualquer espírito curioso como um sistema de representação simbólica do universo.

Alguns profissionais que não têm, propriamente falando, vislumbres de vidência também podem prever o futuro por menos que saibam se "ligar" a uma ou outra técnica e por menos que a dominem perfeitamente.

Os segundos, em contrapartida, só têm sentido a partir de uma crença, não podendo ser, a bem dizer, estudados porque, sem dispor de capacidade extra-sensorial, ninguém verá verdadeiramente nada no fundo de uma xícara, ao passo que certos arcanos do Tarô, como o número 12, "O Enforcado", suscitam em qualquer pessoa um mínimo de emoção.

Os suportes têm sobre a vidência pura uma vantagem não negligenciável: eles permitem determinar se um evento pressentido na vidência pura vai ocorrer num período de tempo próximo ou longínquo.

Uma consulta ao Tarô de Marselha abrange mais ou menos de um ano e meio a dois anos. E os vislumbres de vidência podem ir bem mais longe.

Por outro lado, certas representações simbólicas podem induzir vidências puras. Eu trabalho com o Tarô de Crowley. Se o caro Aleister marcou a Inglaterra com todas as suas abominações e diversas provocações sobre um fundo de magia erótica e de excentricidades duvidosas, ele nem por isso deixou de criar, em companhia de *Lady* Frieda Harris, um jogo particularmente poderoso, cuja profundidade de campo, cuja perspectiva e cuja sensação de forte dinâmica intensificam o desencadeamento das minhas vidências, ainda que, em termos de justeza simbólica, seja por certo inferior ao Tarô de Marselha, com sua representação mais clássica.

Na consulta, uso também às vezes os mapas astrológicos de Marie Delclos, para responder a pequenas perguntas. Quando tiro "Saturno" de uma vidência com relação à qual o Tarô não parecia muito propício, alerto meu consulente para o aborrecimento que o espera.

As Runas me apaixonam. Eu as deixo sempre na mesa em que trabalho. Graças a elas, elaborei um sistema de consulta acessível a todos. Sirvo-me delas na consulta quando fico "bloqueada". Forças simbólicas, arcaicas, cheias de referências à natureza e aos princípios desta, diz-se das Runas que Odin, o deus celta, as descobriu quando estava pendurado em Yggdrasil, a Árvore do Mundo, de cabeça para baixo. Também no meu caso, em momentos em que não vejo "verdadeiramente nada", ocorre de elas, velhas de milênios, me iluminarem.

Quanto aos outros suportes, aqueles que não são construídos como sistema, quer se trate do fogo, de uma bola de cristal, do resíduo do café, parece que permitem que se desempenhe um papel de recepção, condutor de informações procuradas pelo médium.

Explico: um dia eu estava à mesa com Marcel Odier, sua mulher Monique, Gabriel Veraldi, secretário da Fundação de Psicofísica, que fundaram e de que Rémy Chauvin e Olivier Costa de Beauregard são os conselheiros científicos.

Também estavam presentes naquela tarde Mario Varvoglis e Christine Hardy, que todo o meio parapsicológico reconhece pela qualidade de seus trabalhos científicos.

Marcel Odier é um homem notável, uma combinação de rigor, disciplina e capacidade de autoquestionamento. Banqueiro suíço, pertencente a uma dinastia genovesa, racionalista convicto, Marcel descobriu um dia que sua visão do mundo era insuficiente e decidiu dedicar a maior parte do seu tempo ao estudo de fenômenos parapsicológicos, o que sua bonita e vivaz esposa o encorajou a fazer.

Eles desejavam me rever e Mario nos reuniu. A noite foi muito alegre e tão informal que decidimos nos dedicar, à mesa, a algumas pequenas experiências, que consistiam em pedir aos participantes que marcassem um número num pedaço de papel e o passassem a mim, dobrado. Claro que eu devia me virar para o outro lado a fim de não correr o risco de ver o que eles escreviam.

A experiência se reproduziu numa série de êxitos tão espetacular quanto o era a sua motivação... Todos queriam muito que a "coisa" funcionasse.

Ainda assim, espantado com o meu nível de acerto, Marcel se inclinou na minha direção e perguntou:

— Mas enfim, Maud, quem lhe dá a resposta?

— A lâmpada que está atrás da janela do restaurante... — respondi-lhe eu, com a maior seriedade.

Com efeito, para conseguir ajuda, eu estabelecera uma "ligação" com a lâmpada. É como se ela se tornasse um auxiliar; pode parecer perfeitamente absurdo, mas a luz brilhante e pálida no vidro me permitia acentuar seu halo imaculado, tornando-se para mim uma fonte. Eu "dialogava" com ela.

É como se eu me servisse de sua energia para chegar à informação que eu queria. Ela se tornava o "satélite", o ponto de recepção de informações vindas de uma zona em que estaria condensado todo o conhecimento do universo. Mas qual é essa zona na qual os médiuns aprendem uma vez que encontrem a bola de cristal, a chama ou a lâmpada que a ela os liga?

A tradição hindu fala dos registros akáshicos, descrevendo-os como uma espécie de halo que circunda a Terra e no qual seria veiculada toda a história. Todas as histórias. A história da humanidade, do planeta, de cada homem...

Erik Pigani fala longamente de Edgar Cayce. Esse médium nascido em 1887 tinha o poder, enquanto dormia, de tornar-se o canal de entidades que lhe indicavam tratamentos médicos exatos que curaram centenas de pessoas. Toda a América queria ter consulta com ele. Foi até criado um hospital para ele. Ora, também ele dizia se encontrar num lugar em que "SE entrava no sono, um lugar em que havia milhões de livros. Escolhia-SE o livro correspondente à pessoa, à página correta, e ele lia o tratamento" [sic].

E de que Michel Bounias, bioquímico e biofísico, diretor de pesquisa do INRA, nos fala em *Si Dieu avait créé le monde?*

De vibração transversal, constituída em arquivos, e que poderia servir para "impressionar" os neurônios, ainda que essa vibração, em certas circunstâncias — e ele lembra aqui também o papel dos choques emocionais —, seja capaz de se estender à memória do universal: "Assim como se capta uma emissão de rádio ao localizar a sintonia certa. Nossos neurônios poderiam aceder aí a imagens, mas também a sons, odores, sensações e até emoções..."

Era esse o instante mágico que eu esperava a partir da adolescência: uma tentativa de explicação daquilo que eu vivia todos os dias e que a cultura atrofiada da sociedade em que eu me sufocava negava, dizendo-me com isso que aquilo que eu vivia não existia.

Imaginem o sofrimento de uma criança melômana criada em meio a surdos e vocês terão uma pequena idéia do completo desconforto no qual passei minha infância e boa parte de minha adolescência.

Encontrei por fim, com a física quântica, motivos para esperar que um dia se venha *verdadeiramente* a saber como um vidente vê! A vanguarda das pesquisas da minha época iria legitimar séculos de observação e quem sabe, abrir perspectivas de uso ainda maiores.

Porém o mais surpreendente é a viagem no tempo que fazemos. Todos os dias? Isso me espanta! Vem então o problema do livre-arbítrio. Digamos que este seja relativo. Haveria naturezas de eventos mais ou menos modificáveis. Não se nasceria virgem, mas trazendo um balanço, incluindo o ativo e o passivo, das ações passadas. Ora, a lei do universo é a da retribuição. Todos os nossos pensamentos, todos os nossos atos parecem voltar a nós, não como punições, mas como o eco natural daquilo que produzimos no campo vibratório do universo. Disso decorre a necessidade de ter uma grande compreensão dos nossos mecanismos interiores, bem como de viver o presente como a construção do futuro.

A nova física traz um começo de explicação.

Enquanto espero poder fazer mais e em outra escala, já existe, a cada dia, o milagre do encontro com o consulente.

Porque a vidência é também a minha profissão, e eu tive a alegria de fazer a maior parte das minhas experiências no trabalho. É esse aspecto das coisas, que julgo fundamental, que vou abordar agora.

As consultas me viciaram. No sentido positivo. Porque não conheço outras relações igualmente profundas com aqueles que vêm me ver. A consulta dura uma hora. Depois, já não penso nela. Talvez seja essa a minha maneira de integrar o segredo profissional. Centenas de homens e de mulheres passaram pela minha vida.

Mas, tratando do essencial, vocês conhecem uma única situação social em que se possa dizer a uma mulher sentada diante de você há dois minutos, sem que ela tenha pronunciado uma única palavra: "Bem, então esse homem bem moreno e que bebe, você não acha que, para um marido, há mais a fazer do que quebrar a cozinha?" Ou ainda a um homem: "Você que trabalha com números, numa empresa multinacional, como é que, embora não suporte a hierarquia, você não acaba com a sua úlcera? Aí... Eu a sinto aí", digo eu, mostrando o meu estômago, pensando numa recuperação.

Adoro a surpresa que provoco durante os meus dias de inspiração: "Mas você vê *de fato?*" Os olhos dos consulentes ficam arregalados. Que imaginam eles? Que eu lhes faria perguntas carinhosas ou falaria tranqüilamente de generalidades?

Assumo então um cruel "é por isso que eu não sou boazinha", que se pode julgar de gosto duvidoso, mas ao qual recorro com freqüência porque há muitas vezes uma suspeita de desonestidade acerca do vidente no espírito do consulente. Suspeita de trapaça, de fraude. A conversa se eleva um tom acima com esse tipo de pequenas demonstrações espetaculares.

E então eu me solto.

Ponho um Tarô para situar um pouco sua atualidade. Sobretudo o estado de sofrimento e de *stress*. Sirvo-me disso para saber *como* dizer as coisas.

Claro que nem sempre eu estou inspirada. E então eu lhes peço docemente que se vão, mas sem concessões, ou então me atrapalho.

Estranhamente, deixo-me muitas vezes injuriar. Dou-me o trabalho de explicar que poderia perfeitamente contar qualquer coisa para justificar meus honorários e que de nada me serve gastar tempo e energia para mandá-los embora, digo que não há nada para fazer.

Minha consulta começa com uma frase ritual: "Vou fazer já um teste para ter certeza de que capto você direito. Se o que eu disser sobre o seu presente e o seu passado não lhe parecer muito certo ou preciso, não hesite em me dizer; vá embora e você não me deve nada."

O exercício profissional da vidência só é possível se tomamos essa precaução.

Se tudo corre bem, o tabuleiro é montado. No início, eu era tímida, não me atrevia a falar das minhas imagens. Hoje, isso já não me incomoda. Sinto uma real benevolência da parte de nove pessoas em dez. Elas parecem contentes por estar comigo e confiantes, desde o começo.

Fecho os olhos, passeio; abro-os, conto-lhes o que vi.

Os lugares da infância me voltam com freqüência, com os odores, os sons.

Isso pode ser bem preciso. Também datas, no passado, surgem.

Como uma belíssima canção de Louis Chedid fala do filme de uma vida, do nascimento à morte, *Ainsi soit-il*.

A vidência é isso.

Agrada-me tanto essa relação simbiótica que tenho bastante dificuldade para ter relações sociais normais. Há nisso toda a doçura necessária para não magoar ou, pelo contrário, o uso da cólera revigorante. Na minha correspondência abundante, mal encontro quatro cartas irritadas por ano, o que, considerando o número de pessoas que me consultam, não é um grande número.

Há alguns anos, Bernard Martino, escritor e produtor, me propôs filmar o que se passa no meu consultório. Recusei categoricamente, pois pensei que nenhum consulente suportaria isso. Enganei-me. Georges de Bellerive, figura respeitável do nosso campo, não hesitou em deixar François Laplantine submeter seu consultório a escrutínio: isso gerou um livro fundamental, *Un voyant dans la ville*.

Porque a primeira utilidade da vidência não é fazer um pedaço do muro de Berlim falar, mas ajudar os seres humanos a verem-se com mais clareza.

Meu teste com o passado e o presente dura no máximo quinze minutos. Como eu já disse, não desejo que o consulente intervenha, porque isso perturba mais do que qualquer outra coisa.

O único catalisador de que preciso não é mais a lâmpada há pouco evocada. Mas... um simples nome. Quando começo a examinar a personalidade do consulente, preciso, para continuar, do nome.

Adivinho o caráter e de súbito vejo uma zona industrial, um volume quadrado, máquinas barulhentas. Isso é normal. O homem é mecânico-chefe. A história vem lentamente.

Uma vez segura de estar de posse do meu assunto, *encaminho-me* para o futuro.

Outro catalisador são os olhos. O que há na retina das pessoas que brilha tão estranhamente?

Passeio pelo abismo das pupilas, pelas crateras irisadas das retinas, e se acumulam em mim imagens interiores, mais ou menos fluidas, dançantes, como se a pupila me soprasse toda a história em sua sutil cintilação.

Como uma florista, eu as componho, eu as interpreto. Por que eu disse a D., que ainda era solteira e tinha passado dos trinta e cinco anos, que ela tinha gêmeos? Eu não sei de nada. Ela os teve!

Um homem que propõe uma explicação se impõe. Encontrei-o em Bruxelas num estúdio de televisão. Ele estava com a filha. É o professor Régis Dutheil, dedicado à pesquisa da física fundamental e professor de física e biofísica na Faculdade de Medicina.

Ele explica longamente a sua teoria (difícil) através do seu livro *L'Homme superlumineux*. Vou tentar resumir o principal.

Haveria um universo paralelo ao nosso, complementar e simétrico, em que a velocidade é superior à da luz. Ele o batizou de "espaço-tempo supraluminoso". Podemos deslocar-nos nesse universo, não sujeito às leis do nosso mundo, de maneira instantânea, para o passado, o presente e o futuro. Trata-se de um universo constituído apenas de informações e de consciência. Na verdade, quando se atinge uma velocidade infinita, o conceito de velocidade deixa de ter sentido. Porque, como poderia eu, ao ser enunciado o nome "Marie", dizer de uma pessoa que é a mãe de um de meus consulentes de quem nem sequer vi a foto: "Ela sofre de enxaqueca (verdadeiro) e de um grave problema no olho" (falso no dia da consulta, verdadeiro seis meses depois)?

Simplesmente porque o tempo não passa.

Para mim, quando me encontro na dimensão supraluminosa do professor Dutheil, há uma completa instantaneidade de todos os eventos constituintes da vida do meu consulente, instantaneidade na qual as noções de passado/presente/futuro desaparecem.

E nisso a física entra em acordo com a tradição budista, a mais avançada vanguarda da pesquisa junta-se a milênios de tradição oriental, já que Buda explica que a noção de tempo dividido em presente, passado, futuro é uma ilusão e que o sábio pode apreender em conjunto todos os eventos.

Como encontro aí o meu caminho? De modo bastante simples. As imagens do passado têm uma espécie de embaçamento. Elas são menos luminosas, menos vívidas do que as do futuro. Isso, naturalmente, não quer dizer que eu nunca me engane.

A vidência sempre me espanta. Todos os dias. E sonho verdadeiramente com um observador benevolente de câmera em punho. Ao final de três dias de filmagem e de uma difusão para o grande público, ninguém mais se perguntará se a vidência existe ou se ela é um sentido derivado da psicologia.

O professor Yves Lignon evoca o caso da Senhorita de Châtelet, uma vidente do sul, com a qual ele fez brilhantes pesquisas. Conta o professor que essa mulher tão dotada tinha o hábito de lhe telefonar quando vidências espontâneas se sucediam para ela aos borbotões. Ela ligou para ele num domingo à noite para lhe dizer que vira grandes explosões luminosas, múltiplos cortejos fúnebres e "uma menininha que se afoga enquanto todos a contemplam".

Uma erupção vulcânica eclode na Colômbia uma semana depois e o professor Lignon viu, como todos os franceses, a agonia da pequena Omayra mergulhando na lama enquanto a água subia: belo exemplo de um deslocamento no universo supraluminoso.

Mas naturalmente o encanto tem limites. No reino das imagens, por vezes tudo se mistura. Mesmo no caso de um vidente bem-dotado e de boa-fé. O professor Lignon conta ainda que a Senhorita de Châtelet propôs-se a ajudar a polícia para resolver um caso de desaparecimento. Ora, "a fachada descentrada num edifício muito branco, tendo à direita a porta de entrada e uma escadaria" tinha bastante que ver com a investigação mas nada com o culpado.

Assim, é preciso manter a prudência, sobretudo quando se trata de notícias ruins.

Vejo chegar um homem, de uns quarenta anos, sério e agradável. Mal ele se senta e eu ouço "leucemia". Vejo as mãos de uma criança muito pálida. Um odor de hospital me invade. Não digo nada. Vejo a foto do filho desse homem. Vejo bem um futuro para ele, mas tremo. Não havia razão para isso. O homem era médico e trabalhava com crianças cancerosas.

Yaguel Didier também previu um casamento deslumbrante para uma amiga íntima. Ela viu uma igreja, música, flores por toda parte, uma cerimônia grandiosa, órgãos. Ora, tudo isso aconteceu, mas não se tratava do casamento da moça. Era o enterro da moça, porque ela faleceu ainda jovem de uma doença fulminante.

Também eu, como *todos* os videntes, cometo terríveis erros de interpretação. Porque as viagens ao futuro não são sem surpresas.

É o que a Senhorita de Châtelet evoca muito bem ao dizer: "Eu tenho a impressão de dever contar a seqüência de um filme cujo cenário e cujas personagens não conhecia. Logo, se se trata de algo tão confuso, como vou fazer para separar o bom do ruim?"

Eu me pergunto muitas vezes se esses erros não deveriam me impedir de exercer a vidência como profissão. Quando vejo todos os dias os resultados majoritariamente positivos da minha prática, e da de bom número de meus companheiros, deixo de ter qualquer hesitação. No entanto, é necessário fazer um bom trabalho de informação e de educação do público, para que este aprenda a nunca ser vítima do nosso trabalho.

Felizmente, as artes divinatórias como o Tarô ou as Runas permitem "reenquadrar", como expliquei, todas essas imagens disparatadas e fascinantes, conferindo-lhes, em algumas ocasiões, a trama que lhes falta.

A vidência pode mudar o destino

Na época da redação do meu primeiro livro, *Pour en finir avec Madame Irma*, eu acreditava que não podia ver nada referente a mim mesma ou às pessoas que me são próximas. A cegueira com relação a si mesmo é um postulado bem estabelecido entre a maioria dos meus companheiros.

De vez em quando, eu fazia uns jogos de Tarô e alguns *I Ching*, o livro chinês das mutações, que, como uma radiografia energética, descreve ao mesmo tempo o presente e o futuro de qualquer situação; mas uma crença supersticiosa me fazia pensar que, como o sapateiro malcalçado do provérbio, eu corria o risco de cometer perigosos erros.

Contudo, eu já estava prestes a verificar que inúmeros sonhos, que tive quando menina, eram premonitórios, já que eu os via acontecer com luxuriantes detalhes.

Eu também havia observado que podia fazer vidências com relação a mim mesma pensando que estava fazendo funcionar a minha imaginação.

Assim, ao alugar um imóvel, descobri que quatro dos sobrenomes dos co-proprietários — não particularmente comuns — correspondiam aos sobrenomes que eu descobrira de uma só vez certa noite para as personagens secundárias de um romance.

Mas eu pensava que não podia receber em estado de vigília autoprevisões verdadeiras.

Collin Wilson, autor de *L'Occulte*, relata que, quando da redação do seu livro, se viu diante de um impressionante número de coincidências que o fizeram encontrar quase milagrosamente os documentos de que precisava. E quanto mais ele se fazia sensível e receptivo a essas forças que o guiavam, tanto mais estas intensificavam a sua presença e aumentavam a sua eficácia.

Ele julga, assim, que fora afastado de sua vida prática e recebera mensagens perfeitamente claras acerca do caminho a seguir espiritualmente.

Eu também aprendi que o cosmos é tagarela, estando povoado de auxiliares e de guias atentos e amorosos, como os xamãs mexicanos, que se comunicam entre si por meio de chamas estando a centenas de quilômetros uns dos outros; aprendi a ler o sentido de certas imagens que me caíam sob os olhos, diversos objetos que se quebravam sem razão e cuja aparência revelava de súbito a resposta às minhas perguntas.

Aproveitando-me talvez, com o passar do tempo, do distanciamento com relação à minha vida e às minhas paixões, comecei a perceber as mensagens dos meus guias e a minha prática do *I Ching* se intensificou, tanto por causa de sua riqueza espiritual como por causa do apoio que representa no tocante à verificação suprema das minhas percepções diretas.

Hoje, não tenho mais necessidade de estar adormecida ou de me crer prestes a escrever uma obra de ficção para conseguir ter, também com relação a mim mesma, fenômenos de clarividência e de adivinhação.

Um amigo, que testemunhou a realização de uma vidência que eu fizera com relação a mim mesma, me perguntou se não era terrível "ver para si mesma".

Para começar, se tenho algumas luzes, elas não passam de fracas luzinhas numa noite escura como breu, já que me dirijo a Deus para decidir sobre o meu destino, mas estou plenamente satisfeita com as balizas que margeiam o meu caminho.

A adivinhação me economizou lágrimas, esforços inúteis e dúvidas; ela apaziguou as minhas relações com o mundo.

Ela me ajudou a desenredar situações dolorosas, a vencer obstáculos imaginários, além de me ter permitido recuar ao evitar sofrimentos pelos quais eu passaria ao entrar em caminhos que, sob aparências sedutoras, bem mais tarde se revelariam eivados de armadilhas e de espinhos.

Frédérique Lenoir, católico convicto e autor de um livro notável sobre Madre Teresa, me objetou um dia que a minha auto-adivinhação me economizava reflexões, amplificando o meu processo de pensamento e a minha liberdade.

Compreendo ainda mais a reticência que eu também tive no começo, a mesma rejeição, pelas mesmas razões.

Mas quantas horas de ruminações inúteis evito todas as semanas!... Quantos instantes passei antes a "pensar" em projetos que nunca viram a luz, a erguer barricadas para me proteger de uma brisa enquanto me deixava queimar, com toda a inocência, em brasas que eu tomava por pedras preciosas porque brilhavam com a mesma luz tentadora!...

Quanto sofrimento evitado com a condição de poder saber antes o germe do sucesso ou do fracasso, quase sempre invisível e que habita o coração de cada coisa, de pequenos ou de grandes projetos!

Quantas desilusões brutais, transformadas em sábias esperas quando o destino já não é sofrido mas compreendido graças à adivinhação!

Tenho hoje a certeza de que, antes de produzirem efeitos no mundo material e de se concretizarem na forma de encontros, disputas, contratos, construções, sucessos ou fracassos, os eventos existem numa outra dimensão com uma vibração sutil, etérica, que certas práticas podem captar e analisar, como eu faço.

É nessa região de "pré-materialização" que os meus guias me ensinaram a navegar.

E se as formas exteriores podem ser enganosas, no mundo da matéria, não há nenhuma ilusão nesse "universo das raízes".

As respostas que encontrei por vezes me fizeram duvidar, a tal ponto diferiam daquilo que a análise me poderia fazer crer e a lógica imaginar.

Para começar, os elementos que servem de base à reflexão nos são dados com freqüência de maneira incompleta e superficial. Nada é mais enganoso do que aquilo a que damos o nome de realidade. Por outro lado, eles não escapam à nossa subjetividade, já que, tendo feito todos os dias a experiência de percepções sensoriais e extra-sensoriais, eu sei que, no final, as primeiras são para as segundas o que as ovas de um peixe qualquer são diante do melhor caviar!

Assim, já não ponho a minha liberdade no duro exercício da ruminação mental, e tento usar a minha energia psíquica em algo que não a "tagarelice" que enche a cabeça de todos e antes enchia a minha. Quantos consulentes chegam a mim esgotados por horas e anos de cogitação incessante, sobre diversos assuntos, quando um conselho judicioso pode ser dado em um minuto graças a vinte e duas cartas.

A adivinhação é tão miraculosa que transforma de modo radical a vida de quem a pratica. Posto outra vez em contato com a sua própria essência interior, esclarecido acerca da sua motivação, instruído ao mesmo tempo sobre as possibilidades e as oportunidades do momento, só mesmo aquele que não sabe se apoiar na adivinhação pode julgá-la trágica. Porque, quando bloqueia uma saída, ela o faz para nos levar a ir mais alto, ao andar de cima, na realização de nós mesmos. Não há fracasso que não seja um convite a se ultrapassar a si mesmo, um tempo ganho na realização de nossa missão.

Se essa energia fosse utilizada para a eterna vigilância, como uma sentinela que observa o horizonte, muitos não teriam passado pela sucessão de catástrofes inelutáveis nas quais nos vemos imersos quando estamos descentrados.

Visto que é (às vezes...) possível saber que posição adotar, já que se pode prever a solução de um problema, para que se deixar levar pelo erro quando o único pensamento que se pode encontrar aí é o de se decidir por si mesmo, fazendo uma bela demonstração da realidade do livre-arbítrio?

Talvez a minha liberdade não esteja na escolha dos eventos, mas na maneira como posso vivê-los e na lição que tiro das minhas provas e das minhas alegrias.

Quando criança, eu separava pequenas moedas amarelas. Eu ia comprar com elas e voltava com as mãos bem cheias de pesados morangos coloridos artificialmente, rolos de alcaçuz que eu torcia voluptuosamente antes de comer e crocodilos transparentes que coloriam minhas gengivas de azul, de laranja, de verde.

Elas deixaram de me interessar no dia em que descobri a moeda de dez francos e depois, naturalmente, a cédula. Eu perdera a minha inocência. Mas a pequena moeda se vingaria anos depois desse injusto desamor. Ela reapareceu na minha vida há uns dez anos. Hoje, a casa está atulhada delas, e as pequenas moedas redondas de latão amarelo reinam sobre os tapetes e na cozinha, e tintilam alegremente no fundo da minha bolsa. Se tenho uma particular resistência a me desfazer delas, é talvez porque o caráter módico da soma que representa a adição de três delas é paradoxal quando penso na riqueza, na profundidade das respostas que obtenho graças a elas, para perguntas que há anos faço a mim mesma... Com a condição de observar cuidadosamente o número de caras e de coroas que formam ao cair sucessivamente seis vezes no chão... e de ter a paciência de estudar o *I Ching*.

Há poucas pessoas com relação às quais eu seria capaz de viajar vários quilômetros com a única intenção de depor em seu túmulo um buquê de flores. Mas eu o faria de bom grado para Richard Wilhelm, que revolucionou para sempre a minha vida.

Missionário protestante que chegou à China em 1899, ele foi iniciado por um erudito pertencente à família de Confúcio no estudo do mais antigo livro da China, e talvez do mundo, o *I Ching*, também chamado de *Livro das Mutações*.

O famoso livro amarelo editado pela editora Médicis nunca sai de perto de mim. Ele mergulha na espuma do meu banho, não escapou das garatujas da minha filha, a capa é recuperada todos os meses, mas suas 830 páginas acompanham todos os meus passos... Para compreender seus segredos, basta a inspiração, quando conjugada com um sentido da metáfora. Trata-se de um livro que Baudelaire teria adorado traduzir, ele para quem as "correspondências" não tinham mistérios.

Eis um sistema divinatório que me reconfortou quando sofri, me chamou à ordem quando me afastei do caminho reto, me incitou com muita razão ao agir ou à imobilidade, ao desespero ou à renúncia, com perfeita justiça, uma medida exemplar, por maior que tenha sido a complexidade da situação que lhe expus.

Questionei-o durante muitas horas. De início, sobre a minha vida pessoal, é claro, e depois, experimentando a precisão dos oráculos e conselhos, busquei respostas para questões morais (a pena de morte), espirituais (o papel do sofrimento na vida do homem), éticas (a legitimidade das pesquisas genéticas).

Também para isso consegui respostas. Matizadas, generosas, cheias de orientação... E então procurei "pressioná-lo", para saber quem ou o que me respondia assim através desse sistema.

E, nos termos da natureza da minha intenção, obtive respostas esclarecedoras e, ao mesmo tempo... uma batelada de ofensas bem merecidas; tenho quilos de papel cheios desses comentários.

É preciso acostumar-se com isso: o *I Ching* sempre tem razão. É um desafio quando não se tem muita experiência, mas é uma lição de humildade cotidiana.

Meu primeiro encontro com ele ocorreu perto de 1985. Yves, meu amigo de infância, me ofereceu um dia uma pequena edição popular do livro. "Tente fazer-lhe perguntas", disse-me ele.

Nessa época de minha vida, eu andava confusa e triste. Tinha a sensação de não encontrar meu lugar na sociedade, ainda que tivesse sucesso no campo da publicidade. Tudo me parecia vazio. O caráter estranho da minha percepção do mundo — que eu ainda não chamava completamente de vidência — me obrigava a uma espécie de constante tradução simultânea para os fins da comunicação com os meus semelhantes.

Era uma coisa fatigante, porque o meu sistema de valores não inclui os parâmetros com que os homens navegam e, por uma legítima preocupação com a integração, entrego-me a concessões que me entortam com a mesma brutalidade com que se trata o ferro numa forja.

Minha vida interior era densa, minha vida espiritual também, eu dormia sem cama, no chão, e não comia nenhum grama de carne porque só por meio de um rigoroso ascetismo é que mantenho o meu equilíbrio. Tenho sonhos premonitórios em abundância. Eu busco...

Lembro-me do encontro com o *I Ching*...

Era uma tarde de verão. Na época eu morava num grande apartamento na Défense. Pelo seu tamanho e pela confusão que nele reinava, ele parecia um navio encalhado, e, graças à visão do céu, a única coisa próxima de mim, no décimo sétimo andar, seria uma nave espacial.

Eu estava sozinha. Trazia no coração duas perguntas. Antes de tê-las feito, eu já estava cética. Para mim, três moedas lançadas no ar caíam por acaso. E não cheguei a admitir que houvesse uma razão, uma vontade ou uma intenção no fato de formarem ora três coroas, três caras, duas caras e uma coroa e duas coroas e uma cara.

Por outro lado, eu recusava a idéia de que o futuro de uma questão na qual eu pudesse intervir com meus atos já estivesse escrito em algum lugar. E onde ficava o meu livre-arbítrio?

Levei muitos anos para admitir que a liberdade total, em cujo âmbito eu teria adorado poder conceber o meu destino, era um engodo grosseiro, era essencialmente por isso que eu não tinha admitido com facilidade ser vidente.

Minha primeira pergunta referia-se a um livro que eu estava para escrever, um romance.

Eu tivera a oportunidade de conhecer Claire Martin du Gard, filha do romancista, que na época fazia parte do comitê de leitura das Edições Grasset, e que me estimulara vivamente a terminar o livro, visto julgá-lo publicável.

Claro que eu estava lisonjeada ao receber uma tal honra aos vinte anos, e pus-me a trabalhar com a maior regularidade possível.

Foi portanto com um espírito preponderantemente otimista que interroguei o oráculo...

Há diferentes maneiras de usar o *I Ching*; uma delas é com varetas de folhas de milefólio. Essa é bonita, mais ritual e mais respeitosa do que aquela que usa moedas, mas é longa e, seja como for, eu não tinha o material à minha disposição.

Optei então pela segunda e procurei conseguir três moedas de vinte centavos...

O *I Ching* é um conjunto de sessenta e quatro hexagramas, representando cada um deles um dado estado energético num certo momento, a radiografia de uma situação. Os hexagramas são pequenos desenhos compostos de seis linhas, cheias (YANG) ou interrompidas (YIN). Essas linhas correspondem ao número de caras e/ou de coroas obtidas no lançamento das moedas.

Em certos casos, o hexagrama que se tira transforma-se num outro quando os Yin e os Yang são "móveis" e se tornam o seu contrário. Tem-se então um segundo desenho que descreve a evolução da situação. E essas sessenta e quatro combinações, que compreendem eventualmente até seis combinações interiores, conseguem de maneira miraculosa descrever todas as inúmeras possibilidades da interação entre o Yin e o Yang na formação de uma trama através da qual não há pergunta que não receba uma resposta luminosa.

Sentada no chão, lancei-me pois à consulta do oráculo...

Formulei claramente a minha pergunta: "Meu livro será publicado?" Depois de ter lançado as moedas seis vezes seguidas, obtive o hexagrama nº 1, "O Criador".

Levei mais de sete anos para me familiarizar com a estranha linguagem do *I Ching*, mas nessa primeira vez é claro que a palavra "Criador" me foi ingenuamente conveniente. O número 7 dos sete anos repete-se muitas vezes, mas ele corresponde a um ciclo que só termina hoje. Ciclo de aprendizagem esotérica e de recentramento espiritual intenso.

Esse hexagrama é o primeiro do livro das mutações. Ele se compõe apenas de linhas cheias, "masculinas". A leitura do texto me pareceu poética, mas fiquei encantada ao saber que "O Criador" é um hexagrama forte por natureza que fala de perseverança, coragem, ação criativa da divindade e sucesso nos empreendimentos em curso. Desencantei-me algumas linhas adiante...

Minha primeira, minha terceira e minha sexta linhas eram "móveis", isto é, de masculinas se tornavam femininas, e a cada uma delas correspondia um pequeno texto particular...

Não resisto hoje a revelar o seu conteúdo.

A primeira dizia que tudo ia muito bem, que um homem notável (o que sempre nos dá prazer) estava por ser conhecido. Que ele devia esperar com uma paciência calma e firme, porque "o tempo logo chegaria". Sentindo-me esse jovem sábio e virtuoso, fiquei muito alegre. Acrescento que o texto continha a idéia de força criativa agindo na terra, o que é uma imagem das mais justas porque eu escrevia na solidão e, naturalmente, em total anonimato.

Mas a "terceira linha" anunciava a ambigüidade da situação com um texto que dizia haver um "perigo no lugar de passagem da posição inferior à posição superior". E que "mais de um homem importante já se perdera porque as massas acorreram para ele e o levaram de roldão".

Ali também a frase "sua reputação começa a se difundir" adequava-se maravilhosamente à situação porque eu encontrei Claire quinze dias mais tarde.

Mas a leitura da última linha me fez recobrar a razão. O *I Ching* às vezes é violento... Pude ler que quando um homem deseja se elevar tão alto a ponto de perder o contato com os outros homens, ele se torna isolado, o que o leva fatalmente ao fracasso.

Eu acabara de passar vários meses numa casa quase isolada em Subligny, perto do Monte Saint-Michel. Eu vivera ali totalmente sozinha em pleno inverno a fim de começar o manuscrito. Lá havia também um duplo sinal: a casa se chamava "La Croix Chapitre". Não só foi ali que comecei a escrever, mas a casa tinha esse curioso nome porque a parte superior de um crucifixo bem grande havia... caído — digamo-lo sem tremer —, quem sabe voltando à terra.

Essa energia invertida me fizera viver numa situação análoga à do "Enforcado", o Arcano 12 do Tarô que, num bloqueio e numa prisão involuntários, recebe uma graça vinda do alto. É inútil ir buscar uma estaca e um dente de alho, eu era a vítima e não o demônio naquela estranha casa com um crucifixo decapitado.

A passagem de uma vida parisiense e noturna a uma vida campestre e solitária não se fez sem problemas. Como um mergulhador submarino, eu não respeitara os graus de descompressão regulamentares. Sofri o choque, mas isso tinha requerido o uso de uma energia e de uma coragem que não se podem encontrar aos vinte anos sem endurecimento e sem mergulhar numa estranha melancolia.

Minha volta à Défense não foi mais feliz. Estranhamente, a solidão e a experiência me haviam transformado. Eu já não tinha vontade de sair, de me divertir. Meus problemas com meus pais chegaram ao auge. Sentindo-me frágil, eles me incomodaram.

Deparei recentemente, no meu estudo do *I Ching*, no capítulo VIII [da segunda parte]: "Uso do livro das mutações", com esta frase sobre as linhas do *I Ching*: "o sábio diz 'Se não tens um mestre, aproxima-te delas (das linhas) como de teus pais'."

É verdade que encontrei, hoje, no estudo cotidiano do livro que está na raiz do confucionismo e do taoísmo dois pais *hors concours*!

Mas na época, a primeira resposta que o livro me deu não me agradou muito...

Porque o hexagrama "O Criador" se transformava para se tornar "Opressão (A Exaustão)".

Se, como fiz em seguida à experiência, certas palavras são ambíguas, sobretudo quando traduzidas do chinês antigo, "Opressão" é claro para todo mundo. E nada interessante como perspectiva.

Eu não compreendia. O hexagrama "Opressão" falava de exaustão, de esgotamento, de contrariedade, de adversidade... Não era possível!

Além disso, ele se atrevia a me aconselhar que ficasse bem tranquila porque, nesses momentos, nada há a fazer além de assumir o próprio destino e permanecer fiel a si mesmo.

Perplexa, olhei minhas moedas amarelas no tapete. O perfil enigmático de Marianne com seu boné frígio e, de um lado, seus cabelos flutuando ao vento patriótico e, do outro, a espiga de milho.

Aquilo tudo não podia ser sério. Lá fora, os carros passavam na rua, o ruído dos motores chegavam a mim. À noite, os luminosos e os aviões no céu me tranqüilizavam. Como provas do triunfo da técnica sobre a superstição e da liberdade sobre a fatalidade. A experiência que eu acabara de fazer só podia ser uma brincadeira perigosa e imbecil. Enfim, se fosse possível prever o futuro com três moedas, as empresas com que trabalhava a minha agência de publicidade não hesitariam em pagar a preço de ouro pesquisas de mercado antes de lançar um produto. Três pequenas moedas de dez centavos e pronto: poder-se-ia conhecer o desfecho de uma questão! Risível.

Lembro-me de ter pensado que os chineses eram abomináveis comedores de cães, algo que, na qualidade de defensora incondicional dos quadrúpedes ladradores, é a meus olhos um crime abominável. Em conseqüência, a filosofia e os sistemas divinatórios de indivíduos que punham no prato o que eu abraço todos os dias não podiam ser senão mais um suplício *"made in China"*, como as flores de papel de mau gosto.

Em resumo, eu me defendia porque a publicação do meu livro me parecia vital.

Mas ocorreu precisamente o previsto. Apesar dos inúmeros estímulos que recebi na época de amigos quase tão ponderados quanto Claire, eu nunca terminei o livro.

Meu desejo de escrever desapareceu, substituído por saídas noturnas, novamente numerosas, uma paixão caótica.

Nada me fora recusado. Fui eu que não mantive a palavra, deixando inacabada (um quarto) a história de um jovem homem hábil e misterioso.

O romance deveria chamar-se *O Camaleão*. Vocês sabem qual o emblema do *I Ching* que encontramos impresso na capa de certas edições? Um camaleão...

Esse pequeno emblema assinala a meus olhos a história de amor mal-resolvido que me liga ao livro das mutações.

"Toma primeiro as palavras, medita sobre seu significado, então regras fixas se revelarão. Mas se não és o homem certo, o sentido não te será revelado", diz-me o capítulo VIII.

Levei alguns anos para me tornar "o homem certo", e me empenho em continuar a me tornar esse homem cada vez mais.

A razão que hoje me levou a trabalhar na elaboração de uma edição do *I Ching* acessível a todos é a capacidade de resposta filosófica que o livro encerra.

No momento do processo dos assassinos da pequena Céline, vítima de sevícias sexuais e de uma morte atroz, diante da cólera popular que de repente reabrira o debate sobre a pena de morte, perguntei por curiosidade o conselho do *I Ching*. Eis a resposta obtida:
Cheguei ao hexagrama nº 30, "Aderir (Fogo)".

De modo geral, este explica que a condição do fogo é a de ter alguma coisa a queimar e que a combustão implica uma transformação energética. Até aí, julgo a mensagem obscura. Ainda assim, consegui interpretá-la como o fato de que a cólera dos homens se alimenta do drama e do sangue, assim como o fogo da madeira. Tudo isso é vago.

Mas foi o pequeno texto da última linha que me respondeu com uma clareza desconcertante:

"O propósito da punição é impor disciplina, e não castigar cegamente. O mal deve ser cortado pela raiz. Na vida política, para fazê-lo, devem-se eliminar os líderes, porém poupar seus seguidores."

E por fim:

"Pois o ascetismo muito rigoroso, assim como as punições excessivamente severas, não conduzem a bons resultados."

Repito que a minha manipulação das três moedas poderia ter resultado em trezentas e oitenta e três outras possibilidades.

Deixo ao cético a meditação sobre a lei das probabilidades matemáticas.

Embora tendo respondido à minha pergunta até na escolha do vocabulário, o *I Ching* me deixara uma dúvida com a alusão que fizera à necessidade de se eliminarem os líderes... queria isso dizer que no caso particularmente hediondo a pena de morte era concebível? Por exemplo, um caso como o de assassinos de crianças? Lancei outra vez, seis vezes, minhas moedas amarelas. Meu novo hexagrama se chamava "Morder"!

Ele trazia o n° 21. E de que falava? Bem, justamente de processos e castigos que combatem os problemas introduzidos na harmonia da vida em sociedade. Não se trata de uma blague, é o *I Ching*, que, como eu disse, é infalível.

O texto da sexta linha respondeu impecavelmente à minha pergunta: "O caso a ser resolvido não é fácil, porém está perfeitamente claro. Como se tende, por natureza, à benevolência, deve-se realizar um esforço para ser como o ouro amarelo, isto é, verdadeiro como o ouro e imparcial como o amarelo, a cor que simboliza o meio."

A "benevolência"... Nem é preciso consultar um dicionário para compreender que a pena de morte não é indicada nem para assassinos de crianças.

Acrescento de passagem que essa resposta não me surpreendeu. A cólera de todos se manifesta com justa razão cinco ou seis vezes por ano quando uma criança é morta em condições abjetas por perversos que de modo geral não eram senão os seus familiares. Pronta a esfriar o imaginário coletivo, lembro que uma criança por dia morre oficialmente na França de maus-tratos.

O que quer dizer que se pode com certeza duplicar esse número acrescentando aquelas que se pretende terem caído da escada.

Ora, esses maus-tratos não lhes são infligidos por sádicos criminosos de que a imprensa nos dá um retrato patético, mas pelos seus próprios pais!

E não estou falando de incesto, cujos números só fazem aumentar o horror.

É difícil dizer sem pavor que o principal perigo para a criança são... seu pai e sua mãe — simplesmente. E não creio que os genitores que queimam, esmagam, afogam, seqüestram e matam de fome o fruto de suas entranhas terminem no cadafalso.

Talvez a nossa civilização, tão pronta a guilhotinar os estranhos à família que assassinam uma criança, ainda alimente, numa herança do direito romano, alguma indulgência com relação aos pais indignos.

Os fatos aí estão: é juridicamente menos caro torturar, violar e assassinar o próprio filho do que o do vizinho.

Como aquilo que chamarei de "o Espírito do *I Ching*" poderia aconselhar a pena de morte para o culpado quando certo número daqueles que exultavam ao redor da guilhotina já eram responsáveis na sua própria casa por aquilo que o código penal chama pudicamente de "maus-tratos à criança"?

Eu não sei o que é o "Espírito do *I Ching*"...

Será a minha própria parcela de sabedoria que se manifesta através dos hexagramas ou, então, um conhecimento exterior, a soma de milhares de almas que têm procurado, pelos caminhos tortuosos de uma busca espiritual, respostas para o seu tormento?

Agrada-me pensar que aquilo que guia as minhas mãos quando lanço minhas moedas é a parte mais elevada da minha consciência, de que me afastam habitualmente o ruído mental, o intelecto, mas sobretudo minhas angústias e desejos.

Porém, no curso das experiências, adquiri a convicção íntima de que essa parte superior do meu eu não passa de um vetor, um canal que recebe um conhecimento infinitamente mais elevado proveniente de planos de consciência superior. Tenho assim acesso a um colegiado de sábios invisíveis que irradia amor, humor e imparcialidade, e cuja disponibilidade nunca falhou até hoje.

Porque, ao contrário do Tarô de Marselha com relação ao qual a consulta demasiado freqüente ou feita em estados emocionais desequilibrados pode dar ensejo à introdução de incômodos parasitas, dando respostas de enlouquecer ou discordantes, o Espírito do *I Ching* jamais se afasta de sua objetividade.

Enfim, quando minha questão é ela mesma estúpida, malformulada ou mera expressão de dúvidas injustificadas, o Espírito do *I Ching* me manda passear.

Assim, diante de uma crise de angústia e de dúvida narcísica, perguntei um dia ao *I Ching* se eu estaria à altura de um encontro amoroso — no caso, com aquele que é hoje o pai da minha filha e meu ex-marido. Obtive uma resposta que me fez voltar à minha neurose — e com muita rapidez! Assim falava a primeira linha móvel do hexagrama nº 48, "O Poço":

"Aquele que assim se põe a perder não é mais procurado pelos outros. Ao final, ninguém mais se importa com ele."

Expressando assim uma verdade psicológica elementar segundo a qual não se pode esperar ser amado se a própria pessoa não considera a si mesma, o Espírito do *I Ching* parece ter sido capaz de contornar uma questão. Essa estranha inteligência o põe acima de todos os outros sistemas divinatórios.

Contudo, falando com praticantes decepcionados, dei-me conta de que o *I Ching* não é acessível a todos. Antes de tudo, algumas pessoas obtêm resultados que apenas refletem suas esperanças e temores. Como se a adivinhação não conseguisse ultrapassar a camada da consciência habitual, assim como um avião perdido nas nuvens não pode ainda ver brilhar o sol.

Reconheço que a freqüência da minha prática melhorou meus resultados divinatórios e que as poucas "rateadas" que tive se espaçaram até quase desaparecer, como se o Espírito do *I Ching* se tornasse tanto mais acessível e tanto mais transmitisse sua sabedoria quanto mais eu avançava no meu conhecimento da obra.

Por outro lado, certos temas traduzidos do chinês antigo para o alemão e depois para o francês são de qualquer forma de difícil apreensão. E os erros e contra-sensos de que padeci advieram da minha dificuldade em ter acesso a essa linguagem.

É por isso que hoje trabalho numa adaptação desses textos que permita imediatamente que cada qual se beneficie da sabedoria e da clareza do velho livro que os dirigentes japoneses hoje consultam, buscando nesse livro sagrado os mais sábios conselhos que se possa receber.

Domingo, estou diante da minha escrivaninha. Acabei de reler a passagem consagrada ao *I Ching*. Para me distrair, eu lhe perguntei o que ele pensava daquilo que eu acabara de escrever a seu respeito e se era bom que eu me tornasse uma divulgadora do seu ensinamento.

Eu o deixo concluir:

"Há pessoas que beneficiam o mundo inteiro. Sempre que seu poder aumenta, todos são beneficiados... Mas o que ele realiza não traz apenas um benefício particular limitado, porém é útil e acessível a todos."

(Sexta linha móvel) Hexagrama nº 41, "Diminuição",

que fala de uma multiplicação e de uma redução da prosperidade e de formas exteriores que devem ser substituídas de maneiras mais espirituais...

Só me resta trabalhar.

Quando o escrevi, eu não sabia que aquele romance era uma ampla vidência com relação a mim mesma.

Encontrei nos interfones do imóvel em que vivo hoje os sobrenomes, embora pouco conhecidos, como já indiquei, de quatro de meus personagens. Lembro-me muito bem de ter procurado uma noite, um tanto cansada, o sobrenome de três heróis, aliás secundários. Claro, como sempre, escrevi os primeiros que me passaram pela cabeça e desloquei-me no tempo para escolher.

Não é apenas no tempo que ocorre de eu me deslocar involuntariamente, mas também no espaço. Decido-me hoje a contar uma história tão boba que eu teria suspeitado de séria mitomania com relação a qualquer pessoa que se gabasse de semelhante aventura. Mas o próprio interessado e vários dos meus amigos foram testemunhas dessa seqüência tão vaudevilesca quanto sobrenatural, ainda que esse gênero de infortúnio nunca traga de fato prazer.

A estudante de direito que eu era então não sabia tampouco que um livro podia cair sozinho na biblioteca e que, pegando-o, eu poderia ler acima do meu polegar o inquietante "Cuidado com o cão", que anunciaria ao mesmo tempo a morte acidental de um dos meus cães, mas também, na mesma semana, a agressão de que me ameaçaria um outro, bem no centro da minha sala de estar. Talvez eu estivesse morta ou paralisada hoje se essa pequena frase estranha não me tivesse permitido reagir imediatamente no calor da hora.

Mas o caminho místico não é desprovido de surpresas humorísticas e de confrontos com uma realidade por vezes trivial.

Levando em conta a experiência que vou contar a seguir, compreendi por que o marido de Samantha, aquela bela "feiticeira bem-amada", permaneceu irretocavelmente fiel à mulher ao longo dos episódios desse folhetim que encantou os anos 1960...

Talvez seja porque eu o amei quando era muito jovem e com muita intensidade que meu primeiro grande amor voltou sete anos mais tarde. Ele viajara, por vezes à deriva, mas me seduzira novamente e acabara de entrar de novo na minha vida.

Entrementes, eu conhecera outras aventuras, belas, medíocres e sublimes. Eu também me casara quando nascera a minha filha. Depois retomei o meu caminho de solidão voluntária. Não há nada a fazer, minha busca não se dá muito bem com duas escovas de dentes num copo, e minha sede de paixão se transforma em salve-se quem puder quando, certa noite, ressoa do fundo da cozinha este gênero de grito poético: "Querida, você já jogou o lixo?... Há mais sacos!"

Ao longo dos anos, aprendi a falar às estrelas, às árvores e aos anjos. Como uma companhia permanente não é mais uma necessidade, confesso que meu grau de tolerância diante das notas falsas do cotidiano tornou-se proporcional à minha independência.

A retomada com ele anunciava o clima misterioso que governa a segunda parte da nossa história.

Depois de passar anos sem pensar nele e sem ter a mínima vontade de revê-lo, o homem ao volante do carro ao lado do meu chamou-me um dia a atenção: era um sósia.

Dias depois, dá-se uma ligação telefônica insistente e equivocada: "Alô! É você? Sou eu. Você se lembra?"

A voz era surpreendentemente parecida, também ela, e eu me pus a falar com esse homem por alguns segundos como se ele fosse o meu velho amigo. Foi necessário algum tempo antes de compreendermos o nosso engano. Mas o desconhecido teve ainda assim o tempo de me dizer: "Eu adoraria rever você." Perturbada, fui naquela mesma noite jantar com uma amiga que, sem razão, começou a me falar entre dois pratos, distraidamente: "Você se lembra quando você saía com aquele músico? Eu me pergunto o que pode ter acontecido com ele!"

A escuta dos sinais é uma arte que requer tanta harmonia quanto a música, e a mesma receptividade... E foram-me necessários bons anos para eu ter coragem de me deixar guiar por essa música interior.

Meus consulentes me contam muitas vezes, sem disso se dar conta, histórias cheias de convites ou de advertências perfeitamente claras, para os quais eles, desatentos, permanecem cegos e surdos.

Tentarei mais tarde orientar o leitor, por meio de alguns exercícios, para que ele também aprenda a linguagem dos acontecimentos.

Com a condição, todavia, de que se lembrem da história contada por Rajneesh, célebre mestre espiritual. Para fazê-lo compreender que o seu espírito estava demasiado cheio de questões para que lhe restasse um lugar para respostas, Nan-In, um mestre zen, serviu a um visitante uma xícara de chá que ele, de propósito, derramou em seus pés.

Diante do espanto do discípulo, ele disse: "Tal como esta xícara, o seu espírito transborda e se espalha em toda a minha mão. Entre em si mesmo e consiga lugar para respostas, e venha me ver depois."

É talvez por isso que os sinais do destino ficam mais fortes quando se começa um caminho espiritual.

Nesse ponto da narrativa, quando eu contava um dia a minha história a meu amigo Hervé Lewis, treinador de, entre outros astros, Johnny Hallyday, e apelidado com justiça "o indiano" por seu surpreendente sentido de antecipação, ele adivinhou sem hesitar a seqüência: "Se compreendo bem, depois disso o bom homem deverá reaparecer em pessoa, dentro de pouco tempo."

Ah, sim, na manhã seguinte, com efeito, não muito tempo depois.

Para tornar as coisas claras para mim — já que eu estava com certa hesitação —, telefonei à mãe do meu primeiro amor. Qual não foi o meu estupor quando, depois do costumeiro bom-dia e de longos anos de desaparecimento, ela me respondeu:

— Muita gentileza sua lembrar de meu filho, há três semanas ele procura você pois quer revê-la... Mas o número do seu telefone não estava na lista, e ele deixou uma mensagem em Neuilly sem saber se chegaria a você!... Você ainda mora em Neuilly?

— Não, senhora, não moro em Neuilly há três anos. Seu filho deixou uma mensagem na secretária eletrônica de um dentista que nunca me viu, mas em contrapartida faz uma semana que o meu anjo da guarda me chama a atenção por meio de estranhos sinais, e é por isso que estou lhe telefonando...

O anjo de Gitta Mallatz lhe disse: "Estou sempre no caminho, eu também tenho UM caminho, UM caminho que é o seu."

Tentarei iniciar o leitor na descoberta do seu guia, mas por ora eu só posso pedir aos membros da União Racionalista que me expliquem "matematicamente" e "cientificamente", como adoram anunciar na imprensa, as causas do que eles qualificariam de coincidências. Porque, depois de mais ou menos dois mil, cento e cinqüenta e cinco dias de silêncio recíproco, eu acho meio exagerado falar do acaso que me teria feito contatar meu ex-amado bem no momento em que ele tenta, de várias maneiras, entrar em contato comigo!

Deixo aos incrédulos o cálculo das probabilidades desses reencontros, e me dirijo à seqüência da minha história, na qual os cinco sentidos físicos e toda a lógica de Descartes não servirão para grande coisa.

Revimo-nos: Estávamos afastados por algo além do passado. Isso não nos impediu de conseguir dizer um ao outro o que tínhamos sofrido antes, quando a nossa história chegara ao fim, e havia um sem-número de coisas.

Fiquei perturbada ao ouvir que não fora só eu que guardara dessa época lembranças de descida aos infernos tendo ao fundo uma cidade-dormitório, ácidas discussões de manhãzinha...

Outrora eu tivera medo de reviver as noites passadas a olhar pela janela a névoa e o frio. Atingida pela cólera ou pela aflição, fixei a vista ao longe, na estrada, nos carros que passavam à noite. Quis praticar esqui nos caminhos de luz que eles esboçavam ao rodar, voltar a ser livre, não mais amar.

Minha natureza mediúnica só me servia, na época, para viver permanentemente à beira da ruptura, sensível como um radar, afogada sob um mar de percepções, esticada como o filamento de uma lâmpada elétrica que queima uma curta vida em duzentos e vinte volts...

Esse período por certo criara entre nós vínculos sem linguagem, daqueles que permitem as comunicações "telepáticas". É nesse espaço para além da palavra que se desenrolam todos os fenômenos parapsicológicos... Nessa misteriosa comunicação de acordo sem palavras, em que cada célula de um parece adotar o mesmo ritmo que as do outro, nessa súbita similitude em que o ego se desvanece por um instante para não deixar do homem senão sua parte imortal.

Apesar das más lembranças, não sei bem por que voltei a cair em seus braços, mas depois de várias noites passadas juntos, uma estranha evidência se impôs a nós: tínhamos os mesmos sonhos quando nos deitávamos juntos no mesmo momento..., podendo contar com detalhes nossas peripécias interativas.

Mas o aspecto de fusão da história não impedia um cotidiano um tanto irritante... Com a diferença — considerável — de que eu já não vivia as crises como antes. Depois de vários anos, minha vida já se desenvolvia um pouco como um desfile de circo... Eu podia rir, chorar, esperar, com plena sinceridade, pois não esquecia que tudo aquilo era apenas passagem.

"Não vos apegueis", dizia Jesus. Isso ocorrera por si, sem que eu o procurasse.

Nossas relações podiam ser difíceis mas ele mantinha um vínculo bem próximo e, se me falara da sua ex-amante, pretendia estar completamente curado disso.

Aquele homem colecionava males de amor como outros colecionam revólveres; era perigoso, mas ele estava acostumado...

Tudo ia, pois, mal ou bem (e mais mal do que bem...) até o dia D...

Naquela noite, despertei bem no meio do meu sono depois de ter ouvido claramente sua voz me dizer: "Estou prestes a fazer amor com Véronique." Eu não acreditei no que ouvia! Com as pálpebras pesadas mas com os olhos fuzilando, levantei duas vezes quarenta quilos de cães, Melchior e Léo, que roncavam, indiferentes ao meu estado de espírito, para jogar o Tarô no meu criado-mudo. Véronique era o nome da ex!... Era queijo ou sobremesa, eu estava louca ou enganada. Não tendo projetado criar um lar com o jovem, nem passar minha aposentadoria de chinelos ao seu lado, eu estava quase aliviada quando, ao tirar as cartas com relação à sua fidelidade, deparei com provas evidentes.

O Enforcado, a Casa de Deus, a Morte, a Lua, tudo estava ali para que nada faltasse; mas então eu não estava louca!

Minha desilusão se abrandou com certa excitação: se tudo aquilo era verdade, eu acabara de ter para mim mesma uma vidência de espantosa precisão. Voltei a me deitar sabiamente, porque as duas hipóteses esperariam tranqüilamente a manhã seguinte.

Interrogado desde a primeira hora, um companheiro confirmou, constrangido, a minha impressão.

Reuni os poucos pertences do suspeito e os coloquei num saco, antes de partir para o ataque da operação verificação.

Mesmo assim, eu estava triste e me achava num estado lamentável diante daquele patamar envelhecido, prestes a escutar à sua porta. Os sons me chegaram claramente. Ele acabara de acordar e não estava sozinho!

Uma católica fervorosa, chocada com a adivinhação, disse a uma das minhas amigas que lhe contou a história: "Mas, enfim, que interesse tem isso? Se as ciências ocultas se dedicam a coisas tão baixas... é preciso confiar antes de tudo no próprio destino e no próprio juízo... Isso é cometer fraude com a sorte..."

E se a sorte, em vez de ser implacável e cruel, se desse o trabalho de sussurrar em ouvidos receptivos algumas pequenas advertências bem valiosas?

Por que o meu anjo da guarda não se dispusera, já que tenho confiança nele, a pôr um tapete macio sobre o cimento quando a queda é, de toda maneira, inevitável?

Afastando minha grande orelha da porta, deixei ao Tarô de Marselha a escolha da conclusão: ir em silêncio e nunca mais ter qualquer coisa com ele ou atacar!

Com a mão livre, tirei "O Carro", arcano maior nº 7, que significa partida, chamado também "O Triunfo" e que representa um jovem por trás de uma junta de bois... Na outra, eu tinha o saco... O Tarô me fez decidir pela segunda versão. É fácil fazer à perfeição o que aconselham as artes divinatórias.

Como já não estava torturado pela decisão, o espírito ficou criativo até na adversidade.

Prova é a fórmula que me ocorreu então, depois de ter tocado a campainha, quando seu rosto aflito apareceu na porta: "Muito bem, nada de conversa, nada de desculpas, nada de explicações." Sem mais uma palavra, dei meia-volta.

Na rua, achei que o ar estava fresco e, ainda que magoada, tive vontade de rir ao pensar na surpresa de feiticeira que eu lhe fizera como presente final.

Depois de tudo, não fora ele que de certa maneira me prevenira no meu sono? Quando contei minha história, quase enlouquecida pela sua precisão, um amigo me lembrou que os textos sagrados e as lendas do mundo inteiro pululam de narrativas de mulheres e homens bem comuns que prevêem abundantemente e para si mesmos retornos de crianças, de feridos de guerra, nascimentos, falecimentos e diversos destinos.

Refletindo sobre isso, meu "prodígio" é banal: para começar, não se vê senão o que se é capaz de suportar, e eu podia entender essa verdade sem pensar em me suicidar com gás...

Por outro lado, a relação amorosa, quando tem essa fusão, lembra o vínculo maternal "mãe-bebê", cujo componente não-verbal todos os pediatras reconhecem hoje.

Perdendo um amante, percebi num dia de verão que tudo me falava e que o meu destino se realizaria numa economia de sofrimento. Era melhor descobrir a verdade de uma vez no meu criado-mudo, *in vitro*, do que sofrer por causa da aplicação de mentiras prolongadas e da decomposição inevitável de uma relação de que eu nada entendera.

Para além do meu sonho, os vinte e dois arcanos maiores do meu Tarô me pareciam muitas vezes vinte e duas energias solidárias, ardentes e zelosas, desenhando sobre o meu destino mapas com flechas, passagens estreitas e... riscos de desabamento!

Era uma noite de tempestade, de verão. Eu acabara de fechar a porta do meu terraço. Relâmpagos surgiam de toda parte como riscos violáceos que eletrizavam as nuvens numa impressionante balbúrdia.

Agora, as portas e janelas estavam fechadas. Eu via a chuva cair na sacada.

Tive tempo de receber uma enorme rajada de vento no rosto e também corri.

Quando ia enxugar o rosto, passei pela biblioteca.

Eu não me lembrava de nenhum livro fora do lugar, mas ouvi o ruído que fez um deles ao cair aberto em dois; voltei e o peguei.

Antes de pô-lo de novo no lugar, tive tempo de ler, em grandes letras, acima do meu polegar, a pequena frase: "CUIDADO COM O CÃO" — que ficaria gravada na minha memória.

Eu ainda não tinha descoberto que, através dos livros, o meu anjo da guarda podia expressar-se e me deixar mensagens de conselho, mas também previsões mais gerais sobre o futuro do mundo ou sobre o meu futuro. Não sei mais como interpretei esse primeiro episódio. Lavei as mãos e enxagüei o rosto na ducha. Saindo, vi meus dois cães roncando no tapete e a vida continuou.

Eu sei que essa frase me marcou porque, naquela noite mesmo, brincando debaixo da mesa com Léonard, meu grande vira-lata preferido, percebi que ele não tinha o meu novo telefone na placa de registro e decidi gravá-lo pela manhã. Uma pequena precaução é sempre melhor do que uma grande catástrofe.

Não pensei mais nessa história quando peguei o carro para ir ao banco, quinze dias depois. Como de hábito, eu prendera Léonard na caçamba do carro.

Mas naquele dia a porta da caçamba se abriu sozinha e Léonard provavelmente saltou também sozinho. E eu encontrei seu corpo agonizando na mesa do veterinário local. Léo morreu de hemorragia interna quando tentávamos transferi-lo para uma clínica para tentar reanimá-lo.

Eu adotara Léo na Sociedade Protetora dos Animais um ano antes; era um cruzamento de pastor e talvez de dog. Tinha uma doçura, uma ternura e uma maleabilidade excepcionais.

Quando o encontrei ele era tão magro, que eu tinha vergonha de passear com ele. Ele fora resgatado da rua com oito ou nove meses. Perdido, coberto de pulgas, o pêlo estragado e faltando em alguns lugares. Nos primeiros dias em casa, ele mal se mexia, movendo apenas a cauda em sinal de gratidão quando eu o acariciava ou depois de comer.

Depois ele ficou alegre, cheio de vida, levado como qualquer cão dignamente tratado.

Eis que a vida o retomava de mim quando ele mal se tornara adulto. Minha filha ainda me diz de vez em quando: "Olhe, no céu, eu vi Léonard ontem, ele corria nas nuvens."

Meu anjo da guarda tentara me prevenir de sua morte? É difícil dizer. Porque aquela advertência fora dupla.

Minha amiga Axelle, vendo-me tão chocada com o acidente, me propôs ir, nos dias que se seguiram, à Sociedade Protetora dos Animais para adotar outro.

Interiormente, eu ainda não me sentia pronta, porém, diante de sua afetuosa insistência, aceitei.

Adotei de novo um grande cão jovem e brincalhão. Contudo, passados alguns dias, ele ficou muito difícil de controlar. Eu o encontrei uma noite deitado na minha cama, o que na minha casa não é nada de anormal, mas me vi obrigada a pedir que descesse porque tinha a intenção de me deitar.

Nesse momento, ele me mostrou os dentes.

Cometi o erro de levantar a voz. Não sei o que aconteceu em seguida, nem de onde me vieram a agilidade e a rapidez para me proteger atrás da porta, mas sei que ele simplesmente pulou em cima de mim, única resposta à minha tentativa de negociação. Teria ele sido espancado e tinha medo de reviver a mesma situação?

Não tendo condições de pedir-lhe explicações, consegui para ele um dono no campo por intermédio de uma amiga incondicional dos cães. Parece que ele está bem.

Mas, diante do seu tamanho e da determinação atroz que manifestara, no mínimo eu teria sido ferida gravemente. Talvez eu tivesse até interrompido as férias de umas quinze pessoas, obrigadas a ir a Paris para o meu enterro.

Seja como for, um livro caíra quinze dias antes, aberto no chão com a frase "CUIDADO COM O CÃO". E eu vivera em duas semanas uma morte e um ataque.

A cada ano fico mais vigilante. Integrei minha vidência e todas as formas de comunicação extra-sensorial das quais sou atriz, às vezes involuntária, à vida, à minha vida. Minha comunicação com o mundo é ampla, lúdica, completa. Desenvolvi uma forma de relação com o mundo que faz que tudo possa se tornar um apoio. O sagrado me aparece no curso da vida cotidiana, como um pequeno fio vermelho cheio de humor e de amor que liga todas as coisas. Invisível para os outros, ele me dá o sentido das situações. O que passa muitas vezes erroneamente por coincidência traz em si muitas mensagens ocultas, de conivência explícita para o olho treinado.

Os xamãs lêem o futuro em estranhas bolas de adivinhação que eles afirmam aparecer espontaneamente à medida que avançam em seu caminho iniciático. Eles lhes atribuem exigências e sentimentos humanos. Elas fazem parte do seu universo. Dizem eles que elas podem se carregar com a energia deles.

Quanto ao meu universo, o que aparece espontaneamente é um brinquedo que cai da prateleira de um supermercado cantando "Happy Birthday to You" enquanto, há dez minutos, eu quebro a cabeça procurando descobrir o que eu havia esquecido de fazer naquele dia, mostrando que eu estava a ponto de esquecer de dar os parabéns pelo aniversário a um amigo íntimo e suscetível.

É aquela mulher madura que, no elevador, diz duas vezes ao seu interlocutor grave e silencioso: "Pierre, não transija, em nada... Senão, você nunca vai sair disso, é muito perigoso", respondendo assim, palavra por palavra, à pergunta que eu estava prestes a me fazer, mentalmente, acerca de um grave litígio familiar de que eu, assim como meu marido, éramos vítimas.

É aquela rosa vermelha intacta, fresca, que percebo de súbito aos meus pés sobre o asfalto cheio de neve de uma rua parisiense, sem nenhum comerciante nas proximidades, sem o mínimo vestígio de passos. Diante de um desestímulo muito grande, eu acabara de pedir ao meu guia que me enviasse um sinal de sua presença... Talvez uns vinte segundos antes de virar a ruazinha.

É uma sombra que observo no avião. Ela desenha o rosto de um homem barbudo, com um cachimbo. Só conheço um, que chamaremos de Franck, célebre em certos ambientes cinematográficos estrangeiros. Penso então nele, sentindo que ele me contatou ou vai me contatar. Voltando a Paris, encontro várias mensagens dele. Ele me procurava em vão enquanto eu festejava o Ano Novo em São Petersburgo.

É o sonho estranho que me tira o sono no meio da noite: roubam-me o colchão de penas, vejo os botões da capa saltarem, as penas se espalharem, uma faca lacerar o edredom.

Um pouco agitada, vou pegar uma Coca no refrigerador e olho o meu relógio: cinco e dez da manhã. No lavabo há um inseto que engole outro. Amante da natureza, esse é um espetáculo ao qual mostro habitualmente indiferença.

E nisso senti a agressão. Abro a torneira para tirar os dois infelizes da minha frente. Na manhã seguinte, sinto-me oprimida, encontro meu carro arrombado, a parte de baixo das portas cortada com uma lâmina bem fina... Há pedaços de estofamento para todo lado, é trabalho de profissional, para roubar os cintos. No chão, tudo está revirado. Decepcionados por não encontrar grande coisa, os ladrões ficaram um pouco enervados...

Eu nem vou dar queixa, estou cansada. Fico sabendo por um vizinho que chegou às três que naquele momento tudo ainda estava normal.

É bem provável. Eu teria adorado ter passado por essa aflição à meia-noite e ter ido me abrigar em outro lugar. Sofri por nada, mas o deslocamento da agressão do carro para o colchão é interessante.

Tenho a sensação de que os átomos poderiam "falar" uns aos outros, se tivessem um vetor comum. O vetor entre o meu carro e o meu colchão... sou eu! Para um primitivo ou um místico, haveria inúmeras espécies de explicação:

a) meu guia me preveniu;

b) o Skaï cortado se queixou no meu sono "comunicando" a informação ao colchão que, por sua vez, a transmitiu a mim.

Evidentemente, isso pode parecer uma teoria perfeitamente fantasiosa, e já ouço o riso do racionalista de plantão sobre os pedidos de socorro que o estofamento do carro que é cortado pode enviar às penas de um edredom que me cobre durante o sono.

Mas essas duas matérias se acham sutilmente impregnadas de uma mesma energia: a minha.

Uma e outra têm contato comigo todos os dias. Estão tão carregadas da minha pessoa quanto o relógio de Alexandre Baloud estava da sua quando, no palco de "Mystères", eu fiz a leitura dele.

Se nossos sentidos físicos nos permitem verificar que o cheiro de uma pessoa pode impregnar da mesma maneira uma echarpe, um casaco ou os seus cabelos, por que não imaginar uma espécie de marca individual invisível e inodora para todos os sentidos físicos, mas perceptível pela "faculdade X" que cada um produziria sobre esses objetos de informação e que poderia ser transmitida entre objetos "marcados" na mesma freqüência?

O que explica o grito de alerta passado do banco do carro ao colchão e depois à minha consciência, grito por outro lado suficientemente forte para me acordar; assim como a eletricidade pode ser conduzida pela água e às vezes de uma encarnação a outra, pode ser que nós "imantemos" vestígios do nosso passado. As correspondências invisíveis percorreriam não só o espaço mas os séculos.

Isso me leva a contar uma outra história, uma história de antiquário.

Chego um dia ao mercado das pulgas e sinto-me irresistivelmente atraída por um objeto, não particularmente belo nem caro, diante do qual tenho vontade de gritar: "É meu!" como uma infeliz vítima de roubo que encontra seu anel com o ladrão.

A emoção que toma conta de mim é infinitamente nostálgica. Fico dividida. De um lado, tento ficar fora daquilo que estou prestes a sentir procurando aguçar minha auto-observação bem como a minha memória; de outro, tenho vontade de chorar, estou indignada e ao mesmo tempo feliz por recuperar o que eu sinto que é o *meu* tinteiro.

Como nasci no apogeu da Bic e da Waterman de carga trocável, o tinteiro não faz de fato parte das minhas lembranças de escolar. O que observo ali é banal, estilo anos 1930, transparente, maciço, cromado. Mas é o meu.

Eu sei que vivi uma vida anterior na Alemanha, entre 1902 e talvez 1942 ou 1944, numa casa redonda e colossal, num bairro residencial, numa colina. Meus sonhos de criança foram povoados de visões inexplicáveis que, hoje, tenho a certeza íntima, foram lembranças "maldigeridas" da minha vida passada.

Eu creio até que me chamei Magdalena Khellerman, tendo esse nome me sido indicado durante uma sessão de espiritismo feita com companheiros — prática que mais tarde abandonei.

O que é estranho é que a amiga que me batizou, "Maud Kristen", quando decidi em 1987 me tornar vidente, não sabia da outra M.K. (já que se trata das mesmas iniciais), a de antes desta encarnação.

Também nesse caso as iniciais são pouco comuns, e a coincidência me faz pensar que a minha amiga certamente fez uma vidência kármica.

Meu tinteiro estava ali à minha frente. Ao tocá-lo, a sensação se prolonga, ainda mais forte.

Eu o seguro entre as mãos, decidida a comprá-lo (enfim, a recomprá-lo), quando meus olhos se fixam numa pilha de velhos discos e cartões postais alemães.

Tudo isso evidentemente não constitui prova científica, mas quando perguntei ao vendedor de onde vinha aquele tinteiro, ele me garantiu que provinha do mesmo lote das revistas e dos discos.

Então eu procurei com atenção, pensando que talvez encontrasse algo mais. Mas em vão. Mesmo assim, fiquei com raiva diante da idéia de que a *minha* pena talvez tivesse sido vendida uma hora antes.

Mas não existe uma Rue des Morillons — local dos objetos encontrados — para coisas perdidas em vidas anteriores.

E a seqüência da história me faz pensar que não é uma boa idéia querer se reapropriar daquilo de que a morte nos priva entre uma vida e outra.

O tinteiro quebrou-se mais ou menos um mês depois de voltar para mim. Compreendendo a mensagem, não julguei aconselhável guardar os pedaços como fetiches.

Foi com certa dor que joguei os pedaços no lixo. Mas foi também nesse momento — essa história data de uns dez anos — que comecei a parar de me deixar governar pelo passado tumultuoso de Magdalena Khellerman. Um ano depois, tornei-me Maud Kristen, nome que tenho hoje legalmente. Maravilhosa transcendência!

Jean Charon, físico esclarecido, desenvolveu uma teoria segundo a qual as partículas teriam uma espécie de "memória" invisível, eterna, como se cada partícula de matéria tivesse na verdade uma alma e quase uma "personalidade", e, mais do que isso, que ela poderia ter consciência do conteúdo dessa memória.

Sabe-se hoje que o organismo se constrói graças a uma célula de base que se reproduz ao infinito e passa uma espécie de mensagem específica a cada uma de suas "irmãs", de acordo com os papéis que elas terão de desempenhar no organismo. E ainda se tem uma idéia pouco desenvolvida da maneira exata como a mensagem transita.

Minha experiência com a realidade paralela me faz pensar que, se os fótons gêmeos e outras partículas participam de estranhas e inexplicáveis transmissões de informação, e se certas células do organismo transmitem mensagens umas às outras, criam-se conexões ainda não observadas a olho nu, mas infinitamente mais ricas e mais complexas.

Eu falaria até, sem hesitar, de uma verdadeira *conversação*, não só de partícula a partícula, ou de célula a célula, mas de cada átomo de matéria física, animal, vegetal, luminosa, inanimada, celeste, com cada outro átomo. E por que eu posso ler a memória de uma jóia? Porque no fundo eu *sou* essa jóia.

Explico:

Tive a extrema graça de viver uma experiência, daquelas que consideramos místicas, quando me deitei certa noite.

Primeiro, senti o peso do meu corpo como o sinto às vezes durante uma viagem astral; entro nele outra vez, tornando-me um observador minúsculo, minha consciência passeando pelos meus lábios, meus pulmões, me enrolando na linfa, nos nervos, atravessando os ossos, as orelhas... Esse exame se passa a uma velocidade estonteante, como se eu fosse um *laser* num carro de Fórmula 1. Depois parei de ouvir o meu coração, a minha respiração, o fluxo sangüíneo, a atividade dos meus intestinos.

Fez-se um grande silêncio. E comecei a ver uma espécie de luz que passeava por entre todas as células. Ela era dourada, móvel, viva, magnífica.

Ao contrário da extrema rapidez que marcara a primeira percepção, esta se passava como se em câmera lenta, a matéria mostrada sem segredos. Eu a via perdendo seu aspecto físico em favor de toda aquela corrente sutil que a compõe. Não terei eu visto tudo o que as tradições religiosas e esotéricas do mundo registraram como a energia vital, ou o *prana* dos hindus, que se pode comparar com o famoso *chi* dos chineses?

Mas eu quero voltar às células: o que elas eram? Tudo e nada. Descobri que era poeira de estrelas, depois de ter percebido que as células que me compõem tinham uma parte do seu núcleo já existente e uma outra parte, como se cada uma dentre elas tivesse uma alma e uma história distinta.

Minha visão se fez em dois tempos.

Em primeiro lugar, compreendi que a parte imortal de minhas células vivera em outros corpos, e não só humanos. Algumas lembravam a agilidade do leopardo, a ferocidade do crocodilo, o medo da gazela. Meu corpo não era um pequeno pulôver novo, tricotado por um criador a partir da lã recém-tonsurada. Tratava-se de um encontro de células que tinham num núcleo imortal experiências diferentes, uma espécie de grande pudim, cuja ligação surpreendente reunia milhares de pequenos soldados que já haviam sido usados alhures, em outras montagens, cujo todo acabado talvez pudesse ser chamado de crocodilo, cão, camponesa, cortesã, jardineiro ou especulador.

Minhas células eram pedaços de Lego manipulados centenas de vezes por milhares de crianças numa escola maternal. Esses pedaços se haviam reunido para compor casas, pontes, construções diversas.

Meus pais eram então duas estrelas de que eu era a filha cheia de gratidão.

Qual a diferença entre o organismo que chamamos de "rato branco" na sua forma exterior e material e a nossa? Ao mesmo tempo grande e, numa certa escala, muito pequena: a proporção de células programadas com informações específicas, a maneira como estas seriam organizadas, mas sobretudo a *tonalidade*, a vibração a que respondem, como um alarme que pode reagir a uma dada freqüência, tudo isso as diferencia em profundidade.

Então, ouvi a minha própria freqüência. Continuamente. Meu código genético sutil. É ele que harmonizava aquela multidão de células que quase remontam à criação do mundo, qual um maestro genial. É em torno dessa freqüência que elas eram, na minha concepção, reunidas, como ovelhas reunidas pelo som de um chifre de pastor.

Meu corpo, que eu julgava mal ter trinta anos, compunha-se de células que tinham alguns milênios e de que, de novo, só apresentavam sua atual organização.

Mesmo assim, posso fabricar amanhã um recipiente de vidro que terá uma perfeita aparência de novidade, na forma e na espessura, e que será uma *criação* nova e sem par.

Mas o que dizer dos átomos que compõem esse recipiente, e que já compuseram garrafas desde a primeira composição do vidro até a sua primeira reciclagem?

Minha criação terá na memória a história de todas as garrafas de que adveio e de todos aqueles que delas beberam! Porque a partícula inanimada tem o poder de magnetizar informações que vêm do mundo animado por meio de regras e comprimentos de onda, a que voltarei mais adiante.

Descobrindo então que o meu corpo era um conjunto de células que já têm um passado e que estão ligadas por uma energia vital ao som de uma freqüência única, a desta "encarnação", tenho a chance de ir um pouco mais longe...

Descendo ainda mais pelo núcleo da vida, descobri que, por trás da história de cada célula, havia ainda uma outra dimensão que eu não poderia nomear aqui.

Minha visão prossegue. Por outro lado, não sei se ainda se pode falar de velocidade nesse estágio de percepção, já que a noção de tempo não influencia essa realidade.

No centro mesmo de cada célula, acha-se a mesma coisa. Uma essência que eu não posso nomear. Posso ainda compará-la com um som.

Ora, esse som, essa freqüência, é o *mesmo* em todo o universo. Todas as manifestações da vida repousam numa "fórmula", numa "essência", que é idêntica em toda parte.

Eu soube então que vibrava com o mesmo ruído que fazem as estrelas, que eu tinha a mesma equação no núcleo mais íntimo do meu programa; não há diferença, não há separação.

Ocorreu então um momento mágico em que tive uma perfeita contemplação da vida. Guardo desse instante tão fugaz uma vívida lembrança. Lembro-me de ter dito a mim mesma algo parecido com "sim, claro" e de ter tido o extremo privilégio, por uns poucos segundos, de já não estar na dualidade habitual da consciência.

Eu via com os olhos físicos a minha biblioteca, o pé da minha cama, o meu corpo que nela repousava e o ficus que estendia suas folhas quase até os meus braços. Vi depois com aquilo que a tradição ainda chama de "terceiro olho", ou que eu chamo de meu "sonar", as multiplicidades de células tagarelas e organizadas de maneira diversa para se compor; escutei o diapasão que as ligava (bastante grave e claro).

Vi de novo circular o "Prana" condutor que as reunia. Vi ao mesmo tempo as células vegetais do ficus, ouvi o som diferente que elas produziam, mais lento, mais doce, vi a luz azul-clara que as organiza para formar o tronco, os galhos, as folhas.

Vi também os átomos que compõem os meus livros; foi um verdadeiro concerto de matéria! O inanimado fala pouco de si mesmo mas, como uma fita magnética, registra tudo. Ouvi ao mesmo tempo a voz dos pensadores ou dos autores que os haviam escrito, mas também aquilo que se dissera deles e, sobretudo, os meus livros também haviam absorvido parcelas inteiras daquilo que se desenrolava diante deles!

Por fim, tive a experiência mais perturbadora possível. Descobri que, se eu fosse ainda mais longe, nada daquilo existiria. Não haveria coisa alguma. Nada mais do que um "som" curioso, que era o mesmo em toda parte, uma freqüência de puro amor e inteligência que por vezes conseguia assumir a forma de um ser humano, de um ficus ou de uma biblioteca; e o som se intensificava.

Pouco importa! Essa freqüência não conhecia o medo, nem a inveja, nem o desejo. Ela era cheia de si mesma num tempo em que o tempo não existia.

Compreendi o que os hindus queriam transmitir ao dizer: "O único pecado é pensar que eu *sou* somente este corpo." Aquilo que o nosso estado habitual de consciência percebia como a realidade não passava de ilusão, sendo o nosso corpo um invólucro cujos elementos constituintes já haviam servido a uma outra construção.

Porque o fato de tomar os nossos sentidos físicos como instrumentos de medida do existente, ou inexistente, é um erro grosseiro que o progresso científico pôde ao menos conseguir desmascarar. Não há necessidade de "ver" um micróbio para ser infectado por ele, nem de ouvir um ultra-som para adestrar um animal, que, por sua vez, o percebe enquanto para nós tudo é silêncio.

E que teriam pensado os médicos de Luís XIV se lhes tivéssemos falado de uma máquina chamada ecógrafo que, ao enviar ondas, se choca com volumes e, assim, desenha o que está no interior do corpo e que é, portanto, invisível aos nossos olhos? Eles certamente teriam rido muito.

O professor Régis Dutheil lembra a enlouquecedora subjetividade das sensações e da sua possível modificação.

Quem não passou um dia pela experiência da mudança de uma cor sob uma luz alaranjada, num túnel, ou sob uma reverberação? A luz laranja tem de fato a particularidade de "reduzir" todas as cores a uma espécie de marrom acinzentado. Ela transforma num segundo um Monet ou um Renoir num sinistro reboco!

É esse o olhar racionalista sobre o mundo. É a luz laranja dos túneis. Ela mata o azul, o rosa, o verde, e decreta, depois de tê-las assassinado, que as cores não existem.

Nossos olhos são bem competentes, na entrada ou na saída do túnel, para apreciar um belo degradê de malva, porém, no interior, certo condicionamento impede pura e simplesmente que eles prossigam.

Toda uma educação a refazer! Se uso analogias entre as experiências parapsicológicas e as físicas é porque, de acordo com o velho adágio ocultista, "tudo o que está em cima está embaixo", isto é, as mesmas regras e as mesmas leis regem mais ou menos da mesma maneira os diferentes mundos e planos de consciência.

Estando bem estabelecido que os nossos sentidos são já insuficientes para nos revelar tudo o que existe na matéria e na realidade em que convivemos todos os dias, como se poderia imaginar que eles nos pudessem deixar compreender o que se passa em universos não materiais?

Não materiais, porém deveras reais, desde que os observemos com o instrumento conveniente.

A partir da infância, ocorreu-me fazer viagens astrais. O mundo astral é um plano de consciência um pouquinho mais elevado do que o plano físico. É aí que navegam inúmeros seres desencarnados, guias, espíritos mais ou menos benéficos... e vocês — quando dormem.

Explico. Acontece que, durante o sono, mudamos de veículo. Enquanto nosso corpo dorme tranqüilamente, nossa alma viaja a bordo de um outro corpo. Um corpo que é igual ao nosso mas cuja composição é mais "leve". Um corpo que avança e pode se deslocar à velocidade do pensamento.

É com ele que algumas pessoas estão ao mesmo tempo em dois lugares, isto é, são observadas no mesmo momento, por testemunhas diferentes, em dois ambientes simultaneamente, como já expliquei ao falar de mãe Marie-Yvonne Aimée. O aspecto desse corpo é mais brilhante, um tanto transparente, luminoso. É com ele que vi alguns amigos meus ao pé da minha cama dirigindo-me mensagens.

Durante a "viagem", esse corpo se mantém preso ao corpo físico por uma espécie de cordão prateado ou dourado. E quando despertamos, ele entra de novo no corpo físico. Disso vem a sensação que vocês talvez já tenham experimentado de sentir alguma coisa entrar brutalmente quando despertam de surpresa.

As viagens astrais são de programação voluntária quase impossível para um não-iniciado.

É ao me duplicar astralmente que faço certas vidências em lugares, estando consciente e desperta.

Mas já aconteceu a muitos de vocês sonharem várias vezes com a mesma paisagem, que consideraram imaginária, antes de descobri-la na realidade alguns anos depois. Vocês já estiveram lá, mas em outra forma. E não se lembram mais disso.

Isso pode provocar situações estranhas.

Uma mulher chega à minha casa: "Mas eu conheço você!" — diz ela. Isso nada tem de anormal; talvez ela me tenha visto na televisão.

O que é mais estranho é que eu também tenho a sensação de já tê-la encontrado.

Passamos o pente fino em nossas relações e em nossa vida pregressa. Nada nos liga; ela morou quinze anos nos Estados Unidos enquanto eu vivia na França. Ela vive agora no sul e não viaja. Não temos gostos nem amigos comuns.

De repente, eu me dou conta. Nós já nos encontramos, mas durante o sono, numa viagem astral.

"Sonhei" por muito tempo com uma cidade branca, à margem de um rio, banhada de luz rosa, muito agradável. É na Índia. Não sei bem em que lugar, mas é na Índia.

A senhora me confessa ter tido experiências de desincorporação depois de uma prática intensiva de ioga.

Quando me arrisco a lhe falar da cidade branca, ela reage; ela também, ela conhece esse lugar.

É ela que me diz: "Rezamos juntas à beira d'água." O enigma é resolvido.

Imaginação? Talvez. Eu não trouxe lembranças dessa bela viagem. Ela também não.

Eu poderia dizer o mesmo sobre uma aventura recente de que conservei uma lembrança pouco agradável e que "repercutiu" no meu corpo físico — na forma de um hematoma de vinte centímetros de comprimento por dez de largura, à altura da panturrilha e do tornozelo.

A lesão, por outro lado estranha pela sua localização, foi vista por pessoas próximas a mim, ficando até as mais incrédulas bem atrapalhadas.

Porque, se eu tivesse recebido um golpe desses de um ser humano, eu não teria hesitado dessa vez em apresentar queixa. E que agressor se contentaria em atacar assim *só* a minha panturrilha e o meu tornozelo?

Trabalhei recentemente num assassinato. Eu não trabalho para a polícia, visto que tenho um grande medo do uso que uma instituição poderia fazer das minhas propostas e dos problemas que isso poderia causar. Mas concordo em fazê-lo para famílias.

Numa quarta-feira, uma mulher bastante idosa vem ao meu encontro. Ela me estende um objeto sem nada dizer. Tenho nas mãos o bracelete de Loïc. O bracelete me fala de sofrimento, de um apartamento sombrio atrás de um pátio. Vejo o teto furado, depois sinto a vibração particular do sangue. Suspiro, porque a emoção aumenta. Compreendo a agonia de Loïc, trespassado por vários golpes de faca no ventre. Soropositivo, toxicômano, era acessoriamente traficante. Foi assassinado por um companheiro por causa de trinta mil francos de heroína... Sórdido.

Sua mãe confirma a minha vidência. Pouco importa a identidade do assassino do seu filho, o que ela deseja é se comunicar com ele. Mas eu infelizmente não consigo fazê-lo.

Não ouço nada. Fico muito embaraçada, porque a dor daquela senhora me comove. Mas não tenho responsabilidade pelo meu fracasso...

Depois que ela se vai, ainda há alguma coisa me incomodando. Loïc morreu há seis meses, não pode estar reencarnado. Sua mãe não tem nenhuma "má intenção"; só quer fazer as pazes com o filho para começar o seu luto e não para entrar no ciclo infernal do costume de fazer comunicações espirituais.

Trata-se de uma mulher benevolente, doce, modesta, machucada pela vida, cheia de sentimentos de culpa.

Todas as condições tinham sido atendidas para que "alguma coisa" acontecesse, porém não acontece nada. A fonte secou.

Ela se vai, decepcionada e — ato falho — esquece o pequeno bracelete de pele de elefante.

Só o descubro à noite; olho-o uma última vez, quase distraidamente, e me deito. Lembro-me de ter pensado alguma coisa do tipo: "É no mínimo estranho que eu não tenha conseguido me comunicar com esse menino, eu fico me perguntando onde ele estará..."

Quando menina, minha curiosidade me fez algumas vezes atravessar a rua um pouco rapidamente para ver de perto um animal ou uma vitrina. Lembro-me também de ter escapado uma ou duas vezes dos pneus, cujo ruído de freada deixou na minha lembrança um vestígio ainda carregado de medo.

Mas esse medo é, diante daquele que me atingiu naquela noite, o que uma chuva forte é para uma tromba d'água: uma doçura.

Mal adormeço e me vejo de volta ao apartamento do menino, depois bem no meio de uma sala. Fui como que arrastada por um túnel escuro, sujo, viscoso. Lembro-me de uma sensação de umidade e de um odor de podridão, semelhante à dos cogumelos. Avancei assim tateando, sem compreender muito bem o que acontecia mas sem uma verdadeira angústia. Cheguei a uma encruzilhada em que outros túneis, igualmente repugnantes, desembocavam.

Eu estava nas regiões ditas do "baixo-astral", em que os xamãs passam em sua iniciação. São mundos povoados de criaturas abomináveis que, até os nossos dias, são consideradas imaginárias, mas com relação às quais somos obrigados a reconhecer que os artistas de todos os continentes e de todas as épocas imortalizaram *grosso modo* com as mesmas formas quando as esculpiram ou pintaram.

Gárgulas de catedrais góticas ou górgonas que escapam dos quadros de Hieronimus Bosch, vampiros no Ocidente, Langsior no Extremo Oriente, Loogaroo nas Antilhas, Hatsara na cultura xamânica, Drácula ou Alien em Hollywood, todos os artistas os sentem, os representam e os traduzem à sua maneira com os meios e a cultura de sua época.

Eu me perguntei onde estava Loïc. Eu o encontrei. Ele estava prostrado numa posição de renúncia, o rosto coberto de lágrimas, sentado no chão. Tive vontade de me aproximar para me comunicar com ele. Um ser de pequeno porte, de rosto porcino, saltou sobre mim. Outro chegou. Ainda me lembro do rosto desses monstros — não consigo chamá-los de outra coisa — que se aproximaram do meu.

Depois do "acidente", procuro compreender o que se passou e encontrei depois de três semanas as fotografias de uma máscara da Libéria, na África, que se assemelha em todos os traços ao meu agressor: o nariz não passa de uma batata decomposta acima de dentes terríveis implantados estranhamente (encontra-se além disso essa implantação na demonologia asiática), os caninos projetando-se dos lados da boca, olhos inexistentes e crânio coberto de excrescências de carne informes.

Um detalhe curioso: fiquei assombrada com o "odor" dessa cena e dessa antecâmara do inferno.

Um odor acre, pegajoso, forte.

Fui então agarrada pelo primeiro ser, que me jogou no chão com força inaudita. Esse pesadelo foi perfeitamente real. O homem lançou-se sobre mim num salto e me aplicou duas bofetadas, e perdi o equilíbrio.

Lembro-me de ter rezado e pensado naquilo que um dia ouvi da boca do padre Marie-Dominique Philippe com relação às manifestações satânicas: "Se forem importunados pelo diabo, condoam-se; a compaixão o destrói."

Foi isso o que me esforcei por fazer. Mas fui atacada pelo segundo, que me pegou por um pé e me fez girar no ar sobre a sua cabeça. Perdi a consciência e acordei do que se poderia considerar um pesadelo aterrador, se não tivesse trazido uma lembrança.

Minha bacia estava bem ruim. Ao me levantar, até tive medo de tê-la quebrado. Pus-me em seguida a rezar, queimei incenso e trabalhei no meu corpo energético. O tornozelo me doía. Voltei a dormir.

Na manhã seguinte, eu trazia no tornozelo o enorme hematoma descrito acima.

Ele me acompanhou por uns quinze dias. Muito classicamente, passou do negro ao violeta, depois ao verde e em seguida ao amarelo...

Confesso tê-lo mostrado sistematicamente às pessoas, como se o fato de contar essa assombrosa aventura a exorcizasse um pouco.

O *Bardo Thödol*, livro dos mortos tibetano, alude claramente a aparições monstruosas e assustadoras que podem atacar o defunto em seu caminho *post mortem*.

Parece que Loïc permanecia no que se chama comumente, a partir de Helena Blavatski e da teosofia, "baixo-astral", ou ainda, no dizer dos xamãs, "o mundo dos espíritos destruidores" em que abomináveis monstros como os Kelet, devoram a alma dos mortos mais fracos.

Loïc era viciado em heroína. Isto é, ele destruíra certas conexões entre seus diferentes níveis de consciência. O uso regular da droga, embora permita alcançar estados de falsa "felicidade", fecha literalmente os caminhos que levam os místicos à iluminação, ao passar todos os dias por eles à força, como tratores ou carros blindados que, a fim de ganhar tempo, demolissem delicadas trilhas que se devia percorrer a pé ou a cavalo para chegar a um ponto desejado.

Os viciados em heroína explicam que se sentem perfeitamente bem, fortes, indiferentes a tudo e à beira de um enorme prazer, uma felicidade sem restrições quando estão "ligados".

Quando estão sob o efeito da heroína, nada os pode atingir ou incomodá-los. Eles já não se sentem agressivos nem encolerizados porque já não têm frustrações. Esse estado lembra aquele a que buscam chegar, por meio de uma ascese e de um trabalho incessante, os monges zen tibetanos... E se essa transformação agradável da consciência habitual é para o êxtase autêntico aquilo que a fanfarra é para a música clássica, nem por isso deixa de constituir uma experiência de modificação da realidade.

Mas a iniciação química cobra o seu preço.

As lesões não são só físicas ou neuronais. Também o corpo espiritual é destruído.

As regras que regem os mundos invisíveis são as mesmas que vigem aqui. O que acontece com o organismo enfraquecido ou com um ser coberto de feridas? Sem a proteção do sistema imune ou sem a carapaça da pele, um ser humano se infecta, tornando-se presa de doenças.

Ao morrer, para completar brutalmente, Loïc perdera o caminho, tendo sido apanhado pelos mundos inferiores. Apesar da comoção, consegui rezar por Loïc. Tentei até voltar a "procurá-lo" no "astral", tendo dessa vez feito certos ritos de proteção, alguns deles perigosos, que não posso revelar aqui. Isso de nada adiantou.

Revi sua mãe, que só muitos dias depois da visita se deu conta de que esquecera o bracelete do filho. Eu nem teria tocado na minha aventura se ela não me tivesse contado os fatos a seguir.

Ela me disse ter visto Loïc, em prantos, ao pé de sua cama certa noite. Ela, que estava semi-adormecida, ouviu o filho murmurar: "Mamãe, eu amo você, quero dizer que estarei sempre ao seu lado, porque fui 'libertado'."

Eu a fiz descrever essa aparição da maneira mais precisa. O aspecto luminoso, transparente, semimaterial, fazia pensar que se tratava de uma aparição espectral.

Por outro lado, observei que os mortos gostam do quarto em que dormem aqueles que eles amaram.

Talvez porque o momento intermediário entre o sono e o despertar seja o único instante em que as pessoas não especialmente dotadas de capacidades mediúnicas captem com facilidade mensagens provenientes de outros planos de consciência. A questão que a meu ver é mais surpreendente aqui é a repercussão de uma ilusão do corpo astral sobre o corpo físico. Repercussão direta, completa, flagrante, porque, quando se fala de hematoma, fala-se da destruição de vasos, de capilares, em conseqüência de um choque físico.

Eu só disponho aqui de uma hipótese esotérica.

Os xamãs realizam a cura no corpo sutil de seus pacientes em realidades paralelas em que símbolo e realidade se confundem. Da mesma maneira, quando, ao praticar a vidência, se apresenta uma espécie de diagnóstico, trata-se, como vimos, da leitura do corpo etérico do consulente ou da pessoa para quem se pediu uma visão, o que me dá elementos sobre as afeições que, para algumas pessoas, já não estão presentes.

É, portanto, como se a doença, antes de se manifestar na realidade física, se manifestasse numa realidade não material, naquilo que podemos denominar corpo etérico ou corpo astral, podendo haver certo intervalo antes de essa doença se instalar na carne.

O que foi então que aconteceu naquela noite? O cordão prateado que liga meu corpo astral ao meu corpo físico desempenhou o papel de "condutor" de informações que ninguém pôde selecionar ou sublimar para impedi-las de se reproduzir *literalmente*.

O que importa é que o dano que a minha panturrilha sofrera me faz crer que, se o encontro ocorrido no mundo astral tivesse sido protetor e benéfico, em vez de agressivo, eu teria podido, se estivesse doente, ter experimentado uma cura. Essa hipótese fez que eu me interessasse ainda mais pelas viagens feitas por agentes de cura.

Tal como Fleming, que descobriu por acaso a penicilina, pus o dedo, naquela noite, na prova de um fenômeno de cuja existência eu simplesmente suspeitava: forças provenientes de outros mundos poderiam se traduzir na nossa realidade e nela deixar uma marca.

Como ser vítima desses incidentes sem jamais deixar que haja uma reviravolta no sistema de valores e de prioridades? E quanto se tem de fazer para compreender o que aconteceu de fato!

Longe de mim a idéia de consultar um inocente clínico geral e lhe contar: "Meu caro doutor, deitei-me certa noite perguntando onde estava o espírito de um jovem viciado já morto. Veja o senhor, o acaso agiu de modo que o encontrei prostrado numa caverna, é, é... quando eu estava com o espírito separado do corpo. Quando me decidi a socorrê-lo, fui agredida por dois monstros repelentes, tendo um deles me girado acima de sua cabeça, pegando-me pela panturrilha. Foi uma coisa muito desagradável e... por causa desse brutamontes, estou com um grande hematoma... Que posso fazer?"

Imagino que dentro de pouco tempo, depois de ter contado num tom brincalhão minha pequena história, eu veria chegar uma ambulância e dois enfermeiros que me levariam a um paraíso branco onde alguns gentis doutores me teriam preparado um quarto acolchoado.

É preciso lidar com a fé esotérica com precaução. O cenário na verdade tem mudado através das épocas, tendo-se passado das torturas a ferro quente às injeções de Tranxene, de Valium ou de Mogadon, o que nem por isso me atrai.

Depois do incidente, visitei bibliotecas especializadas e fiz a minha pequena pesquisa...

Simplificando, existem grandes hipóteses, mais ou menos as mesmas propostas para explicar o surgimento das chagas de Cristo em grandes místicas como Marthe Robin ou Anne-Catherine Emmerich.

Com efeito, estas foram capazes de produzir, diante de centenas de testemunhas, as chagas da Paixão, que por outro lado sangravam toda sexta-feira, abundante e regularmente durante toda a vida delas.

Sei que não contribui para a modéstia comparar o meu trivial e pequeno hematoma, o meu acidente de viagem astral, com fenômenos que parecem ser a marca da manifestação de uma vontade um pouco mais elevada do que a daqueles dois malfeitores não-identificados, que me deram o meu quinhão numa noite de plenilúnio.

Mas não tendo absolutamente nenhum ponto de apoio para realizar a minha pequena pesquisa, vi-me obrigada a usar todos os recursos disponíveis, inclusive o dos postulantes à santidade, o que nada tem de engraçado se se pensar no destino de chamas reservado às criaturas da minha espécie durante a Inquisição.

Fechando este parêntese, voltemos às explicações, ou melhor, às hipóteses.

A primeira trata do subconsciente, que, em certas circunstâncias, se mostraria capaz de produzir manifestações no corpo.

Essa é igualmente a explicação que o corpo médico, em seu conjunto, propõe para o milagre, uma espécie de autocura.

A segunda seria a da possibilidade de outros mundos, invisíveis, influírem na matéria. Esta hipótese é evidentemente bem mais assustadora e ainda mais afastada da nossa visão das coisas do que a primeira, dado que obriga ao reconhecimento de planos e criaturas estranhos ao homem e às suas faculdades.

Mortagne Summers relata o caso de uma pobre camponesa romena, Eleonore Zugun, que apresentava "mordidas do diabo" nas mãos e no braço.

Relata um pesquisador que ela estava prestes a tomar chá quando surgiram as marcas de dentes nas costas de sua mão, que produziram um bom hematoma.

Que pensar disso? Teria sido um "fantasma", um espírito malévolo ou o próprio subconsciente descontrolado da moça?

Tanto quanto no meu caso, não tenho condições de explicar. Corro o risco de surpreender o leitor ao acrescentar que isso não tem para mim grande importância, porque o fenômeno só me interessa na medida em que considero possível vivê-lo também em termos de cura e de obtenção de benefícios.

Um amigo, que também viu o meu hematoma, se queixou ao me perguntar se eu não estava assustada demais com aventuras que eu não podia explicar.

Respondi-lhe que muitas vezes me acontecia de despertar com picadas de inseto dolorosas e que produziam inchação, e que para mim pouco importava saber qual a variedade precisa de aranha picara a minha coxa ou o meu ombro de passagem. Ou então se se tratava de pernilongos ou de formigas vermelhas. A única coisa que até então me preocupara fora fazer cessar a coceira. Meu senso prático e tão terra-a-terra!

Partilho com as crianças uma curiosidade que me leva a fazer perguntas diferentes. Se hoje busco descobrir o mecanismo que provocou o hematoma, faço-o com o objetivo de descobrir o seu *contrário* e de me livrar com ele de alguns pequenos problemas de saúde, e não o de fazer o repertório dos demônios de todos os continentes para poder apresentar queixa contra eles em algum comissariado intergaláctico.

O futuro dirá se eu vou conseguir saber.

Nem sempre o sono é tão agitado e perigoso. Trata-se de um dos estados em que a vidência aparece para todos, já que a consciência reduz o seu controle. A forma que essa vidência assume é a do sonho premonitório.

Muitos consulentes me contaram experiências que tiveram em matéria onírica.

Passamos um terço da nossa vida dormindo. Ninguém sabe de fato muito bem o que acontece durante o sono; ainda que o mundo científico tenha medido longamente as alterações do ritmo cardíaco, as modificações da atividade cerebral, o sono continua sendo um grande desconhecido.

Sabemos contudo que, depois de um, dois ou três dias sem dormir, o ser humano perde a cabeça.

Mas o que fazemos quando dormimos? Eu também me inclinava a pensar que, se as ocupações de cada pessoa variam durante o dia, também variavam durante a noite, e nós não faríamos todos a mesma coisa. Cada um tem o seu próprio sono e cada um sonha os seus próprios sonhos.

Falei, algumas páginas atrás, da possibilidade de, durante o sono, a pessoa sair do corpo com um outro veículo chamado corpo astral e visitar amigos ou países longínquos. Parece-me que alguns de nós preferem, não um destino longínquo quanto ao espaço, mas simplesmente deslocar-se no eixo do tempo.

Minha experiência com esse tipo de jornadas me faz crer que não se precisa necessariamente disso para usar o corpo astral. A leitura do futuro que é feita nesses momentos é uma vidência involuntária facilitada pelo estado de sonolência, que põe de lado o eu racional e o ruído mental.

O sonho premonitório obedece a diversas características que vi naqueles que tive e nos que me foram contados. Ao contrário do sonho clássico, carregado de símbolos e, na maioria das vezes, irrealizável, o sonho premonitório põe em cena situações plausíveis.

Se o sonho comum deixa na memória zonas difusas, porque só nos lembramos, ao despertar, dos detalhes marcantes ou de algumas palavras, o sonho premonitório é recordado pela pessoa numa totalidade lógica bem encadeada, como as imagens bem organizadas de uma superprodução hollywoodiana.

O sonho comum, enfim, deixa na memória um vestígio freqüentemente emocional de ordem afetiva, uma sensação de bem-estar ou, ao contrário, de angústia e de diversos desejos.

O sonho premonitório, por sua vez, produz sobretudo uma lembrança mental de tipo intelectual, com o pensamento claro, que muitas vezes deixa o sujeito alheio àquilo com que sonha e que não compreende, de modo geral, de maneira alguma no momento.

Por essas razões, parece-me importante falar também de uma terceira categoria de sonhos, que não são propriamente *premonitórios*, já que não descrevem, numa perfeita sucessão de imagens, eventos futuros tal como de fato ocorrerão na realidade, mas que, submetidos a uma hábil leitura simbólica, podem permitir que se faça uma interpretação divinatória, sonhos que chamarei de "sonhos inspirados".

Por fim, ao que parece, os sonhos premonitórios não se referem forçosamente a eventos muito importantes para o sonhador, enquanto os sonhos inspirados advêm para fornecer chaves para os nossos problemas.

Em retiro perto do Monte Saint-Michel, ocupada com a redação de um romance, sonhei certa noite com manchas de tinta como as do teste Rorschach. Eu tinha vinte anos. Não entendi nada.

No momento em que as manchas desfilavam diante dos meus olhos, ouvi em essência uma frase do tipo: "Esta é a resposta para a pergunta que você fez sobre sua vida profissional e sobre o caminho que você deve seguir."

Na época, eu era publicitária. Ora, acontece que, sem me lembrar desse sonho, usei nos meus primeiros anos de existência profissional manchas de tinta como suporte durante minhas consultas. Na verdade, quando criança, eu tivera experiências de vidência a partir de desenhos feitos por meus amiguinhos. Através deles, eu captara, ao tocá-los, informações referentes a esses amiguinhos.

Ao que parece, a tinta ou a pintura são substâncias através das quais se gravam facilmente ondas sutis.

Mais tarde, conheci artistas, como Mario Matsui, um dos pintores nacionais do Japão, que ilustra capas de cadernos escolares, ou Espilit, inspirado pela Índia, que, através da sua abordagem da arte, confirmaram a minha intuição.

Assim, ao longo dos anos, Mario Matsui teve a impressão de se apagar por trás de uma espécie de milagre da matéria. Como se ele se tornasse o pintor do infinito, do cosmos, "a mão de Deus". Também me foi confiado que ele, às vezes, tinha a sensação de que, ao secar, a matéria se organizava de uma maneira que nem sempre lhe parecia depender completamente de sua vontade pessoal, maneira pela qual se inscrevia uma expressão que não parecia decorrer apenas do acaso.

Olhando suas telas, compreendi que o ego de Matsui se apagava ano após ano, e que a realidade que ele pintava era a da eternidade dos campos vibratórios, a música de Deus.

Aproximando-me das telas, senti a personalidade do pintor tal como era na época em que as pintara, seus tormentos, suas preocupações.

Nas mais recentes, eu não captava mais nada que se referisse a ele. O artista deixara de expressar-se, em todas as versões. Ele se tornara um operário tradutor do invisível.

Na tinta que eu fazia meus consulentes manipular, ficava o vestígio de suas preocupações. Tal como o músico do filme *The Crow*, que se torna fantasma vingador um ano depois da morte, bastava-me tocar as folhas manchadas de tinta que meus consulentes haviam manipulado para ter uma série de visões da casa, dos filhos, das situações deles.

Se hoje eu não tenho mais necessidade desse tipo de apoio, nem por isso pude prescindir dele no começo.

Ora, na época, o meu sonho com as "manchas de tinta" não era nem um pouco claro. Se eu me fazia várias perguntas sobre a minha vida profissional, não tinha nenhuma vontade de me tornar psicóloga, e a única explicação que eu então conhecia para esse gênero de desenho era o teste de Rorschach.

Lembrei-me dele ao despertar e o vi com um grande ponto de interrogação no rosto.

Anos depois, o sonho se tornou límpido.

Incito aqui o leitor a comprar imediatamente uma caderneta para manter cuidadosamente na mesa de cabeceira e anotar cada sonho que tiver, quer lhe pareça simbólico, inspirado ou premonitório.

Minha vida amorosa sempre foi um campo muito bom de experiências parapsicológicas — como eu já comecei a contar —, certamente porque o estado amoroso é a experiência mais comum para, como diz a expressão popular, estar "fora de si", não "saber mais que nome se tem", "perder o juízo", apanhar o "demônio do meio-dia", enfim, para ver as fronteiras do ego se apagar, se anular, se desnudar e se ver diante de si mesmo.

De fato, o amor fala de falta, de desejo, de sofrimento, de privação, mas também de felicidade, de absoluto, e o vazio diante do qual ele nos põe às vezes é proporcional aos êxtases em que tem o poder de nos mergulhar.

O estado amoroso é um maravilhoso dilatador do campo de consciência habitual, uma reserva de energia que pode mover montanhas.

O amor instaura sistemas de comunicação extremamente poderosos entre os seres, para além de todo campo social, de toda conveniência. E seus vínculos se perpetuam de maneira completamente extra-sensorial, mesmo em pessoas que não são médiuns *a priori*. O amor é um verdadeiro fenômeno irracional; ele escapa a toda demonstração científica, mas cada um de nós conhece o seu poder.

Assim, tive certa noite um sonho que se realizou, em seus mínimos detalhes, um ano e meio depois.

Sem nenhuma razão, comecei a sonhar com um rapaz que conhecera um dia e que perdera totalmente de vista depois de um rompimento frio que eu nunca assimilei perfeitamente. Dito isso, eu vivia a minha vida e acabara de dar à luz uma filhinha com um marido que eu amava.

Sonhei com um quarto escuro num imóvel curioso no qual eu sabia que havia um aquecedor e uma grelha. Observei ao despertar a decoração: uma grande cama com lençóis azuis acinzentados com motivos de

Caxemira, ao pé da cama uma secretária em que havia uma vela acesa. Passei com ele uma noite muito pura de lembranças, infinitamente sentimental. Pela manhã, sei que ele tinha ido embora deixando escrito num cartão: "Obrigado por esta noite." Olhei o céu e vi uma lua cheia. Deitei-me tomada de um sentimento de perfeita felicidade.

O sonho me perseguiu o dia inteiro. Eu não o julgava premonitório porque tinha surtos nostálgicos intensos, se bem que não dolorosos, já que eu me sentia preenchida pelo que revivera em sonho.

Talvez seja porque fui obrigada a romper definitivamente com meus pais, o que é, creio eu, o mais radical sofrimento amoroso que um ser humano pode conhecer, mas devo dizer que suporto muito mal as separações bruscas, sobretudo se não sou eu a autora.

Dei então um jeito de passar apenas por duas — já falei da primeira —, mas, tanto num caso como no outro, as pessoas voltaram a aparecer em minha vida o suficiente para que, quando se foram outra vez, eu fizesse um verdadeiro trabalho de luto.

No momento em que tive esse sonho, eu não tinha nenhuma razão para rever a segunda pessoa. E por outro lado eu nem sequer pensara em contatá-la.

Interpretei o sonho como uma mensagem do meu inconsciente, que me dizia com aquilo que devia haver no fundo do meu coração alguma ternura não expressa.

Eu não sabia que era tão difícil para mim viver com outra pessoa, nem que as divergências tão estimulantes que eu conhecia na época com meu marido se transformariam em irritação perpétua, em cansaço mútuo, e que o casal tão cúmplice que formávamos viria a assemelhar-se ao dos heróis de *Bidochon*, de Binet... Em lugar dos amorosos de Peynet...

Tudo foi de mal a pior, e às vezes selvagemente, antes que, num salutar movimento de saturação mútua, decidíssemos retomar nossa liberdade anterior, o que nos permitiu ter mais tarde relações marcadas por uma cortesia e uma fidelidade moral que fizeram de nós um casal-modelo de divorciados, que alguns dos nossos amigos desejaram ironicamente imitar, porque nunca brigamos por causa da nossa filha nem dos nossos bens, e porque sempre respeitamos mutuamente nossos acordos sem nenhuma necessidade da justiça.

Foi então ao final desse episódio conjugal patético que resolvi certa noite contatar outra vez aquele homem em que eu por vezes pensava. Eu estava num bar com uma amiga e senti um súbito desejo intenso de ouvir a sua voz, talvez porque eu estivesse na região em que ele morava. Ele não tinha notícias minhas havia muito tempo, mas logo se juntou a nós. Passamos juntos aquela mesma noite.

Ora, tudo aconteceu tal como o sonho me anunciara um ano e meio antes, com a presença de cada um dos elementos, que me proponho a examinar agora:

O imóvel curioso em que havia aquecedores era o meu. Naquele momento, não havia propriamente aquecedores mas uma separação em vidro fosco e com grades que estava prestes a ser construída entre meu imóvel e o clube esportivo vizinho. Havia portanto escadas e tubos metálicos por toda a casa.

Fico estupefata diante da precisão temporal desse sonho, porque os famosos trabalhos só duraram dez ou doze dias... E o que são duas semanas na escala de tempo em que esse tipo de reminiscência pode ser feito?

Os lençóis com os motivos de Caxemira: também aí uma perfeita descrição. Devo dizer que eu não os escolhi, porque eles foram um presente, e que também não os tinha posto eu mesma na cama naquele dia. Eles estavam lá, portanto, sem que a minha vontade tivesse agido de qualquer maneira.

A vela acesa: ela estava apagada e na minha secretária há vários meses sem nunca ter sido usada. E também não fui eu que a acendi, mas ele.

Quanto à frase "Obrigado por esta noite", ele não a escreveu de manhã, mas me disse diretamente. Concordo que não é muito original, mas ela foi dita literalmente.

Por fim, essas reminiscências ocorreram num dia de plenilúnio; verifiquei no calendário há alguns meses.

Sou, pois, obrigada a me render à evidência de que a minha consciência se deslocara no tempo para me deixar viver, antes que se produzisse, um evento que parecia ter sido gravado bem precisamente no meu caminho de vida, evento que, psicologicamente, teve para mim uma importância enorme.

O nascimento da minha filha também faz parte do que me havia sido anunciado.

Só conheci o pai dela quinze dias depois do sonho. Ora, embora fosse celibatário aos trinta e três anos, ele manifestara de manhã o desejo de ter um bebê comigo.

Um tanto surpresa e sem nenhum desejo maternal, fiquei atrapalhada com isso até que um sonho alterou a minha opinião sobre o assunto.

Sonhei numa noite com uma menina loura e de olhos azuis.

Trata-se de um detalhe original porque tenho cabelos negros e olhos bem escuros, e o pai dela, cabelos castanhos e olhos verdes. Por isso, sou muitas vezes tomada como a babá quando passeio com meu anjo louro e ouço sempre um "É a sua filha?" cheio de dúvidas entre os comerciantes, que ainda não se acostumaram com o nosso contraste cromático.

Essa menina irradia doçura, força e bondade. Todas as instituições, mas também todas as babás que se aproximaram de Lorène apreciaram seu sentido de justiça, sua ternura transbordante e por vezes se queixaram... de sua autoridade, que, embora sempre motivada por sentimentos cavalheirescos, torna difícil a convivência com ela de certos amigos que ela gostaria que fizessem a sua vontade.

Quando eu estava grávida, senti perfeitamente o caráter forte, concreto e decidido do meu bebê.

Quase me senti reconfortada por ter a minha vida sido marcada pela presença de uma alma tão límpida e íntegra.

Meu estado mediúnico me fez viver a maternidade com uma grande intensidade.

Também senti o processo de "abordagem" da alma de Lorène que provocou verdadeiramente uma reviravolta na minha vida, de início presente por alguns segundos, alguns minutos por dia, e depois, perto do fim, ficando sempre comigo, companhia invisível com a qual iniciei uma conversa que o nascimento interrompeu e que a vida e a linguagem reconstroem agora de outra maneira no curso dos anos.

Mas o meu sonho continha também as indicações de um drama familiar vinculado com esse nascimento, drama que atrapalhou a minha vida durante vários anos. Indicações simbólicas, mas claras.

Quando eu tinha em sonho a minha filha nos braços, minha mãe veio tomá-la de mim e a lançou numa panela... de óleo fervente! Ora, a criança permaneceu em perfeito silêncio e não sofreu nenhum dano. Quanto a mim, eu me contentei em tirá-la da panela e enxugá-la como se se tratasse de um banho normal. Embora ela tenha ficado intacta, eu me queimei dolorosamente manipulando-a, mas me contentei em dizer muito calmamente à minha mãe, numa tentativa pedagógica não desprovida de humor: "Mamãe, não se jogam crianças no óleo fervente; veja bem, seja razoável."

Ela nada me respondeu. Depois minha tia tomou o lugar e também ela jogou minha filha numa panela... de óleo fervente. O mesmo cenário, a mesma ausência de ferimentos nela, a mesma queimadura para mim. Lembro-me ainda hoje da expressão de calma perfeita dos seus grandes olhos azuis contemplando o mundo com uma doce sabedoria.

Mais uma vez, tentei fazer que a minha tia seguisse métodos de puericultura mais convenientes.

Nem minha mãe nem minha tia me responderam no sonho, de nenhuma maneira.

Depois, Thierry, o pai, se aproximou de mim e me abraçou. Ouvi então uma voz muito doce me dizer: "Você vai ter uma filhinha que será a sua alegria."

Fiquei grávida no mês seguinte. Acho que posso dizer hoje que essa voz exterior, que depois se manifestou em outros sonhos, era a do meu guia, do meu anjo da guarda.

Sei, contudo, que o meu sonho termina numa violenta tempestade, seguida de uma bela calmaria. O gênero de intempérie espetacular que a pintura "pretensiosa" descreve numa luxúria de cores e de imagens que vão muito além das ilustrações dos cartões postais.

E a tempestade em questão se traduziu na forma de um processo legal, talvez o mais doloroso, o mais ontologicamente inaceitável, porque movido pelos... meus pais em pessoa. O direito francês — e isso é uma coisa boa quando os pais são incapazes de cuidar dos filhos — permite que os avós cuidem dos netos [mesmo contra a vontade dos pais]. No começo, eu mal me atrevi a me defender, tal o choque que me causou o processo.

Porém, por graves razões, que uma pesquisa social e depois uma psiquiátrica confirmaram, reconhecendo a justeza da minha determinação bastante involuntária de proteger Lorène, fui obrigada, depois de tentativas tão perigosas quanto infrutíferas, a recusar todo contato entre eles e a criança. Cheios de ira, eles se lançaram então numa vingança sem fim. Eu já cortara praticamente por inteiro as relações com a minha família, mas o nascimento de Lorène me fez, o que é clássico, aproximar-me um pouco. O tipo dos problemas que se manifestaram ultrapassou em larga medida o suportável, inclusive para o meu marido. Ele me deu, e até hoje me dá, todo o seu apoio nesse combate para preservar a nossa filha.

A tempestade do sonho se materializou na forma de diversas perseguições, inclusive policiais, o que se voltou contra nossos agressores porque, também nesse caso, um relatório do comissariado acusou severamente meus pais e nos inocentou, permitindo que eu continuasse com a minha decisão sem correr o risco das penas da lei.

O que não me impede de ser muito grata à simpática indignação do inspetor corajoso que não hesitou em testemunhar a nosso favor para nos proteger e à nossa filha das manobras que meus pais tentaram. Todas as pessoas próximas me ajudaram e me tranqüilizaram, porque algumas vezes, sob tanta pressão, fiquei desesperada.

E se fui "queimada" pelas inúmeras difamações, pelas tentativas de corrupção e pelas falsas declarações, minha filha não sofreu nada, porque eu e seu pai soubemos "assimilar" os choques e lhe servir de anteparo.

Mas mesmo quando dão total razão à pessoa, a ingerência de assistentes sociais, especialistas psiquiátricos e inspetores de polícia na vida íntima, que se é obrigado a revelar bem involuntariamente, são mágoas que afetam muito seriamente a confiança que se pode ter na vida, porque aqueles que deram você a ela se comportam como os piores inimigos que você já viu.

Esse sonho que tive em janeiro, sete anos atrás, me anunciou não só o nascimento de Lorène, mas os riscos que ela teria de enfrentar, em seguida, sem más conseqüências.

Durante todo esse período, apeguei-me a esse sonho. Eu me lembrava da ausência de danos quando ela saía do óleo fervente e dizia a mim mesma que, sendo assim, tudo terminaria bem...

Enfim, o sonho relatava mais uma premonição psicológica e espiritual: Eu sei que, num dado momento do sonho, eu trocava as fraldas da minha filha. Eu me virava então e via um blusão de couro pendurado na maçaneta da porta. Ele tinha franjas, como as roupas dos índios. Havia também, no chão, uma espécie de tambor e plumas.

Sei que esses objetos agora me parecem reconfortantes, mas eu não sabia ainda que eu me interessaria pelo xamanismo dos índios e que encontraria nele um caminho espiritual e de cura suficiente para conciliar em mim a busca da verdade e o desejo de ação e de realização.

Ora, eu não sei se, sem a destruição psíquica por que tive de passar durante o drama, eu me voltaria para essa pesquisa.

Esse sonho se classifica, portanto, na categoria daqueles que chamo de "sonhos inspirados". É claro que ele não aconteceu "literalmente", porque essas mensagens eram símbolos, aliás, de decifração bem simples.

Reconhece-se um sonho inspirado pela sensação de evidência que se tem ao despertar e também porque ele abre um caminho e permite que se tome uma decisão, nem que seja pressagiando-a.

Esses sonhos aparecem em momentos em que as perguntas a que respondem ainda não são muito prioritárias em termos conscientes. Eu não sabia que seria mãe dois meses antes de decidir ficar grávida. Assim como não sabia que seria vidente quando as manchas de tinta me apareceram no meu sono.

Mas esses dois eventos, extremamente importantes, me foram "anunciados".

O sonho inspirado refere-se sempre a coisas fundamentais. Ele especifica grandes orientações da existência, traz revelações psicológicas, sintetiza a orientação de períodos inteiros da vida.

Não é somente a psicanálise que se interessa pelos sonhos pois, para a maioria das pessoas, eles são o único vínculo consciente delas com a parte desconhecida de si mesmas.

Nem sempre é fácil analisar sonhos sem ajuda, devendo-se contudo desconfiar dos chamados especialistas, que nem sempre têm o talento exibido por Brigitte Lahaie, na rádio Montecarlo, quando analisava os dos ouvintes com algo de intuição com o apoio de conhecimentos analíticos. Porque os símbolos manifestados nos sonhos, se para alguns são universais, para outros são culturais e mesmo estritamente pessoais. É bom anotar cada sonho e reler regularmente a caderneta. É na releitura que quase todos descobrem que tiveram sonhos inspirados e sonhos premonitórios.

Como em toda comunicação, o envolvimento também tem um considerável papel. Quanto mais resolve lembrar-se dos sonhos, tanto mais a pessoa desenvolve a capacidade de se lembrar deles. Quanto mais se aprende a decodificá-los, tanto mais se recebem mensagens, e cada vez mais claras, por esse canal.

Nossos guias invisíveis são como os nossos amigos. Quanto mais pedimos a sua ajuda, tanto mais mantemos ligações com eles, tanto mais eles nos apóiam, tanto mais cresce a cumplicidade e, digamo-lo, o amor.

Se o sonho pura e estritamente premonitório me parece dever ser classificado como um fenômeno de "vidência selvagem", os sonhos inspirados o são pelos nossos guias. Tenho essa convicção porque aqueles que tive se mostravam cheios de uma qualidade afetiva específica, uma tonalidade de amor universal que se encontra em todas as experiências de quase-morte, experiências nas quais homens e mulheres de todas as épocas e de todas as culturas contam ter tido, quando declarados clinicamente mortos, encontros com um ser de luz tranqüilizador "como uma das fases quase sistemáticas de sua vivência".

O sonho é o primeiro murmúrio do diálogo maravilhoso que cada um de nós pode manter com o seu guia, os balbucios da mais completa e inverossímil história de amor. Parece-me extraordinário, a caminho do aeroporto, com um telefone portátil na mão, numa viagem que me fará chegar ao outro lado do mundo em seis horas de vôo, sentir de repente a generosa benevolência do meu guia ressoar amigavelmente no meu espírito.

Porque, quando o nosso plano mental está em repouso, quando estamos em silêncio, deitados e vulneráveis, roncando impenitentemente às vezes, dormindo a sono solto, abandonados no meio dos lençóis, nosso anjo pode se aproximar sem que o amedrontemos com a nossa raiva, mesmo legítima, com a nossa agitação inútil e o zumbido perturbador dos pensamentos recorrentes. Ele pode então soprar em nosso coração um pouco do amor incondicional, constante, ativo, de que está repleto, e que nós perseguimos vulgarmente como se fossem moscas quando, despertos, preferimos nos queixar no nosso marasmo e na nossa cegueira medíocre.

O sono é objeto de pesquisas constantes que nunca permitiram estabelecer com certeza a que pode servir, e as hipóteses continuam contraditórias.

Apresentarei, para concluir, mais uma, que uma sociedade como a nossa naturalmente jamais iria conceber:

E se o sono tivesse sido imposto aos homens para que eles fugissem, durante um terço de sua vida, da prisão mental que o mau uso da inteligência provoca na maioria deles?

Se, durante esse repouso forçado, nosso anjo nos revitalizasse, quiséssemos ou não, antes de lavar a nossa alma na fonte inesgotável de energias celestes... Um terço da nossa vida durante o qual voltaríamos a ser o que nunca deveríamos ter deixado de ser: gotas de luz em meio a um oceano de amor infinito.

Evidentemente, minha vida dá a impressão de ser mais bem organizada e restrita do que um circuito para turistas numa reserva africana ou uma recepção presidencial dos Champs-Elysées. Mas não é nada disso, eu caio das nuvens regularmente e ainda, como todos, tenho grandes surpresas, que constituem as catástrofes domésticas, materiais, mas também humanas.

Simplesmente porque há domínios inteiros da minha vida sobre os quais *nunca* me interrogo.

Seja porque não me interessam ou porque parecem evidentes.

Claro que é através disso que as diversas calamidades podem se expressar com toda a liberdade, com seu cortejo de conseqüências irritantes e mesmo dramáticas.

Também, às vezes, interpreto de maneira incorreta as informações que recebo, e as pessoas que me cercam ficam frustradas.

Porque vejo também coisas que não existem ou existem parcialmente.

Não falo das visões referentes aos filmes que me marcarão e sobre as quais penso abusivamente que se referem a mim! Assim, tive há muito tempo um sonho difícil em que eu passava... por dentro de um esgoto perseguida por vários homens!

Isso me inquietou de fato e me fez temer uma agressão física, que por outro lado aconteceu, mas sem gravidade nem relação alguma com as imagens do sonho, e sobre a qual não tive nenhuma premonição.

Em contrapartida, encontrei a cena exata com que sonhara no excelente filme de Luc Besson, *Nikita*, em que Anne Parillaud passa por esse tratamento de choque antes de cair numa lata de lixo. Diante da tela, era como se cada imagem fizesse parte do meu patrimônio emocional.

Ao menos uma boa coisa: nunca mais voltei a ter esse pesadelo.

Sem falar do reverso da medalha, que é o cortejo de angústias que as vidências malcompreendidas me trazem algumas vezes. Sempre sonhando, vejo-me no fundo da minha cama, desfigurada por estranhas espinhas e tremendo. Acrescento que vejo a cena se passar num país quente e que tenho a nítida sensação de que a história termina com... a minha morte.

Tive, quinze dias mais tarde (agradeço à minha filha por esse presente inesperado que se manifestou quinze dias depois da festa das mães, o tempo preciso de incubação), uma varicela violenta, mas inofensiva, de que não me restaram cicatrizes. Naquela primavera, o dia estava de fato muito quente, e eu estava sufocada de febre sob os lençóis, sem correr nenhum risco além de perder os poucos quilos que por outro lado eu tinha a mais.

Além disso, está bem claro que eu só posso ver o que eu posso suportar, e que se o meu destino me reserva algumas surpresas demasiado difíceis de aceitar, estas não vão bater à porta antes de entrar.

Apesar disso, eu sinto que, com o passar dos anos, minha capacidade de pressentir os encontros que marcam a minha vida, e os principais eventos que a moldam, é um grande apoio para dar sentido a provas sobre as quais medito antes de acontecerem, empregando assim a minha criatividade para criar paliativos e para preparar a necessária defesa, sem no entanto recusar a mensagem, que sempre traz um fracasso.

Ora, no tocante a mim, as boas-novas, a certeza que delas tenho antes que cheguem, por vezes me mantêm num estado de otimismo no meio da tormenta.

Quando era adolescente, eu costumava desenhar um rosto de mulher de maçãs salientes, de olhos brilhantes e de boca grande. A mulher tinha cabelos longos e um ar perspicaz, olhos claros e magnéticos; esse desenho me aliviava inexplicavelmente, como se aquele rosto *já* me evocasse amizade. E foi com esses traços que me apareceu Laëtitia, em 1978, na porta do liceu. Ela ainda é, em 1994, tão próxima de mim quanto o foi durante esses anos difíceis.

Nós já começamos a nos ajudar antes de nos encontrar de fato no plano material, porque ela também teve um verdadeiro *flash* em que me percebeu.

Pouco importa saber se já nos conhecemos em vidas anteriores. O fato de tê-la visto antes de conhecê-la me ajudou a agüentar firme. É por isso que já não procuro refrear as percepções referentes a mim, porque vivo com uma verdadeira chance de me ver dividida em vários planos de consciência ao mesmo tempo, ainda que isso possa trazer ridículos mal-entendidos, deixando-me, seja como for, mais marcada do que as outras pessoas, já que, como um radar, pressinto infinitas nuanças que nem sempre são muito agradáveis. A vidência é uma forma de intensidade e de presença no mundo que implica exigências e um ideal involuntários. E a facilidade de relacionamentos que ela gera não deixa estranhamente de trazer um momento de isolamento, já que os outros nem sempre podem partilhar o que eu sinto. Contudo, tenho a convicção de que muitos de nós desprezam imagens interiores que talvez não sejam desejos seus, mas um saber do futuro que as poderia ajudar a passar por momentos difíceis. Tenho observado que alguns dos meus clientes, logo depois de passar por um choque grave, viram em alguns segundos o filme dos anos vindouros diante dos olhos, tornando-se, sob a mudança e o abalo que o sofrimento extremo provoca, tão videntes quanto eu.

Eu poderia ter sido advogada. Nunca saberei em que isso teria dado. Da afirmação polida do meu dom de vidência até hoje, passaram-se sete anos.

A vidência revolucionou a minha vida. Toda a minha vida, inclusive as crenças. Para começar, há a compaixão. Não sou e jamais serei uma santa, mas tudo o que vi e ouvi nestes sete anos alterou por completo o meu sistema de valores e de crenças. Eu era um pouco hesitante e me tornei destemida, era frágil e me fortaleci.

Eu tinha a tendência de usar minha facilidade de uso da palavra para manter as meias-verdades diplomáticas e nem sempre muito sadias. Tornei-me direta e clara. Era, como toda jovem, um pouco mistificada pelo poder e pelos seus acessórios. Descobri sua pobreza e sua incapacidade de tornar os homens felizes.

A vidência me desencantou e me reencantou. Desencantou, porque perdi toda ilusão sobre a segurança que se crê ter ou a suposta superioridade de certas posições. Compreendi que uma *top model* pode ser tão abandonada quanto uma gordinha de óculos, e por vezes ainda mais rudemente, claro que não pelas mesmas pessoas. É uma pena que a imprensa feminina não diga claramente às mulheres que não adianta absolutamente nada ser perfeita, já que, por estranhas razões, o amor não tem nada que ver com isso. Compreendi que o industrial um tanto paranóico, que achava que controlava tudo, pode se afundar mais do que um vagabundo quando descobre por acaso que sua mulher amava o próprio filho dele de um primeiro casamento e mantinha com ele uma ligação passional...

Compreendi a relatividade da vivência dos homens ao encontrar um advogado que me confiou ganhar cento e cinquenta mil francos por mês mas que estava terrivelmente sem dinheiro naquele momento, e, na hora seguinte, uma mulher encantadora que termina a consulta me dizendo: "Financeiramente, eu não peço a você que me faça uma previsão. Tenho um salário muito bom, ganho sete mil francos brutos; então, veja, não tenho problemas."

Também vi a miséria da solidão afetiva e moral que se esconde sob o silêncio de todos os lares respeitados por seus vizinhos.

Desencantou-me também compreender com que obstinação os homens mantêm uma posição fadada ao fracasso... Como se a experiência não servisse de lição.

A vidência me reencantou porque, no fundo, apesar das aparências, estamos todos no mesmo barco e, através das minhas descobertas, vejo bem que é inútil procurar uma "vida sem sofrimentos", que não existe para ninguém. É preciso, pelo contrário, aceitar as nossas provações — o que não significa gostar delas — e procurar resolvê-las. Livrar-se delas, e de modo algum sozinho. Porque, apesar das diferenças, tão espetaculares, de condição, de inteligência, de possibilidades e de aparente oportunidade dos homens, todos, inclusive eu, estão aqui para aprender, ainda e sempre; e as lições nem sempre são fáceis. Devemos, portanto, ajudar-nos mutuamente.

Compreendi que, num efeito de pêndulo a um só tempo genial e absurdo, sorte e infortúnio se anulam tão matematicamente quanto $+ 2 + - 2 = \ldots 0$.

Um movimento em que cada luz, por mais brilhante que seja, projeta no sol uma sombra tão grande, que essa sombra, que por vezes aumenta, pode aumentar a ponto de ocultá-lo por completo. E eis-nos de volta ao zero.

Você é sedutor, talentoso, afortunado. Tanto melhor. Mas seja qual for a sua maneira de viver, você de vez em quando vai ter algum sofrimento. Talvez você tenha medo de perder tudo, pois o que tem posses teme a privação. Talvez tenha uma vida de medo, de angústia, de superstição e de obsessão. À força de crer no pior, você acaba por provocá-lo.

Como os milionários paranóicos e obcecados por micróbios que terminam por corroê-los lentamente por meio de um câncer nos intestinos, numa clínica asséptica, em busca de uma cura, quando toda a sua vida não foi senão uma doença.

A menos que você prefira a desenvoltura do predador. Mas Deus não fez você jaguar, mas homem. Sua arrogância cedo ou tarde vai trazer o relaxamento, a preguiça, que abriga seu cortejo de imprudências e de múltiplas dependências. Mais uma vez, você vai cair na inconsciência, como os velhos bonitos um tanto patéticos que enchem o peito sem ver o sorriso maroto no canto dos lábios de adolescentes, que eles fingem ainda seduzir, com os ouvidos sempre cheios de cumprimentos recebidos outrora da boca de aduladores e mulheres... e que sempre são, dessa maneira, objeto de zombaria!

Ou então vocês se tornam como músicos e pintores talentosos que enchem os serviços sociais em busca de assistência, ou que fazem desintoxicação para se livrar daquela droga que, quinze anos antes, diziam que podiam parar de usar "quando quisessem"... Terrível presunção! Suas gavetas regurgitam de obras inacabadas. Quantos Rimbaud preguiçosos terminam sendo parasitas!

Funâmbulos. Estamos no fio da vida com uma longa vara mole que balança a cada instante da nossa existência, prestes a cair no inferno ou no paraíso, a depender apenas da nossa consciência, da nossa capacidade de estar *presentes* lá onde tudo nos impele à fuga para a frente.

Presentes para, com atenção, pesar cada um dos nossos gestos. Mas de forma alguma tentando o domínio absoluto dos heróis B de plástico!

Porque a busca do pleno poder acaba na sujeição. É assim que Aladim apanha Jafar no final de um conto:

— Você é o maior mágico do mundo, mas não tem os poderes do gênio.

Ao que Jafar responde:

— Desejo ser o gênio mais poderoso do mundo.

E assim é que ele termina, ele também, prisioneiro... de uma pequena lâmpada jogada de qualquer maneira no abismo. Fim do ditador. Lixo.

Trata-se apenas de encontrar uma posição equilibrada. A do funâmbulo que escorrega, gracioso, confiante, evitando o vazio, o medo, que não pode ficar imóvel, condenado a avançar na pura harmonia, vínculo entre céu e terra.

"L'élu ne tend ni vers le haut, ni vers le bas.
L'élu vit et c'est cela le lien."

Gitta Mallatz, *Dialogue avec l'Ange*

[O eleito não tende nem para cima nem para baixo./O eleito vive e é esse o vínculo.]

Vocês acham que andam sobre a terra firme. De forma alguma. Estão sobre uma corda que a morte um dia corta para voltar a estendê-la além, numa nova vida, em que só vão contar os passos que vocês tiverem conseguido dar. Sozinhos, porque a vida é impiedosa. Perigosa como o vazio de uma falésia na qual vocês às vezes caem, sendo esmagados pelos rochedos cortantes dos fracassos, pobres pássaros sacrificados.

Ou então a vida é sedutora como o fundo do mar, aquele em que os corais violeta e o silêncio absorvem os mergulhadores que lá se retardam, embriagados... num sublime e fatal êxtase.

Ilusão múltipla dos jogos narcísicos, dos prazeres à flor da pele, dos espelhos deformantes.

Mas Alice no país das maravilhas encontra um dia a rainha que corta cabeças... Atenção!

Não incito nem à tristeza, nem à prudência e menos ainda ao cálculo. Incito à justeza. A do piano bem afinado.

Sempre adorei o circo e os acrobatas, sobretudo os trapezistas. Compreendi num átimo, não faz muito tempo, por quê: sua arte é a transcrição filosófica mais simples da condição humana. No começo, devem encontrar o equilíbrio entre céu e terra sem nunca perder de vista nem o alto do toldo nem a pista, de que seu corpo é o ponto de equilíbrio.

Em seguida, é preciso saber vencer o medo, sem trapacear. Porque tanto a precipitação quanto a rigidez implicam a morte. Exatamente como, na vida, implica o fracasso.

Por outro lado, sua condição os obriga a uma total confiança em si mesmos, confiança sem a qual nada é possível, bem como a uma total confiança no outro. (Imagine o parceiro distraído no momento do salto perigoso.)

O fato de dever contar consigo, de ser responsável, mas também de confiar no outro, e portanto ser *generoso*, envolve verdadeiras relações de partilha, sem parasitagem nem hesitações, relações em que a total complementariedade daquilo que dois seres podem dar um ao outro encontra a sua expressão plástica mais pura.

É preciso ser capaz de trabalhar durante anos (resistência) todos os dias (constância) para um número que dura no máximo quinze minutos.

Suportar anos de sombra para ter dez minutos de luz, exatamente como, na vida, é preciso rios de lágrimas, de angústia, de raiva para que nasça enfim a suntuosa orquídea da sabedoria e para que se respire a volúpia da consciência.

Enfim, nunca esquecer que o perigo espreita onde não se espera por ele, conviver com ele sem perder a mínima flexibilidade, sem nunca abandonar tudo, ao mesmo tempo que se abandona a si mesmo a cada instante.

Wim Wenders, em *Asas do Desejo*, põe em cena um trapezista. Esse filme é o meu preferido. Acho que o vi quinze vezes, e em todas elas percebo mais alguma coisa. Trata-se de um filme sobre os anjos da guarda; agrada-me pensar que foi o do autor que o inspirou.

E a infelicidade?

Você é feio, azarado, invisível aos olhos dos outros, desgraçado? Tanto melhor, porque aqueles que amam você descobriram seu valor além das aparências; eles são sinceros e desinteressados. Transforme a sua amargura em coragem, a sua cólera em energia e ação. A vida humilha você, abala-o? Eis a sua oportunidade; aproveite-a: seu ego funde-se como a neve ao sol. Espere ainda um pouco mais e, entre os flocos esmagados, você vai encontrar um diamante eterno: a alma. Restará apenas o melhor do seu ser, o essencial. Se os outros tivessem respeitado você, talvez você jamais o tivesse descoberto e cairia, você também, no medo ou na presunção. Suas provações o entravam, o imobilizam? Pare de tomar como ataque o que não passa de proteção. Apóie-se naquilo que o prende em vez de lutar contra isso, avance servindo-se disso. Seus limites são as paredes de um corredor em cujo final há uma porta. Elas o protegem de um livre-arbítrio que você talvez ainda não sabe usar; é para isso que servem. Elas não o restringem; elas o moldam. Não poupe. Apóie sobre elas a palma da mão e vá em frente, tranquilamente apoiando-se nelas.

Se você não tem nada, não tem nada a perder e tem tudo a esperar. Coragem! Se não tiver medo, você também poderá ganhar tudo, porque o que mata o homem é o medo e não o perigo.

Vencendo suas provações, você se realizará e tudo o que já tiver ganho pertencerá de fato somente a você. A única aquisição que nunca pode ser roubada é a que se faz na busca de si mesmo.

Zombaram de você, descartaram-no? Quando tiver alcançado seu objetivo e também for cortejado, não caia jamais na armadilha do corvo e da raposa, porque você conhece o fundo do coração dos homens e nunca pode se esquecer disso.

E como vai ser forte, você será bom, porque a maldade é o apanágio dos covardes e dos orgulhosos; você vencerá o medo, e o orgulho, depois de tudo aquilo por que tiver passado, será tirado de você pela vida. As provas o terão moldado, simplificado como o cinzel do escultor na carne da madeira, antes de deixar uma obra. Todas as suas feridas lhe darão então puros contornos; espere apenas um pouco mais, porque o ferro vermelho sobre as brasas ainda não sabe, quando seus átomos estão em fusão, que se tornará uma espada.

Você será construído a partir de dentro e, fortalecido com a experiência do sofrimento, não será afetado de modo algum pela adversidade. Nada poderá tirá-lo do centro; como o funâmbulo, você terá encontrado o equilíbrio, a alegria, a felicidade. Paciência...

Você não será uma apaixonada fascinada nem uma cortesã submissa, mas encontrará uma única alma igual à sua, sem floreios inúteis, sem mentiras nem máculas. O cristal não se junta com o aglomerado. Os homens que aparecerão no seu caminho serão aqueles que não sabem trair, porque a sua luz os cegará.

Deixo a conclusão a Rajneesh, com uma parábola que ele adorava contar e que é a quadragésima oitava de um jogo de cartas bastante interessante, mas concebido para guiar cada um na vida espiritual:

Um dia, um camponês começou a se queixar:
— Senhor Deus, tu és o nosso criador, é certo, mas nada tens de um agricultor; não conheces o essencial desse ofício, isso se vê. Seria bom que te informasses.
— O que você quer dizer? — pergunta Deus.
— Confia-me a direção do mundo por um ano e verás. Acabarei com a fome deste planeta.

Deus aceita e cede o lugar ao camponês. Este manda criar as melhores condições climáticas e proíbe as tempestades, os ventos violentos e tudo o que pudesse prejudicar a vegetação. A vida se desenrola suavemente, os campos recebem a chuva de que precisam e o sol no momento certo. Tudo estava perfeito, o camponês exultava.

— Vê! — diz ele a Deus. — As colheitas serão tão abundantes, que haverá com que alimentar a população durante dez anos sem trabalho. Mas quando o trigo foi colhido, as espigas estavam vazias.

— O que aconteceu? — pergunta o camponês a Deus.

Eis a lição que todos esses anos em que observei e escutei me deixaram:

" — A ausência de atrito, de tensão e de desafio tornou o trigo fraco. É indispensável certa dose de dificuldades. As tempestades e relâmpagos agitam e despertam a alma do trigo."

Mensagem oposta daquela da cultura ambiente, que encoraja a facilidade e a precipitação no cotidiano. Onde eu julgava que a vida era injusta, eu descobri que ela era sutilmente eqüitativa. Quanto à vidência propriamente dita, para além dos enganos, das falhas, dos erros de interpretação, de que naturalmente reconheço, como todos os meus semelhantes, que eu posso ser a autora, não paro de acreditar na sua utilidade e na sua necessidade, mais numa sociedade moderna do que numa sociedade tradicional. Porque talvez ela seja a única "demonstração" da existência de faculdades extra-sensoriais que pode levar o homem de hoje a duvidar do materialismo, e porque ela fala de introspecção, de despojamento, do essencial, num meio em que tudo nos impele à distração, ao acúmulo e à superfluidade.

Estarei enganada? Sim, felizmente, porque às vezes há vários futuros possíveis e, pela sua atitude, o consulente pode alterar o próprio destino. Meu papel não é paralisar as pessoas mostrando-lhes fatalidades, mas apontar caminhos.

Mas a minha prática cotidiana da adivinhação e da observação dessa arte praticada pelos meus companheiros e na história permite que eu afirme sem hesitar que a vidência é, na verdade, a mais confiável prospecção que pude imaginar quando descobri a sua existência.

Se a sua interpretação requer certa circunspecção e bastante experiência, a vidência precisa deixar de ser tratada como curiosidade ou brincadeira de salão. O estado das nossas crescentes dificuldades no final deste segundo milênio vai exigir uma compreensão *global* dos problemas, abordagem oposta à do cartesianismo, que, como todos sabem, divide os problemas em porções cada vez menores a fim de tentar solucioná-los.

Ora, aquilo que os pesquisadores da parapsicologia chamam de "função psi" é a pura expressão dessa abordagem global.

Não dispomos mais de tempo para decompor cada dificuldade. Devolver coletivamente à intuição o seu verdadeiro lugar nas decisões é a nossa única saída. Mas é uma revolução cultural — que já começou.

Não disse Henri Poincaré, célebre matemático francês: "É preciso que o acaso seja outra coisa além do nome que damos à nossa ignorância", como lembra com tanto acerto Marcel Odier, de que já falei? Se aceitei com alegria colaborar desde o início com a Fondation Marcel e Monique Odier, não foi tanto em função do prestígio de Rémy Chauvin e de Olivier Costa de Beauregard, que lembro ter sido um dos colaboradores mais próximos do Prêmio Nobel de Física Louis de Broglie no Institut Henri-Poincaré, mas porque a fundação tem como objetivo de base reconsiderar as ciências humanas à luz da nova física relativista quântica. Se esse objetivo parece abstrato, suas aplicações práticas para a vida cotidiana são inumeráveis. Um projeto que também é o meu.

Porque é urgente acabar com a negação das possibilidades psíquicas da humanidade num momento da nossa história em que será *imperativo* conhecê-las e usá-las para sobreviver.

Eis um trecho dos principais objetivos da Fundação:

Artigo 3
Objetivo
A Fondation Marcel e Monique Odier de psicofísica tem por objetivo:
O estudo metódico e científico das relações entre:
a) A consciência e a matéria e, de maneira mais geral, entre o domínio da psicologia humana ou animal e o da física;
b) Consciências e consciências fora dos meios de comunicação habituais;
c) A consciência e o espaço-tempo.

O uso, com esses objetivos, de todos os métodos, notadamente dos que empregam a eletrônica e a informática. A Fondation poderá colaborar e participar financeiramente de pesquisas empreendidas por outras personalidades ou organismos científicos, desde que compatíveis com seus objetivos e métodos. A publicação de textos ou de outros objetos de comunicação relativos a essas pesquisas.

Eis um programa que me pareceu suficientemente coerente para conseguir abalar o velho bastião racionalista.

Mas continuo cética com relação à prova científica da vidência. Com efeito, ela já foi muito amplamente tentada nos laboratórios de Princeton, nos Estados Unidos, por exemplo. Mas o materialismo é uma religião integrista cujos perigos estão resumidos no nosso atual estado de fracasso coletivo.

Mario Varvoglis, doutor em psicologia experimental, apresenta com clareza os resultados indiscutíveis de sessenta anos de pesquisa rigorosa, na França e no mundo, em seu livro *La Rationalité de l'irrationnel* [A Racionalidade do Irracional]. Os laboratórios, de Princeton a Nova York, permitiram evidenciar que, em sua conclusão, como diz o autor, "o psi não é caótico, nem incompreensível e nem sequer raro, constituindo, em vez disso, uma potencialidade universal capaz de manifestações inteligentes organizadas em função de objetivos precisos".

Sem querer ser insistente, não resisto a contar aqui fatos simples narrados por Rémy Chauvin.

Observando as culturas primitivas, o autor se rendeu à evidência de que seu conhecimento, principalmente médico, não podia provir da experimentação tal como a concebe a ciência moderna, advindo antes da pura intuição.

Quem ensinou ao feiticeiro etíope, que, para curar um ferido, ele deve envolver as mãos no peritônio de uma cabra, criando assim verdadeiras luvas *estéreis*? Que experiência de laboratório lhe permite saber quando ele limpa uma ferida e a fecha com formigas — que, mordendo os dois lados da ferida, os aproximam — que a saliva das formigas é antibiótica?

Quem ensinou à indiana que mastiga o funcho que essa planta, que deve ser absorvida *várias semanas* antes de perceber seus efeitos, é contraceptiva?

Rémy Chauvin não hesita em falar de "telepatia homem-planta" para explicar esses fenômenos que não podem ser explicados culturalmente pela experimentação.

Como continuar a perguntar se a vidência é da ordem da psicologia quando, em 1967, o presidente do departamento de geologia da prestigiosa universidade estatal de Moscou não hesitou em declarar que o uso de médiuns especializados permitiu que se reduzisse em trinta por cento as escavações necessárias à pesquisa de veios auríferos no norte do Cáucaso, aumentou em sessenta por cento a descoberta de minerais raros na Carélia e em trinta e cinco por cento a descoberta de novos minerais no Casaquistão?

Eu poderia citar inúmeros fatos notáveis de vidência, em todos os domínios "sérios", para fugir definitivamente aos pareceres cheios de dúvida da pessoa mal-informada por uma sociedade que procura deslegitimar deliberadamente um saber porque sua revelação questiona a própria legitimidade dela. Poderemos deixar que um punhado de homens irresponsáveis prive a humanidade de seus recursos simplesmente para manter suas prerrogativas intelectuais, e também econômicas, correndo ao mesmo tempo o risco de colocar todos à deriva?

Porque a parapsicologia põe em xeque uma visão mecanicista do mundo, seu alto grau de subversão a condena.

Porque as pesquisas sobre os fenômenos parapsicológicos revelam com clareza a nossa íntima participação no todo. E quando, nos termos de Mario Varvoglis, *Les deux visages de Janus* [Os Dois Rostos de Jano], ciência e tradição esotérica se acham frente a frente, os bons velhos materialistas e ateus se sentem espreitados por um fim inelutável. Então, num divertido movimento de desespero, que não deixa de lembrar o dos náufragos do *Radeau de la Méduse* [A Jangada de Medusa], eles se apegam a seu bastião universitário e se dedicam a uma *negação* e a uma perseguição sistemática de uma matéria, a parapsicologia, que, com seus próprios instrumentos, põe em dúvida todo o seu sistema de crenças.

O exemplo da pesquisa do doutor Barker acerca da catástrofe de Aberfan, em que morreram escolares, catástrofe que lançou o País de Gales em luto em 1966, revela uma capacidade comum de prever as tragédias coletivas. O que ele observou e o que aconteceu?

No dia 21 de outubro de 1966, uma colina de detritos de mineração e de carvão caiu sobre uma escola de Aberfan, matando cento e quarenta e quatro pessoas, cento e vinte e duas delas crianças da escola. O dr. Barker, psiquiatra, imaginou a possibilidade de uma precognição coletiva da catástrofe e apelou, através da imprensa a todas as pessoas que acreditassem ter tido a premonição, desde que elas tivessem contado isso a testemunhas dispostas a confirmar sua narrativa.

Ele recebeu um considerável número de cartas, claro que mais ou menos sérias, mas dentre as quais várias lhe chamaram a atenção. Algumas delas vinham de personalidades perfeitamente dignas de crédito e eram corroboradas por um impressionante número de testemunhas.

Portanto, é urgente que a humanidade redescubra seu potencial visionário, que tenho boas razões para pensar que foi essencialmente aquilo que outrora a salvou das calamidades, que de outra maneira a teriam dizimado.

Falei da existência de práticas xamânicas que remontam à pré-história. Creio que é nas nossas raízes e na redescoberta das práticas espirituais, prioritariamente, que amanhã encontraremos respostas para as nossas interrogações, tanto espirituais como ecológicas. Porque a visão xamânica, em que o homem é um elemento de uma grande totalidade, com o mesmo estatuto dos animais e das plantas, vai nos fornecer os recursos para a reconstrução depois do cataclismo.

Se encontrei na descoberta, e pouco depois na prática do xamanismo, uma resposta para as minhas interrogações é porque a visão de mundo que o xamanismo propõe corresponde, em todos os detalhes, ao que eu sempre soube, resumindo perfeitamente a minha posição entre "céu e terra".

O que eu sabia havia cerca de seis anos sobre os índios da América é o que a cultura do meu país me havia contado. Eu via os Peles-Vermelhas como selvagens, seres que seguiam superstições ultrapassadas, reconhecendo-lhes a dignidade de povo primitivo, mas estava longe de adivinhar até que ponto eles iriam me ensinar e... não apenas por meio dos livros.

Tudo começa em 1990. Na prateleira de "Ex-Libris", Évelyne Faure, criadora de "l'Espace bleu", livraria esotérica parisiense de reputação incontestável, me oferece um livro, *La Femme Étoile* [A Mulher Estrela], de Lynn V. Andrews, que ela acaba de editar. Trata-se da aventura de uma mulher entre velhas índias no Canadá, um pouco feiticeira, um pouco vidente, um pouco poeta. Ponho-o na biblioteca. Nem sequer o abro. Os primitivos não são o meu negócio. O assunto me entedia. Ocorre-me então uma curiosa experiência num zoológico: entro na pele de um tigre, isso mesmo, por alguns segundos.

Eu ainda não sabia que os xamãs têm o que chamam de "animais de poder", por meio dos quais eles fazem sua viagem e executam suas ações em outros mundos. Mas eu continuo a não me animar. Até a noite, quando o meu anjo da guarda me envia uma clara mensagem.

Era uma tarde de verão. Detesto zoológicos, assim como as prisões. O cativeiro é uma forma de violência que me revolta visceralmente. Mas, nem sempre seguindo as minhas convicções, cedendo às pressões de um casal amigo, eu acabo aceitando. Minha filha, a quem eu ainda não tinha falado das minhas opiniões, fica tão indignada quanto eu: "O que o leão fez para estar preso? Ele roubou?" — diz ela diante de uma jaula.

Nunca mais vamos pôr os pés ali.

Estava quente aquela tarde. Eu sofria com aquele cheiro e aquele espetáculo. Continha-me por polidez, mas estava enojada.

Meu estado emocional (sofrimento), ao lado do calor (fadiga), me condicionam perfeitamente, sem que eu o saiba, para viver uma nova experiência de ampliação do meu campo de consciência. Eu iria passar por uma desincorporação no meio de uma multidão de famílias inconscientes e sorridentes, que vão mostrar inocentemente aos filhos o espetáculo de animais para os quais o cativeiro é uma tortura.

Por trás das grades, a pantera negra vai e vem num movimento regular. Como se fosse um pêndulo, ela me hipnotiza literalmente. Fixo o olhar nela, apavorada, até o momento em que tenho a sensação de me *esvaziar*. E então tudo treme. Tenho uma sensação incômoda no nariz (ainda não expliquei definitivamente o fenômeno — como se o meu cérebro estivesse a ponto de explodir e escorresse pelas narinas).

Eu não sabia que os médicos praticantes da hipnose se servem de um lápis, que balançam de maneira regular diante dos olhos de seus pacientes, nem que os feiticeiros e xamãs do mundo inteiro provocam com o toque de tambor o mesmo tipo de movimento, suficientemente regular e obsedante como aquele que esse animal faz.

Depois, tudo treme. Vejo-me... de fora. Tornei-me a pantera. Ela tem vontade de me atacar. Descubro que somos para ela uma massa de grandes pedaços de carne que têm o mau gosto de se vestir e de se perfumar (para o animal selvagem, o perfume é incômodo, tóxico).

Ela-eu se desloca. Sinto a embriaguez de ter aquele corpo poderoso. Mas vejo em preto-e-branco e ouço *com bem mais acuidade*. E, sobretudo, *sinto* todas as coisas. Muito forte. Muito longe. Torno-me puro olfato e sinto que minha mandíbula de aço se abre. O odor humano me dá vontade de matar. Sou um conjunto de nervos, rápido e rancoroso, predador.

Depois, nada mais.

Volto à normalidade. Vejo em cores. A selvageria se interrompe, a opressão também. Voltei ao meu pequeno corpo flácido e livre. Tenho a minha crise sentimental de ser humano que não gosta da opressão.

Minha primeira reflexão interior é que o animal selvagem, é de fato, uma máquina de matar, desprovida de emoções afetivas tal como as concebemos. Com seus olhos, eu vi a mim mesma como carne. Isso é estranho. A pantera não pode saber que eu a amo. Sinto frio nas costas e terei, por toda a vida, medo dos animais selvagens e uma real consciência do perigo extremo que representam. Isso não é razão para transformá-los em tapetes ao pé da cama, mas cura para sempre a vontade de passar a mão na cabeça, como o faz Paula com Clarence, o célebre leão estrábico da série Daktari, que fez a delícia da minha infância.

Durante alguns segundos, eu fui Ela. Eu mesma simultaneamente, mas *também* Ela. E tive vontade de comer crianças, porque seus movimentos deixavam meus nervos à flor da pele. Seu odor, é ridículo dizê-lo, mas é melhor ser clara... me abria o apetite.

Sinto uma vaga culpa. Volto ao normal.

E a experiência da força me faz refletir, em contrapartida, sobre a fragilidade. Quando criança, fiquei muito impressionada com um livro que foi campeão de vendas há uns trinta anos, *Née comme çà* [Nascida Assim], de Denise Legrix.

Essa mulher, nascida sem braços nem pernas, conta em dois volumes sua vida e sua cruzada.

Uma passagem impressionou mais particularmente a minha memória; era aquela em que ela dizia ter feito a experiência de se tornar uma outra pessoa, no caso, uma alegre menina vestida de branco que passava pela rua.

Ela ficou estupefata por ter visto através de outros olhos e, o que é estranho, de ter tido a sensação do caminhar que, dado o seu estado, lhe era estranho.

Ver com olhos humanos diferentes dos seus e caminhar com pernas que não temos, ainda vai, mas um animal selvagem... é a mesma coisa! É uma mudança de espécie.

Documento-me e descubro histórias de meninos-lobo que assombram o inconsciente coletivo...

Os processos de feitiçaria estão cheios de execuções de feiticeiros e feiticeiras a quem os documentos da época acusam de matar, tanto na forma humana como na forma animal. Assim, Gilles Garnier, nascido em 1574 em Dôle e cujo ato de acusação, que narra seus diversos e sanguinolentos crimes (principalmente canibalismo...), fala bem do aspecto animal.

Lenda? Certamente.

A transformação não poderia ser total. Mas a consciência não é tão distintamente indissociável do corpo quanto se tem o hábito de acreditar.

Pode-se perguntar até que ponto o fenômeno da "possessão" por um espírito animal pode causar reais transformações físicas.

Testemunha-o esta história contada por William Seabrook: uma imigrante russa entra em transe quando da leitura do hexagrama 49 do *I Ching*, "A Revolução", que usa os símbolos das metamorfoses, de uma pele animal. A pobre mulher começa a babar e a gritar de uma maneira que lembra latidos. Uma testemunha, tentando tirá-la dali, foi mordida na garganta.

Todas as culturas apresentam inúmeras histórias semelhantes.

Harry B. Wright descreve um rito chamado "dança do leopardo" durante o qual um feiticeiro entra em transe, criando um "leopardo mental", até o momento em que, chegando três leopardos adultos verdadeiros no meio da cerimônia, atraídos pelo animal "astral" criado pelo feiticeiro...

Essa empatia com os predadores seria uma tentativa psicológica de sublimação do perigo, um reflexo primitivo da adaptação imediata ao comprimento de onda do outro?

Mas eu não tive a sensação de ser invadida pela pantera, mas principalmente de tê-la "possuído" durante alguns segundos. E, sem o saber, eu acabara de fazer meu primeiro exercício de xamanismo.

Porque os xamãs cavalgam não vassouras, mas seus "animais de poder"; nos outros planos de consciência em que trabalham, não se trata mais de tomar a energia de um animal diferente, como eu fiz estaticamente no zoológico, mas de empregar o poder de animais guardiões arquetípicos que emprestam seu poder respectivo de acordo com a espécie. Não se trata de "ocupar" uma águia, como fiz com a minha pantera, mas de conseguir se conciliar com o poder da "ÁGUIA", em sua visão penetrante, sua majestade, sua rapidez, sua força, e de agir com ela.

Ao longo de minhas pesquisas, descobri que os "animais de poder" protegem os xamãs no seu trabalho em outros planos de consciência. S. Nicholson conta que um esquimó netsilik, considerado um mestre na matéria, possuía ao menos seis espíritos aliados: um escorpião do mar, uma baleia, um cão negro e três fantasmas de pessoas mortas.

Porque no mundo astral não há apenas dorminhocos, nem apenas desencarnados. Animais também vivem ali...

Mas eu ainda estava longe, no meu zoológico superaquecido, de pensar que um dia poderia dirigir (ainda humildemente...) esse tipo de experiência para realizá-la de modo a ampliar a minha vidência e a começar a agir em outros planos de consciência, por exemplo, tomando a forma de uma águia real para tirar um amigo, Pierre — que consentira nessa experiência —, de um conflito perigoso, agindo durante o seu sono.

A águia cujas formas assumi mentalmente quebrou com seu bico as cadeias que aprisionavam o meu amigo e, tomando-o entre suas garras, o depôs no alto de uma colina, ao abrigo, numa pequena casa de madeira.

Ter-se-ia tratado simplesmente de um sonho desperto se o cunhado de Pierre, que ameaçava sua carreira e sua honra ao dar queixa contra ele de maneira perfeitamente injusta, não se tivesse retratado oito dias depois, cessando abruptamente as hostilidades que já duravam anos e de que essa ação na justiça era o ponto culminante.

Contudo, há menos de um ano eu não sabia o que queria dizer de fato a palavra xamanismo, até que o meu anjo da guarda pusesse os pontos nos is.

Quando o meu anjo da guarda me fala: mensagens pessoais e premonições coletivas

Quando fala comigo, o meu anjo da guarda assume a forma de um rosto que se desenha pouco a pouco numa tela, de início como esboço, com algumas linhas tênues; depois, as sombras são demarcadas, o olhar se define, lentamente, e vejo o meu guia.

Nenhum trauma. Nenhuma experiência brutal, nenhuma aparição. Um encontro progressivo, uma história de amor essencial, incondicional, que vai bem além daquilo que a minha vida, que não foi tão mal servida em termos passionais, me proporcionou.

Claro que eu não sabia que tinha um anjo da guarda. Não mais do que sabia que era vidente.

Não mais do que Pierre Jovanovic, autor de *Enquête sur l'existence des anges guardiens* (Pesquisa sobre a Existência dos Anjos da Guarda), compreendeu de início por que, quando estava sentado no seu carro, foi lançado brutalmente e sem razão para a esquerda, antes de, alguns segundos depois, uma bala atravessar seu pára-brisa, bala que o teria condenado à morte.

Ao contrário dos inúmeros testemunhos de aviadores, de soldados, de marinheiros de todos os continentes que contam sempre como "seres de luz", "vestidos de branco", "brilhantes como lâmpadas elétricas" os livraram do perigo *in extremis*, descobri o meu anjo sem drama, e não lhe dei imediatamente um nome.

Discreto, ele não me assustou.

Tenho uma lembrança longínqua. Eu era adolescente. Estava tendo uma crise de choro no meu quarto. Estava com uma vontade de morrer que ia ao limite do suportável e pensava em suicídio, uma vez mais, e não a última, já que no total passei uns dez anos da minha vida, dos treze aos vinte e três anos, a considerar seriamente essa possibilidade ao menos uma vez por semana.

Quando eu estava calada, com o nariz enfiado na colcha, tive uma sensação muito doce. Senti-me estreitada. Acalentada. Eu não conhecia essa espécie de amor. E, estranhamente, fiquei como que "regenerada" num átimo, quando habitualmente eu precisava de várias horas para me recobrar de choques emocionais.

E esqueço. Mas minha família não tem o hábito da cultura religiosa, nem conhecimentos místicos nem convicções quanto à reencarnação.

Tudo acontece num subúrbio da parte oeste, bem tranqüilo. Sem conhecimentos teológicos de nenhuma espécie, eu *sei* e jamais vou me esquecer, depois dessa estranha experiência de regeneração, que não vale a pena me suicidar porque corro o risco, ao fazê-lo, de reencarnar mais de uma vez com as mesmas dificuldades, devendo portanto resolvê-las definitivamente. Foi-me transmitido um conhecimento. E foi depois desse dia que passei a ter uma certeza: pôr fim à sua vida é tomar mais distância para dar um salto maior.

Passam-se os anos. Começo, por volta dos dezessete, dezoito anos, a rezar muito. Minha busca tem início. Recorro ao que conheço: a Igreja Católica. E meu anjo se aproxima mais de mim, como de uma corça, e me domestica.

Uma lembrança, mais clara dessa vez.

Estou na faculdade de direito e me esforço muito. Para fazer uma pausa, aproximo-me, no crepúsculo, de uma janela do anfiteatro vazio e olho os carros passando pela via expressa.

Começo a rezar: "Pai Nosso, que estais no céu...", e sinto fisicamente uma doçura me invadir da cabeça aos pés. De estudante cansada torno-me espantosamente um azougue, cheia de felicidade. Um amor incomensurável me sustenta e uma mensagem telepática chega até mim:

"SEU CAMINHO É DURO, MAS SEMPRE ESTAREI NELE, SEMPRE PERTO DE VOCÊ."

Evidentemente, penso, "é Jesus", o que me deixa toda atrapalhada. Consciente do ridículo, guardo minha pequena história para mim. Mas durante vários dias fico totalmente diferente. A vida me parecia infinitamente bela... Passei a sentir uma misericórdia sem limites e aí intervém uma segunda manifestação. Como se a experiência de "amor universal", que tive bem mais cedo, quando adolescente, se renovasse agora com algo a mais. E esse algo a mais, começo a me dar conta, é um outro.

Decido uma tarde voltar da faculdade (Malakoff) a pé, até o XVº distrito, onde ainda morava com a minha família.

Era um dia de inverno. É uma bela caminhada. Sento-me num banco. E sinto outra vez, perto de mim, a luz. O mesmo calor, a mesma bondade, a mesma calma imediata, a mesma serenidade.

Há contudo um novo elemento: o contato. Eu não o "vejo" ainda, mas sinto que alguma coisa me toma a mão. Nenhum ser humano poderia transmitir essa doçura.

A impressão é tão forte, que irrompo em soluços.

— Algum problema, senhorita?

Um senhor idoso me toca o ombro. Seu cão me olha, com ar de interrogação, e abana o rabo.

Cena corriqueira. Um aposentado modesto, com seu carrinho e um velho lulu na coleira. E percebo de repente que também eles estão envolvidos por aquele amor.

Não lembro o que respondi. Voltei a caminhar pelas ruas. Com minha pequena pasta, vejo-me andando, com meu casaco azul-marinho, com meu capuz de sempre e descubro ao mesmo tempo que sou pouca coisa no universo, mas que sou muito importante para alguém que me ama absolutamente, sem a menor exigência, sem me julgar, sem me pôr à prova.

Descobri naquele dia o seu humor: eu vestia uma meia-calça de lã que se franzia maldosamente nos tornozelos. Ora, esse tipo de tomada de consciência provocava em mim, de um modo geral, um sentimento misto de vergonha e de incômodo. E nesse dia vi-me através dos seus olhos. É belo o olhar que o anjo lança sobre o ombro.

Foi preciso assistir à projeção de *Asas do Desejo*, de Wim Wenders para que eu, enfim, encontrasse uma expressão para aquilo que vivera. Eu estava cansada, ele se interessou pelo meu cansaço. Eu estava angustiada, ele lançou sobre mim a sua doçura. Meus defeitos o enchiam de amor e minha meia-calça franzida era aos seus olhos *comovente*.

O que há de terrível a respeito do anjo da guarda — na época eu não lhe dava esse nome — é que não se pode retribuir nem um centésimo do amor que ele nos proporciona.

Essa é uma experiência que centenas de homens e mulheres fizeram.

Em sua pesquisa, Pierre Jovanovic relaciona os diferentes tipos de manifestações de anjos da guarda que retomamos brevemente aqui.

Aparições ligadas à morte. Todos conhecem o trabalho de Raymond Moody, que estudou as Experiências de Quase-Morte, isto é, o testemunho de pessoas que se aproximaram da morte ou foram declaradas mortas por alguns instantes. Todas descrevem um processo relativamente semelhante: saída do corpo, passagem por um túnel, rememoração da vida em rápida sucessão, encontro com uma luz; mas muitas também descrevem "seres todos brancos com grandes túnicas" e sempre irradiando amor.

Vêm a seguir as aparições que pretendem evitar um acidente. Elas existem às centenas. Escolhi esta porque se refere a crianças: maio de 1986, em Cokeville, Wyoming, EUA. Um louco invade uma escola primária e ameaça explodir uma bomba. A bomba explode, mas nenhuma criança morre. O que aconteceu? As crianças contam que "vozes" de "seres de luz", "muito gentis", lhes disseram como escapar à explosão e se abrigar.

Vêm então os místicos. Os inúmeros santos e visionários que, todos eles, evocam anjos nos mesmos termos de "luz", "beleza", "irradiação" que os leigos, as vítimas ou as pessoas prevenidas em relação a acidentes.

Porém, são os testemunhos de leigos, a maioria ateus, que me parecem mais reveladores.

É o caso do soldado ferido, à beira da morte, que declara ter visto "duas maravilhosas meninas, louras, de túnica branca", que sorriam ao pé do seu leito.

Um testemunho me comoveu: o de uma jovem mulher desfigurada por causa de um acidente, que pela primeira vez percebe a amplitude do seu drama na saída do hospital. Ela já não corre perigo de morte, mas mergulha numa atroz crise nervosa. Ela sente a famosa paz e depois vê o ser "irradiante", que a leva até uma luz branca, que, ela diz, se trata da luz "da inteligência, da sabedoria, da compaixão, do amor e da verdade". A mesma sensação de conhecimento absoluto, o mesmo amor... Esclareço que ela vivia em meio a valores materialistas e não tinha mais cultura religiosa do que eu.

Nos anos seguintes, meu anjo não parou de se aproximar. Sobretudo depois que eu passei a exercer o meu ofício, é claro. Tenho a certeza de que a prática cotidiana da adivinhação só intensificou a minha receptividade espiritual, tornando-me "porosa". E, cedendo o controle, já que a adivinhação permite balizar um pouco os eventos, eu permiti que ele regesse os detalhes práticos da minha vida.

Estranhamente, tudo se organiza. Eu não faço praticamente nada. Contento-me em ser uma pluma ao seu sopro. E tudo se encaixa. Perco o avião, o que é necessário para evitar um encontro desagradável; procuro informações sobre um pintor e, ao entrar numa igreja, encontro, esquecido ao lado de um confessionário, um exemplar de *Connaissance des Arts* [Conhecimento das Artes]... de quatro anos atrás, dedicado ao artista em questão e esgotado.

Não vou apresentar a relação desses casos, que é infinita.

Uma pequena história ainda.

Saio da farmácia e, desembrulhando o pacote de medicamentos, fico furiosa! Porque me deram um remédio para espasmos se eu queria outra coisa?

Na noite seguinte, tive uma crise de cólicas atroz. O remédio serviu bastante, pois eu não sei como teria suportado aquela dor a tempo de pedir socorro de noite, noite de domingo para segunda, nem *quem* iria comprar o remédio no meu lugar, às três horas da manhã, porque eu não podia pegar o meu carro naquele estado.

Assim, graças ao fato de ver a minha vida se organizar sozinha, como se quisesse permitir que eu dedicasse todo o meu tempo ao meu trabalho espiritual e emocional e deixar o meu espírito livre para os meus consulentes, e graças ao fato de encontrar o meu anjo nos momentos difíceis por que passo, comecei a desenvolver com ele um verdadeiro relacionamento.

E encontramos um meio de nos falar, não mais telepaticamente, mas de verdade, com palavras.

Tudo começou há dois anos, no verão de 1992.

Comecei a ler bastante. Bem mais do que antes. Consulentes, amigos, todos me oferecem livros, todo tipo de livro. Leio alguns, deixo outros de lado. Mas naquele verão houve um verdadeiro festival de coincidências: dia após dia, conhecidos e desconhecidos me oferecem livros que, numa certa ordem, respondem ponto por ponto a todas as minhas perguntas.

Uma noite, perto das duas da manhã, a doce presença volta. Bela, acolhedora, boa, tão boa... E eu senti que ele queria me *dizer* alguma coisa.

Eu tinha uma pilha de livros na mesa. Foi depois da morte de Léo. Entendi que fora ele quem quisera me alertar ao fazer cair o "CUIDADO COM O CÃO" na biblioteca.

Ouço falar de "bibliomancia", prática que consiste em abrir a Bíblia num lugar qualquer para obter uma resposta.

Decido com meu anjo que seria suficiente que ele só precisaria fazer suas mensagens deslizarem pelos meus polegares, assinalando uma palavra ou grupo de palavras, e que bastava ele guiar minhas mãos para que o livro se abrisse na página correta.

Na pilha de livros que havia diante de mim, havia Saint-Exupéry, bem como romances menos brilhantes, alguns livros espiritualistas e uma ou duas biografias. No total, umas dez obras.

Pensei mentalmente: "Por que estou na Terra? A que sirvo?" Eis o texto obtido:

XAMANISMO E LIBERTAÇÃO — PARANORMAL — REPETIR ISSO ATÉ O FIM DOS SEUS DIAS — NO DESERTO ESQUECEMOS DEPRESSA A CIVILIZAÇÃO, O TEMPO — COLEGAS MINISTROS MORTOS ANTES DELE, TÃO CRIMINOSOS QUANTO ELE — DOR — VIVEREMOS DE OUTRA MANEIRA — CRIAM UM PALIATIVO CULTURAL DE GRANDE ENVERGADURA.

Depois, este grupo de palavras que li por inteiro, extraído de *Citadelle*, de Saint-Exupéry:

VI UMA (ÁRVORE) QUE POR ACASO CRESCERA NUMA CASA ABANDONADA, UM ABRIGO SEM JANELA, E QUE PARTIRA EM BUSCA DA LUZ... COMO O HOMEM DEVE SE BANHAR NO AR, COMO A CARPA NA ÁGUA, A ÁRVORE DEVE BANHAR-SE NA CLARIDADE, PORQUE, PLANTADA NA TERRA POR SUAS RAÍZES E NOS ASTROS POR SEUS GALHOS, ELA É O CANAL DE INTERCÂMBIO ENTRE AS ESTRELAS E NÓS — ESSA ÁRVORE NASCIDA CEGA TINHA PORTANTO DESENVOLVIDO NA NOITE SUA POSSANTE MUSCULATURA, E TATEADO DE UMA PAREDE À OUTRA E TITUBEADO, E O DRAMA SE IMPRIMIRA NAS ESPIRAIS QUE ELA DESCREVIA.

DEPOIS, TENDO ABERTO UMA FRESTA NA DIREÇÃO DO SOL, ELA BROTARA DIRETAMENTE COMO UM FUSTE DE COLUNA, E EU ASSISTIA AO MOVIMENTO DE SUA VITÓRIA.

Fiquei atordoada. Tudo estava ali.

Imaginemos o número de palavras contidas em dez livros! Quantos milhares? Quantas chances de obter um texto tão coerente?

A palavra xamanismo fora pronunciada. Eu certamente não chamaria a atenção para isso se o resto do texto não tivesse coerência. Eu estava estupefata. Quanto à metáfora da árvore, ela dava sentido a todos os anos negros da minha infância e da minha adolescência... Eu tinha justamente de me interessar pelo paranormal até o fim dos meus dias e em lugares remotos (deserto)!

Continuei e lhe pedi que me desse uma mensagem que me explicasse o seu papel junto a mim e obtive:

LEVAR VOCÊ NUM PASSEIO EM QUE OS PASSOS SE SUCEDAM UM AO OUTRO — LEVÁ-LA À MONTANHA EM QUE SE RESOLVEM OS LITÍGIOS E

DEIXAR QUE VOCÊ CRIE A SUA VERDADE — SUBSTITUA SIMPLESMENTE POR AMOR.

Esclareço que o texto, que parece ser um belo pensamento contínuo, provém de três livros que de modo algum se relacionam um com o outro. O encantamento prossegue. A linguagem do meu guia me fala muito bem. Compreendo imediatamente que acontece alguma coisa verdadeiramente prodigiosa. Mas, como de hábito, desejo submeter à prova o que eu estou prestes a viver. Eu tivera na véspera um atrito, sem grande gravidade, com um amigo que me reprova, sem ousar me dizer, por tê-lo abandonado. Sei por um terceiro que ele sofre com o meu silêncio e com a minha falta de resposta aos convites que me manda. Mas se ainda gosto bastante dele, já não gosto do seu tipo de vida, e a mundanidade me esgota absolutamente. O que agrada a ele me incomoda. Quando ele se expande, eu me apago. Mas o mal-entendido é completo: ele toma a minha indiferença por desprezo e me acusa de certo sadismo com relação a ele. E diz a uma amiga: "Maud sabe que pode se permitir tudo porque eu sempre manterei a minha amizade por ela."

Peço então ao meu guia que me descreva o que acontece com essa pessoa, o que ele pensa de mim. E se forma, frase a frase, o seguinte texto:

UM SENHOR QUE ELA TRATA COMO UM CÃO — UM SENHOR QUE POR DENTRO TEM CIÚME — HÁ VÁRIAS GERAÇÕES — VI OS ESCRAVOS ACUSADOS — REINANDO SEM RISCO SOBRE OS ANIMAIS DOMÉSTICOS.

Mais uma vez, tudo está aí!

Faço então uma pergunta idiota. Para ver até que ponto o meu guia concorda em me ajudar. Como é estranha essa maneira que tenho de pôr à prova o amor daqueles que me protegem... E eu lhe faço uma pergunta francamente mesquinha sobre um ínfimo problema material. Eu me pergunto sobre o interesse ou o desinteresse de uma conhecida com relação a mim. É uma falsa pergunta porque, na verdade, pouco me importa que essa mulher me chame ou não para conseguir alguma coisa de mim, desde que eu lhe possa dar, sem nenhuma segunda intenção, a resposta cortante:

SHUT UP WILL YOU (QUER CALAR A BOCA?) — OLHE A SI MESMA SOBRETUDO NUM ESPELHO DE TRINTA E SEIS LADOS — ALGUMAS SESSÕES, E VOCÊ FICARÁ TRANQÜILA.

Começo a gargalhar. Sozinha na minha sala em plena noite. Estou ébria de alegria. Ele está ali. Ele me fala. Ele, que ouviu o meu primeiro grito. Ele chegou comigo. Ele me seguiu por toda parte. Ele me viu crescer. Foi ele quem cuidou para que eu não me eletrocutasse. Para que eu não acabasse esmagada, foi ele que me impregnou de amor invisível quando a coragem me faltou, quando eu, banhada em lágrimas jazia na cama.

Ele esperou 28 anos para que começássemos a falar francamente um com o outro. Tenho a sensação do garoto separado da família pelos campos de concentração e que se joga um dia, adulto, depois de anos de busca, nos braços de uma mulher, encontrada graças a um anúncio, braços nos quais pode se abandonar e murmurar: "Finalmente te encontrei!" Tenho a impressão de ser uma sereia cativa que é jogada outra vez no oceano e acariciada pela espuma. A impressão de viver um instante de amor indescritível, sem a menor frustração, sem a menor angústia de perda ou de abandono que mancham as relações humanas. Seu humor me deixa encantada.

Numa outra sessão de comunicação, que tivemos na companhia de amigos, ele se revelaria francamente provocador ao me aconselhar a "dar um pontapé nos fundilhos" de um chato hipócrita sobre quem se falava.

Mais uma vez, inúmeros testemunhos, arrolados por Pierre Jovanovic, em *Enquête sur l'existence des anges gardiens* (Pesquisa sobre a Existência dos Anjos da Guarda), falam das admoestações ternas dos anjos da guarda. O meu se parece comigo, gosta mais de *rock'n'roll* do que de um "pequeno cantor sacro"; o que vocês querem, ele me escolheu, não? É pelo menos o que eu sinto: afinidade.

Estamos longe dos querubins gordinhos e rosados ingleses, de delicadas asinhas que lançam um olhar bobo sobre o mundo dos homens tocando numa trombeta bem lustrosa algum cântico consolador.

E isso era só o começo.
Porque as previsões que eu obteria sobre o futuro do mundo não se assemelham nem um pouco à "conversa mole" dos nossos políticos. Mas, no momento, acabávamos de nos reencontrar. Eu queria mais. Vou procurar uma Polaroid. Depois me dou conta do materialismo chocante de uma ação como essa, mas eu queria tanto ter a sua foto para o meu álbum! Sou uma frívola. Penso telepaticamente: "Seja gentil, fique na frente da porta, quero tirar uma foto sua." Nenhuma resposta mental. Clic, clac. Reclic, clac... E nada, é claro!
Retomo os livros. Pergunto-lhe: "Por que você não quer se mostrar?" E obtenho o seguinte texto:

ESCUDO QUE O CHÃO DEVE PÔR DIANTE DO SOL PARA QUE A TERRA NÃO SEJA CONSUMIDA NEM QUEIMADA — AS VALQUÍRIAS TRANSFORMARAM-SE EM FEITICEIRAS — BERNARD ESTÁ MUITO DECEPCIONADO, LEVEZA DO CANÁRIO — NUNCA LHE VEM AO ESPÍRITO FAZER PERGUNTAS SOBRE O QUE VÊ — AS SEQÜÊNCIAS NÃO DEIXAM VESTÍGIOS; ELAS SE FAZEM E SE DESFAZEM.

Em linguagem clara, isso quer dizer: Minha filha, se eu me mostrar a você, vou queimar os seus olhos porque a minha vibração é demasiado elevada para que você a suporte sem proteção (escudo colocado diante do sol). Por outro lado, advirto-a a não querer seguir o rumo do espetacular (as feiticeiras). Não estou nada contente (Bernard está decepcionado). Era melhor que você aproveitasse a nossa relação para fazer perguntas importantes, em vez de ficar brincando com a máquina fotográfica com toda essa infantilidade (se fazem e se desfazem).
Como resistir a uma admoestação tão doce e tão firme? Tão cheia de verdade? O anjo é paciência, firmeza, sorriso. Ele mesmo o diz em *Dialogue avec l'ange* (Diálogo com o Anjo): "Eu sou sorriso."
Peço-lhe, então, telepaticamente, grandes desculpas. Fico quase com vergonha de mim mesma. Pergunto-lhe como melhorar. Eis a resposta:

DEIXAR QUE OS PENSAMENTOS SE MOSTREM UM A UM E OBSERVÁ-LOS — CONTEMPLAR UMA PESSOA, UM OBJETO — CONSERVAR INTE-

RIORMENTE A QUALIDADE DO CÉU SEM NUVENS QUE É EFETIVAMENTE POSSÍVEL SE CONSERVARMOS A PERCEPÇÃO DO CONJUNTO QUE ESTÁ DIANTE DOS NOSSOS OLHOS — SE A FRAGMENTO, NÃO A COMPREENDI DE FORMA ALGUMA E PERCO VOCÊ.

Pensamento holográfico, isto é, pensamento "global". Eis a recomendação do anjo!

É a vidência, a sua mensagem, não dividir nada, reunir tudo. Tal como ele me conta a trajetória da árvore no primeiro texto obtido. É persistente a alusão à infância.

Sem nenhuma dúvida, nós falamos um com o outro. E sei que o seu amor é incondicional, da mesma maneira como o anjo de Earlyne Chaney, ex-atriz de Hollywood, diz, eu sei que o meu nunca vai me deixar.

O que sinto do meu anjo se parece um pouco comigo. É como se o nosso guia usasse uma linguagem que corresponde ao nível espiritual daquele cuja proteção tem a seu cargo.

Quando Anne Placier, no seu comentário ao *Guide de la voyance* (Guia da Vidência), esclarece que "não dou presentes", vemos uma insistência num lado rigoroso e irônico que, admito, está longe da sabedoria budista. E se ela me dá a melhor nota — três estrelas — e cita o rigor e a honestidade que reconhece no meu trabalho, não sou poupada no que se refere à minha insubordinação. E, não nego, sei que tendo à derrisão. Teimosa, capaz de violência. Sendo o meu tema astrológico governado principalmente por Plutão, isso não causa surpresa.

Naturalmente, o meu anjo não vai expressar-se como o de Pat Devlin, austero e sofredor.

Nem como os guias chamados "Inspecs", de Robert Monroe, que criou uma técnica que permite que nos comuniquemos com os nossos anjos deixando que eles usem as nossas cordas vocais. Ora, depois da observação das variações dos gráficos neurológicos de sujeitos durante suas experiências de comunicação com os seus guias, os médicos foram categóricos: o sujeito não poderia provocar *sozinho* tamanha confusão dos hemisférios, que, é claro, voltaram a funcionar de maneira perfeitamente normal quando a comunicação chegou ao fim.

Elisabeth Kübler-Ross acompanhou vinte mil pessoas na transição da vida para a morte. Ela é a autora de obras fundamentais que já citei.

Uma surpresa: ela também dialoga com o seu anjo, quer dizer, com os "seus anjos"; ela os chama de seus "Spooks".

Ela também tem a sensação de que conhece o seu anjo da guarda desde quando nasceu. E até antes.

Todos temos um. O cenário do encontro é variável, como vimos, porém, mais uma vez, é antes a combinação solidão-desespero-dor física do que a combinação Cigarro-Uísque-Frivolidades que permite que o nosso guia se apresente a nós.

É assim.

E antes de revelar o que o meu anjo me deixou como mensagem sobre o futuro da nossa civilização, eu quis pedir a autorização dele para publicar, já que, afinal, ele é o autor.

Para a pergunta "Tenho o direito de publicar o que você me diz?" obtive a seguinte resposta:

QUE DIREÇÃO SEGUIRÃO ELES? PARA ONDE DEVE LEVÁ-LOS O SENHOR? QUANTO A MIM, VOCÊ PODE CONTINUAR; ISSO NÃO ME INCOMODA — SE VOCÊ FIZER GESTOS SUPÉRFLUOS, O ESPÍRITO SÓ PODERÁ SE COMUNICAR COM O SILÊNCIO.

Assim, sem gestos supérfluos, tentarei apresentar aqui tudo o que recebi dele; como o silêncio não é suficiente para o conhecimento, falemos...

Meu guia, o que você pode me dizer sobre o futuro do mundo?

MAIS DE UM CURSO D'ÁGUA TORNANDO-SE PERIGOSO, CHEIO DE ARTIMANHAS E INTELIGENTE [1] — EM SUAS ENGRENAGENS SECRETAS, A PSIQUE NOS RESERVA O MAIOR DOS PARADOXOS PARA O ÚLTIMO MOMENTO. [2]

---
1. François Augérias, frase extraída de *Domme ou l'essai d'occupation*, éditions du Rocher.
2. Patrice Van Ersel, *La Source noire*, éditions Grasset.

UMA DITADURA ACABOU DE SER VENCIDA, A DE HITLER; UMA OUTRA DITADURA, UM OUTRO TOTALITARISMO SE INFILTRA EM TODA PARTE NO PLANETA.³

CITARAM-ME O CASO DE CAFETINAS QUE DEIXARAM O POSTO POR AMOR.⁴

POR ACASO, OS MILITARES CONHECIAM RAONI. EXPEDIÇÃO VINGADORA ORGANIZADA POR SEUS INIMIGOS.⁵

UMA PORTA DE FERRO FORJADO FECHA A ENTRADA PRINCIPAL — INICIATIVA PRIVADA DESSE TIPO, SUPRINDO UMA DEFICIÊNCIA CLARAMENTE ATRIBUÍVEL AO ESTADO.

VIVE A SUA FÉ COMO UM SERVIÇO AOS MENOS FAVORECIDOS, RECONCILIA NO SEU INCONSCIENTE COLETIVO OS POVOS DO SUL COM SEUS ANTIGOS COLONIZADORES.⁶

SEU CAVALO TEVE UMA HEMORRAGIA CEREBRAL. FOI NESSE MOMENTO QUE A SUA VIDA OSCILOU.⁷

O QUE PROCURAMOS É FUGIR DO PROBLEMA, E A SOLUÇÃO É UM REMÉDIO ARTIFICIAL; ASSIM, NÃO HÁ COMPREENSÃO DO PROBLEMA.⁸

UNIÃO DE DOIS ANIMAIS SIMBÓLICOS, DUPLA ASSIMILAÇÃO, PARECE INDICAR UMA CONTINUIDADE DE TRADIÇÕES QUE REMONTARIAM PARA ALÉM DO SACERDÓCIO EGÍPCIO.⁹

VOCÊS VIVEM NUMA ESFERA INOCENTE (A TERRA), E PELA GRAÇA INFINITA A MALDIÇÃO DESCEU SOBRE ELA, A FIM DE QUE VOCÊS NÃO ADOREM A ESFERA.

---

3. Michel Damien, *Raymond Pin, vingt ans dans la forêt*, éditions Calmann Lévy.
4. Alphonse Boudard, *La Fermeture*, éditions Robert Laffont.
5. Jean-Pierre Duthilheu, *L'Indien blanc*, éditions Robert Laffont.
6. Frédéric Lenoir e Estelle Saint-Martin, *Mère Teresa*, éditions Plon.
7. Brigitte Lahaie, *Les Sens de la vie*, éditions Michel Lafon.
8. Krishnamurti, *Commentaire sur la vie*, éditions Buchet/Chastel.
9. René Guenon, *Formes traditionnelles et cycles cosmiques*, éditions Gallimard.

É NO INTERIOR QUE VOCÊ VAI ENCONTRAR O DESPERTAR, NÃO NO EXTERIOR, MEU PEQUENO SERVO.[10]

Belo programa! Sem ser especialista em análise de textos, uma dupla idéia se destaca claramente: vamos ter problemas ("guerra", "conflito militar", "ditadura", "último momento", "expedição vingadora", "hemorragia cerebral do cavalo" e outras coisas agradáveis).

Vamos evoluir ("cafetinas que deixaram o posto por amor", "fé como um serviço aos menos favorecidos", "reconciliação dos povos", "iniciativa privada suprindo uma deficiência").

Vamos resolver nossos problemas de outra maneira: "União de dois animais simbólicos, dupla assimilação" parece indicar uma continuidade de tradições ("no interior você vai encontrar o despertar", "para que vocês não adorem a esfera")...

Se me dei ao trabalho, no tocante a essa última mensagem coletiva obtida do meu anjo no verão passado, de citar as obras com as quais discuto com ele é porque eu pretendia mostrar a sua diversidade.

É claro que quatro dentre nove têm natureza espiritual, mas de modo algum posso pedir ao meu guia que responda a perguntas escolhendo livros nos quais não exista um vocabulário inspirado. Mas, quanto aos outros, temos um documento sobre o fechamento de propriedades rurais, passando pela história de um personagem que vive na floresta, por um romance de amor inspirado e por uma narrativa de explorador.

Essas mensagens corroboram outras, transmitidas por um "ex-vivo" de que logo revelaremos a identidade. Inquieta, perguntei: "Que devemos fazer?"

SUAS MÃOS PARTEM DE SEU CORAÇÃO E SEUS BRAÇOS SE ABREM DE PAR EM PAR — O LOBO VIVE VOLTADO CONSTANTEMENTE PARA AUMENTAR SUAS POSSIBILIDADES DE ALIMENTAÇÃO — ELE DÁ COMIDA AOS VELHOS E AOS DOENTES — ISSO ATINGIRÁ TODAS AS CRIANÇAS — ENTRO NO PRIMEIRO ANDAR DE UM PRÉDIO EM CONS-

---

10. Gitta Mallatz, *Dialogue avec l'ange*, éditions Aubier.

TRUÇÃO — MEU FIM LAMENTÁVEL ME LANÇA NO DESESPERO — ERA IMENSAMENTE GRANDE A SENSAÇÃO DA PRESENÇA DE DEUS — MANIFESTEM-SE COM CALOR, AMIZADE E ESTÍMULO.

Terão as nossas mãos a força de partir do nosso coração para reconstruir um mundo que já não terá nada que ver com o que conhecemos hoje? O aprendizado deverá ser, para cada um de nós, lento e regular como uma tecedura. Vamos ter de ver as coisas de outra maneira e reaprender a viver na solidariedade "tribal", tal como os lobos a que alude o anjo. Quanto ao respeito que devemos ter por nossas crianças, teremos certo caminho a percorrer antes de chegar a isso. O que se tornaram elas? Objeto narcísico para os pais, "consumidores" para os publicitários, sujeitos de observação para os diretores de *marketing*. Falamos de seus direitos todos os dias, mas nos esquecemos de acolhê-las, isto é, de deixá-las existir, através de nós, e se tornar elas mesmas.

O anjo indica a urgência de mudarmos o nosso comportamento. Devemos retomar o modelo de Khalil Gibran, que escreve, em *O Profeta*:

E uma mulher que trazia uma criança nos braços diz:
Vocês falam de Crianças.
E ele diz:
As crianças de vocês não são as crianças de vocês.
São os filhos e as filhas do apelo que a Vida faz a si mesma.
Eles vêm através de vocês, mas não de vocês.
E, ainda que estejam com vocês, elas não pertencem a vocês.
Vocês podem lhes dar o seu amor, mas de modo algum seus pensamentos.
Porque elas têm seus próprios pensamentos.
Vocês podem acolher o seu corpo, mas não a sua alma.
Porque sua alma habita a casa do amanhã, que vocês não poderão visitar, nem mesmo em seus sonhos.
Vocês podem se esforçar por ser como elas, mas não tentem fazê-las como vocês.
Porque a vida não anda para trás, nem se retarda com o ontem.
Vocês são os arcos para que as suas crianças, como flechas vivas, sejam projetadas.
O Arqueiro vê o alvo no caminho do infinito, e Ele puxa vocês, com Seu poder, para que Suas flechas possam voar com rapidez e ir longe.

Que a tensão que vocês têm, causada pela mão do Arqueiro, traga alegria. Porque, da mesma maneira que ama a flecha, que voa, Ele ama o arco, que é estável.

E se o anjo fala do primeiro andar de um imóvel em construção, é por certo de renovação que ele trata.

Podemos ficar tristes diante das palavras "fim lamentável" e "desespero", porém toda nova estrutura passa pelo luto simbólico decorrente da morte da antiga, razão pela qual é preciso se preparar desde agora antes da vinda dos tempos espirituais, anunciados por "A Intensa presença de Deus".

Mais uma vez, a coerência dos conselhos é perfeita, e a mensagem, límpida.

É claro que eu fiz com ele inúmeras comunicações semelhantes, tanto em termos do futuro coletivo como a respeito de preocupações puramente pessoais. Eu poderia dedicar a isso quase um livro inteiro. Mais uma vez, como é o caso do *I Ching*, a prática melhora a qualidade das informações recebidas.

Em dois anos de comunicações, posso dizer que a quase totalidade dos eventos anunciados, ou das advertências e reservas formuladas, se revelou justa e objetiva.

Por outro lado, minha comunicação com o meu guia se intensificou de outras maneiras. Contei em *"Tout est possible"* (Tudo é Possível), o programa animado por Jean-Luc Morandini, uma história recente que me deixou confusa. Ela se desenvolveu em dois episódios, que se seguiram um ao outro com cerca de dois meses de intervalo.

Tudo começou numa praia. Eu acabara de ter um problema afetivo com um amigo, de noite e, depois de uma cena que provoquei, voltei ao hotel, tomada por certa melancolia, e deprimida. Tudo parecia contra mim, o mar negro e revolto, magma encolerizado sob uma lua esbranquiçada, trazendo-me a cada onda o eco do meu mal-estar.

A espuma atingia impotente as minhas botas. Eu andava, sozinha, aborrecida, agastada, iluminada por aquela luz triste, fixando ao longe o pisca-pisca de um farol, frio como uma luz de ambulância, obsedante. E foi através do farol que começou a metamorfose. De lancinante, a luz que piscava me pareceu reconfortante, pulsação de vida, coração batendo. A estranha doçura que conheço bem e que já descrevi aumenta progressivamente. Nesses instantes, o meu corpo se detém, o mundo fica brilhante, o ferro se torna doce e forte, a pedra, sábia e segura. O mar deixara de ser uma ameaça. Eu via os astros vir molhar ali os seus raios e, de repente, era como se toda a fauna aquática se tivesse posto a tocar um concerto de empatia para adoçar o meu amargor.

É nesses momentos que compreendo, não, que *percebo*, como e por que São Francisco de Assis falava com as flores e os pássaros. É tão simples, que pouca gente pensa nisso. Porque eles nos respondem. E me senti leve. O gigante estava ali. Falo de gigante porque o tamanho do anjo com relação ao homem é mais ou menos o do adulto com relação ao de uma criança de seis anos. Não o vejo como uma aparição real, mas sinto a sua vibração, a sua densidade concentrar-se pouco a pouco ao redor do meu ser. E quanto mais ela se condensa, tanto mais nado numa completa beatitude. Sua presença me eleva instantaneamente aos planos superiores de consciência. É por isso que a paisagem muda de sentido num átimo. Porque é por meio dos seus olhos, e não mais dos meus, que eu vejo. E, graças a ele, tenho alguns instantes de beleza celeste.

Deixo de pensar nos meus conflitos. Embalada pelo universo, apanhada na vida, tornando-me a vida, pouco me importavam a raiva, os mal-entendidos.

Eu estava em paz. Era uma filha das estrelas. Então, ajoelhei-me e, com o dedo, desenhei um enorme coração na areia e escrevi no seu interior: Maud ama o seu anjo. Que mais se pode querer oferecer a um guia do que a genuflexão e a gratidão sobre a areia? Pensei: desejo que cada grão de areia fique cheio de todo o meu reconhecimento, e que cada pedacinho de pedra venha a ser o grande espelho de sentimentos incomensuráveis enviados em testemunho às estrelas que, naquela noite, me serviam de bússola interior.

Sentada diante do mar, eu já não sentia o frio, o vento, e o tempo parara deliciosamente mais uma vez.

E, como sempre, a vida, as preocupações habituais retomaram o seu curso. De maneira banal, mais ou menos um ou dois meses depois, outro incidente aconteceu. Uma amiga muito querida se mostrara agressivamente injusta comigo. Fiquei estupefata. Acabado o jantar, entrei no carro sem nada dizer e dirigi em silêncio, sozinha. E eis que ele apareceu outra vez. A mesma plenitude, a mesma serenidade, o mesmo reconforto imediato. Nesse momento, foi tal a minha alegria, que pensei telepaticamente: "Envie-me um sinal."
E então ocorreu o inexplicável. Como chovia naquela noite, meu pára-brisa estava embaçado. E vi ali — de modo físico, e é esse o prodígio — desenhar-se lentamente no vidro embaçado... um coração perfeito, do tamanho de uma laranja. A figura se formou lentamente partindo do centro. De início, como um círculo que se ampliava; depois se tornou... um coração. Impecável!
Era uma resposta ao meu gesto na praia; o meu guia encontrara a boa resposta, o eco justo.
O desenho era tão perfeito, como se realizado com um pincel, que não poderia ter sido traçado assim por mão humana. Não pude encontrar nenhuma outra explicação para essa aparição no meio do pára-brisa.
Foi longo o caminho entre o pequeno consolo sentido na minha cama quando adolescente e os diálogos elaborados de hoje. Um anjo me ofereceu uma gota de orvalho que desapareceu. Tenho contudo a cada dia a impressão de trazer no pescoço essa jóia de orvalho iridescente, nascida da noite como algo efêmero e que nos liga um ao outro, jóia cuja natureza imaterial existe apenas para me lembrar de toda a mobilidade da existência, que, assim como o ar, se transforma em água, fixa-se e então evapora no movimento perpétuo das mortes e dos renascimentos.

Estranhas mensagens sobre o futuro do mundo...

Antes de revelar qualquer coisa sobre Jim Morrisson, devo dizer que não, eu não sou uma fã.
É claro que conheci e gostava dos The Doors. Mas nunca tive nenhum fanatismo por nenhum artista, nem mesmo por David Bowie, de quem devo dizer hoje que foi também a sua música que me salvou a vida outrora, porque os acordes mágicos nos quais eu me refugiava durante horas quando tinha treze, catorze anos foram para mim uma completa revelação musical.
E, quanto aos Doors, eu nunca pensava neles.
Em contrapartida, eu pensava com freqüência e bastante em Françoise Taylor, porque trabalhávamos juntas de vez em quando, mas de maneira eficaz, tendo em vista que ela mora em Washington, onde é responsável pelo departamento de língua francesa da universidade.
Tendo vindo ver-me com um ceticismo evidente, alguns anos antes, ela me propusera trabalhar com fotos de pessoas de sua família já falecidas. Ora, o que eu disse corroborou não só o que ela sabia dessas pessoas, como as pesquisas que ela fez depois, com a ajuda de precisões obtidas pela vidência, e que lhe permitiram verificar que "a vidência vai bem" e muito bem!
Muitas pessoas descobrem um dia, diante de um praticante capaz de lhes descrever perfeitamente o filme de sua vida, antes mesmo de elas terem aberto a boca, que a idéia que têm do espaço, do tempo e da comunicação é insuficiente.

Poucas dentre elas integram *verdadeiramente* essa noção e modificam a vida em seguida. Foi o que fez Marcel Odier, já citado, mas também Françoise, cujo espírito brilhante e desmistificador não podia deixar essa revelação na superfície.

Ela usou então todo o seu método de professora universitária para me propor experiências, umas mais apaixonantes do que outras, para publicá-las. Trabalhamos juntas há dois anos e meio.

Temos obtido resultados que me deixaram francamente impressionada porque eu não me sabia capaz de falar tanto a respeito da foto de uma pequena ponta de dedo colada num envelope branco no interior do qual está a foto da pessoa, ou às vezes dada à parte, pertencente a um político de quem pude descrever o percurso, a infância, os atuais problemas de saúde e os recentes anos ruins. Tudo foi gravado em fita. Essa capacidade de reconstruir o conjunto a partir de um fragmento também tem que ver com o sistema holográfico, mas não tenho de ficar revelando o estado de nossos trabalhos porque eles logo serão objeto de um livro a cuja redação Françoise atualmente se dedica.

Se se eliminar a hipótese de uma montagem perfeita, em que não se vê muito bem por que a esposa de um honrado conselheiro americano, ela mesma estimada em sua universidade, se deixaria apanhar, a fraude é impossível.

Porque, mesmo que eu pudesse lacrar e abrir o envelope, o que às vezes digo sobre certas personalidades requer de Françoise um trabalho de titã. No caso de uma delas, ela precisou percorrer dezesseis biografias antes de encontrar todos os detalhes fornecidos pela vidência sobre a sua infância, a sua história, os cantos e recantos de sua casa, que eu descrevi incansavelmente.

O procedimento é mais ou menos o mesmo que o usado por Yaguel Didier em *Leur vrai destin* [Seu Verdadeiro Destino], obra cheia de inspiração, em que a célebre vidente também se dedica a uma vidência com envelope fechado sobre personalidades passadas que marcaram a história.

O livro descreve admiravelmente o funcionamento mediúnico ao vivo, e certas vidências estão marcadas pelo humor quando se descobre a personalidade!

Françoise, por sua vez, preferiu me fazer trabalhar com um conjunto de personalidades passadas e presentes, tendo escolhido o ângulo da análise, dedicando-se a um trabalho de verificação, minuciosa e comparada, de cada uma das minhas frases com informações racionais. Desse modo, certos erros, à luz desse método, abrem horizontes para talvez permitir uma melhor utilização dessas capacidades.

Em suma, terminado esse pequeno aparte, ele tinha o objetivo de situar o contexto da intervenção de Jim Morrisson na vida de uma senhora respeitável, que se interessava somente pela vidência, e além disso há pouco tempo, e que não costumava privar com fantasmas. De repente, toca o telefone à tarde na minha casa:

— Bom dia, Maud, é Françoise... Estou ligando, é um pouco delicado, mas, enfim, ocorreu-me uma coisa estranha que à primeira vista pode parecer ridícula.

— O que houve?

— Bem, vi ao pé da minha cama... Jim Morrisson... o cantor do The Doors. Vi com muita clareza. Ele me olhava com insistência. Juro que não sonhei.

— É possível, mas o que aconteceu em seguida?

— Bem, na verdade, acredito que é com você que ele quer falar.

— ??

— Acho que ele veio me ver para que eu lhe transmitisse alguma coisa.

Se qualquer outra pessoa além de Françoise — cujo espírito subversivo e corrosivo e cuja postura incisiva admiro cada vez mais, e cuja integridade também conheço — me tivesse dito semelhante coisa, eu teria suspeitado de manipulação.

Mas isso não era possível nesse caso. Fiquei cética. Pois nenhum espírito desencarnado me procurara algum dia sem que eu mesma me pusesse em situação de "recepção".

Além disso, o meu senso de ridículo e a desconfiança que tenho diante do culto da celebridade e do poder não faziam o prato se inclinar para o lado do entusiasmo. Por que Jim Morrisson, em vez de Bernadette Durand ou Dupont, se iria revelar a Françoise em plena noite para me transmitir uma mensagem?

Intrigada, prometi-lhe tentar uma comunicação em sua próxima viagem à França.

Foi o que aconteceu.

Nessa noite, eu estava bem-humorada e tranquila. Não acreditava muito nessa história. Foi por isso que escolhi o "método dos livros", o mesmo que uso com o meu guia, para me comunicar com Jim.

De modo geral, quando faço uma comunicação espiritual, faço-a — unicamente — no quadro do meu trabalho e apenas quando essa comunicação é pedida por uma pessoa próxima, em espírito de apaziguamento definitivo, entrando no processo do luto.

Crio o vazio em mim e, então, é como se eu fosse um pouco "pilotada" psiquicamente; ouço interiormente a voz do defunto, que visualizo perto daquele ou daquela que ele deixou.

E traduzo palavra por palavra o que ouço. Peço sempre ao defunto abundantes "sinais" que provem sua identidade, porque, no mundo dos espíritos, a usurpação é moeda corrente.

O espiritismo não me interessa nem um pouco. Eu também já o experimentei, mas me dei conta de que as respostas obtidas eram muitas vezes confusas, em certos momentos hostis e, por princípio, vejo que é bom deixar que os mortos sigam o seu caminho nos outros mundos, sem deter seu processo de crescimento por meio das nossas intermináveis perguntas.

Por outro lado, a conhecida prática "do copo que é movido na mesa com cinco ou seis dedos na sua base", girando ao redor de letras colocadas juntas para formar palavras, pode mostrar-se perigosa.

Com efeito, como vimos, os outros mundos não são povoados só de santos benfeitores. Ora, meter-se nisso como se fosse um joguinho equivale a fazer uma festa particular colocando nos corredores do metrô a hora, a data e o endereço: não se sabe bem *quem* vem para o jantar à noite nem *quantos* serão os convidados.

Uma das minhas consulentes, quando passava férias com um casal de amigos, julgou interessante adotar esse passatempo depois do jantar num clima de franca gozação. Ela perdeu sua hilaridade quando uma poltrona atravessou o cômodo diante de seus olhos esbugalhados e o copo formou distintamente, indo de uma letra a outra, a delicada frase: "Vamos te arrancar a pele, sua puta!" — dirigida à sua irmã.

É preciso dizer que um dos participantes, seu cunhado, realizava regularmente experiências, tão dolorosas quanto inúteis, com animais de laboratório. A lei da retribuição não quer saber de ordens hierárquicas, das famosas desculpas — "Bem, eu não quero fazer, é o meu chefe que manda." E é preciso nunca perder de vista que todo ato que se fizer retorna integralmente, assim como as conseqüências provocadas por esse ato nos parentes da eventual vítima.

Ora, a vivissecção é uma tortura. E o sofrimento infligido a um animal tem exatamente o mesmo preço kármico que o infligido a um ser humano. Não é por acaso que os índios, quando sacrificam um cervo para se alimentar, prestam homenagem ao seu espírito através de magníficos rituais, que lhes retiram a responsabilidade kármica, porque, justo por meio desse método de caça é praticamente o animal que se oferece em sacrifício. Esse costume, de acordo com o *I Ching*, existia também na distante China: "Nas caçadas reais da China antiga, havia o costume de encurralar a presa por apenas três lados. A caça encurralada podia fugir pelo quarto lado. Quando os animais não tomavam essa direção, eram obrigados a passar por uma porta atrás da qual estava o rei pronto a atirar. Só eram abatidas as feras que penetrassem ali. Quanto às que fugiam, eram deixadas em paz. Esse costume seguia a atitude real: o rei não queria fazer da caçada um massacre, matando apenas a presa que se oferecesse para isso."

Esse tipo de detalhes nos faz pensar no dito progresso das nossas civilizações, em que qualquer um cobre os campos de sangue entre bêbedos, atirando a torto e a direito em presas inocentes, quando não se serve diretamente de redes amarradas no pára-choques para aprisionar os animais. Mas o pior dos caçadores ainda é um inocente quando se pensa no que representa a criação para o corte. Essa crueldade institucionalizada e organizada para com o animal e a natureza em geral é uma das causas que provocarão muitas catástrofes ecológicas que nos irão inquietar. Em suma, para voltar ao cunhado daquela senhora, eu não gostaria de trocar a minha passagem de volta à Terra com esse senhor, que certamente terá umas boas quinze vidas, durante as quais será queimado, espancado, aprisionado e deixado em inanição até resgatar todos os vestígios da morte e da dor que infligiu.

E o baixo-astral é atraído pela morte e pelo ódio, e, por razões de comprimento de onda já amplamente explicadas, seu universo atraiu entidades perigosas.

A zombaria já teria sido curta e suficientemente marcante se o incidente tivesse acabado naquela noite, mas isso não era nada...

As entidades demoníacas estiveram presentes entre as lembranças de férias, tal como a boneca de coleção e as folhas de palmeira, e continuaram a incomodar a vida da irmã e do cunhado da minha consulente.

Até que, cansado dos objetos que ficavam atravessando os cômodos e dos odores nauseabundos que surgiam sem razão, eles recorreram aos serviços de um padre exorcista, que teve de ir três vezes à casa deles para que cessassem as manifestações, das quais sua filha adolescente nunca mais se curou psicologicamente por completo.

Dou então um conselho: *esqueçam* o espiritismo amador.

Françoise e eu acabamos de jantar tranqüilamente quando ela me pediu que tentasse alguma coisa.

Meio a contragosto, eu disse então em voz alta: "Então, Jim, você quer falar comigo?" E quando meus dedos caíram sobre o livro que eu acabara de pegar negligentemente na biblioteca, eu li a frase simples: "ESTOU CONTENTE POR ESTAR COM VOCÊ."

Ainda bem! Então era coisa séria.

Françoise pega imediatamente um papel e um lápis para não perder nada do que vai acontecer. Nossas conversas com Morrisson foram tão numerosas que Françoise acabou indo ao seu túmulo, no cemitério de Père-Lachaise. Mais uma vez, só desejo publicar aqui o que é de interesse geral, dado que, estranhamente, as mensagens de Morrisson sobre o futuro da nossa civilização corroboram por inteiro as do meu guia. Paralelamente, é claro que me muni de documentos sobre Morrisson. Ele também não parava de me falar de "xamãs". Eu soube que ele pretendia ter passado, quando criança, por um lugar onde havia um acidente de automóvel que, a seu ver, mudou o curso de sua vida. As vítimas —

índios! — tinham acabado de morrer. Jim Morrisson teve então a sensação de ser "habitado", porém pacificamente, pelo espírito de um deles, de quem na sua opinião ele recebeu um ensinamento xamânico. Os temas mágicos e espirituais balizam sua obra musical e poética. Publico aqui os comentários que me pareceram essenciais. Paralelamente a esse contato, pelo menos surpreendente, com o ex-vocalista dos Doors, descobri *no mesmo momento* um surpreendente interesse pela sua vida da parte de pessoas de quinze a vinte anos. Morrisson passara a querer me falar quando toda uma geração se voltava de novo para ele...

(*Eu*)
— O que você quer, Jim?

(*Mensagem obtida*)
— Porque estou aqui no último trampolim e é preciso saltar. Para o fruto, dar é uma necessidade, assim como receber o é para a raiz. Continuo a dizer que fui seu amigo.

(*Eu*)
— Jim, você está bem?

(*Mensagem obtida*)
— Estou. Expressão que responde a um pedido — Essa separação se tornou um medo.

(*Eu*)
— O que posso fazer por você?

(*Resposta obtida*)
— Todo o pensamento da Nova Era. Meio de transição. Os tolos abrigam a miséria — Os traficantes por trás de tudo — Um recuo.

(*Eu*)
— Por que um recuo?

(*Resposta obtida*)
— O mundo espera e já está cheio de enormes gangues de assassinos e de loucos furiosos.

(*Eu*)
— E o que você quer que eu faça? Que eu fale disso? Qual pode ser o meu papel? Por que falar comigo?

(*Resposta obtida*)
— Início da guerra — Eu vou lhe mostrar uma humanidade bestial, estranha, ferida no limiar da evolução —
— O leite maternal de Maria. O bom gênio na garrafa anuncia que os verdadeiros homens não são suficientes — transição obrigatória — Desperte, Lyne — Vinte anos de guerra química. Pendurado no anzol. Mude seus métodos e encontre uma outra fonte de calor — Veja em si aquilo que vê o fundo da tempestade — Termos que limitam um pouco o campo de exploração a uma visão espiritista e não expressam a natureza transcendente dessas experiências.

(*Eu*)
— Você é feliz?

(*Resposta obtida*)
— Corrupção moral, sofrimento físico, aparecimento da vida na Terra — No momento de uma morte iminente, reagir.

(*Eu*)
— Posso fazer alguma coisa por você pessoalmente?

(*Resposta obtida*)
— Bebês mortos choram há milênios. Que horror! Compreenda, senhorita, que a estimo a ponto de desejar, com relação a você, fazer uma boa ação desinteressada — O mito do xamã.

No dia seguinte, ainda sob o choque dessa comunicação, fiz de novo a pergunta:

(*Eu*)
— Você está aí, Jim?

Meu livro se abriu nas frases:

(*Resposta obtida*)
— Eis-me de novo aqui. Eu sofria de solidão quando um ser que tudo tem para me agradar vivia sem que eu soubesse.
!!!

(*Eu*)
Eu achei oportuno brincar:
— Então, minha casa serve de refúgio a você!

(*Resposta obtida*)
— Se você se recusa a me ouvir, não lhe resta nenhuma esperança. Escute bem o que eu vou lhe dizer — Você não sabe que vai ser comida?

Como não levar *a sério* uma tal coerência? Antes de voltar à interpretação que faço dessas comunicações, pedi ao meu anjo da guarda um sinal que me permitisse ter a certeza de que se tratava de Jim Morrisson.
O fim de semana chega. É claro que não penso mais no meu sinal, mas pego o carro e vou passar o dia no campo. Paro para encher o tanque num posto da auto-estrada.
Pretendo visitar amigos que vivem no campo, mas não tenho o mapa da região. Começo a me abaixar para pegar um que retiro de uma prateleira. E Jim Morrisson... me cai nos braços na forma de uma camiseta impressa que saiu *sozinha* quando eu estava agachada já há alguns minutos, sem nenhum contato com as camisetas, suspensas um metro acima da minha cabeça.
Procurei com dificuldade uma cidadezinha de quarenta habitantes num mapa e encontrei, no lugar, a resposta à minha pergunta...

Eu não era, pois, vítima de um impostor. Pago o combustível, minhas compras e aproveito a parada para desentorpecer as pernas dos meus cães nos fundos do posto. De repente, na obscuridade, um homem me interpela com ironia:

— Ei, madame, a senhora não esqueceu nada?

Eu me viro e vejo um caminhoneiro encostado no seu caminhão. Letras luminosas, as únicas na noite negra, em meio a flâmulas multicolores escrevem um nome — "JIMMY" — que se destaca no céu. É demais. Tenho a impressão de ter conseguido uma bola extra numa partida de fliperama entre mim e o outro mundo. Meu anjo da guarda, habitualmente tão delicado, se deixa levar pelo exagero. Por quê? Eu já tinha compreendido. Sim, mas não tudo.

Não era só a identidade de Jim que estava em causa, mas a minha. Porquanto, o que tinha aquele homem nas mãos? O meu passaporte... Jimmy me dá o meu passaporte... Passaporte... identidade. Vou-me precipitar sobre as comunicações e vou relê-las de outra maneira.

Elas estão no porta-luvas do meu carro, mas a paciência não é a minha principal virtude. Eu contava em dar uma olhada no campo, mas não podia deixar de agir imediatamente. É como um lugar mágico uma estrada à noite. Em geomancia, há uma figura correspondente a isso, chamada "Via", passagem. No Tarô, é o arcano 14, "A Temperança".

Nada se detém jamais aí. Trata-se de um lugar sem repouso, numa eterna transformação.

Diante da máquina do café, não há mais ninguém, a não ser eu, que releio com todo o interesse e compreendo a injunção que estou remoendo...

"Meio de transição"... Mude os seus métodos, encontre outra fonte de calor... "Desperte."

E a irritação: "Você não compreende que vai ser comida?"

Meu guia me dirigindo um sinal na hora certa, alguns instantes depois, me confirma que se trata de (riam... mas eu repito que não sou fã de ninguém...) Jim Morrisson.

Eu faria mais tarde uma pergunta a André Bajot, o único sábio que no momento pude encontrar na Bélgica, um homem que nem assina

seus próprios livros, porque o seu ego tem o tamanho de um selo: "Você acha que se trata de fato de Jim Morrisson? — Pouco importa, Maud, talvez seja Deus que tomou a sua forma para fazer você transmitir a mensagem. Isso não tem nenhuma importância."
E ele tinha razão. Porque, no fundo, o essencial são essas frases perfeitamente coerentes e essa exortação para que eu desperte...
Chego ao campo. Fico absorta durante todo o jantar; sinto que estou perto do desfecho. Sinto que estou ardendo. Subo para me deitar. Levei comigo *Wilderness*, coletânea de poemas escritos por Jim:
Peço um esclarecimento:

(*Eu*)
— O que você quer me dizer quanto ao caminho espiritual para o qual devo me voltar?

(*Resposta obtida*)
— Nenhum gesto, por favor!
O perigo está próximo.
Uma mensagem acaba de se abrir, um caminho para o coração do cérebro...

Esclareço, é claro, que assim como fiz com relação às comunicações já citadas, eu não faço "muito barulho por nada". Transcrevo novamente aqui mensagens que são o resumo de textos bem mais longos mas de que todas as palavras seguiam a mesma direção...
E eis-me encostada na cabeceira da cama, com essa resposta tão apropriada; e me pergunto, lá onde estávamos, se ele não vai se materializar de repente no tapete! Vá saber...

(*Eu pergunto*)
— Mas que direção você quer que eu siga?

(*Resposta obtida*)
— Posso ficar invisível ou minúsculo.

Posso me tornar gigantesco e alcançar as coisas mais longínquas.
Posso mudar o curso da natureza.
Posso ocupar qualquer ponto do espaço e do tempo.
Posso invocar os mortos.
Posso perceber o que se passa em outros mundos, no mais profundo do meu espírito e no espírito dos outros.
Eu posso.
Eu sou.

Lendo *Le Rêve de la sorcière* (O Sonho da Feiticeira), de Florinda Donner, ou então *Anthologie du chamanisme* (Antologia do Xamanismo), textos reunidos por Serge Nicholson, descubro que tudo aquilo que Morrisson enumerou a mim através de um de seus poemas correspondia, linha por linha, a todas as etapas da iniciação xamânica. A mensagem era clara. Dessa vez, não havia dúvidas. Meu caminho era por ali. O destino faria o resto. Eu só tinha de deixar estar.

Quanto às comunicações deixadas por Morrisson sobre o futuro do mundo, trata-se de textos tão explícitos e trágicos, que a frase "O mundo espera e já está cheio de uma humanidade bestial, estranha, ferida no limiar da evolução" basta por si mesma para resumir o conjunto.

O mais surpreendente é a sensibilidade delicada e incrivelmente humana que vem desses textos.

Aquele "Compreenda, senhorita, que a estimo a ponto de desejar, com relação a você, fazer uma boa ação desinteressada", quando eu lhe propunha, idéia um pouco "de escoteiro", reconheço, mas natural, a minha ajuda a título pessoal. Ou então sua dificuldade para traduzir plenamente a essência do seu pensamento, o incômodo que se sente em "Termos limitado um pouco o campo de exploração a uma visão espiritista e que não expressa a natureza transcendental dessas experiências".

Meses depois, iniciaram-se as minhas primeiras viagens xamânicas, que me falariam ainda mais do futuro do mundo.

Continuo a falar de vez em quando com Jim. Françoise também. Como ocorreu com o anjo, ficamos íntimos. Assim, quando eu lhe perguntei:

— Mas onde está você?
Recebi em resposta a frase: "Ora, no aquário, imbecil!" Ora, eu tenho um aquário.

Ou então, uma noite, depois de eu ter me comunicado com ele, ele termina dizendo: "Estou esgotado pela tempestade, querida, vou-me enfiar debaixo dos lençóis."
Não sei se devo concluir que ele ocupa o quarto dos amigos: dez segundos depois de ter recebido essa frase, eu vi a porta se entreabrir uns dez centímetros.

Ou Jim ficou pequeno ou foi uma corrente de ar num apartamento que tinha todas as janelas fechadas. O que importa? Como me fez compreender André, "isso não tem, no fundo, nenhuma importância".

Saiba tirar proveito da dimensão extra-sensorial

Como tirar proveito da dimensão extra-sensorial? De início, há o caso em que ela lhe será revelada pelo "outro". Se for consultar um bom médium, você irá descobrir em uma hora que você não foi reduzido à sua aparência física nem à sua linguagem, já que o médium terá condições de lhe revelar episódios inteiros de sua história sem que você tenha aberto a boca; ele desvendará habilmente as engrenagens da sua psique, iluminará suas zonas de sombra e harmonizará seus antagonismos. De descentrado, você será religado; de fragmentado, você se tornará íntegro.

Num único encontro, um momento de vida que pode ser talvez um renascimento, você saberá que o que pensa do espaço e do tempo não era suficiente.

Uma vidência não é uma terapia, mas um esclarecimento, uma leitura que revela o sentido oculto de sua vida e, às vezes, dá indicações fundamentais graças às quais você terá condições até mesmo de passar pelas suas provas.

Mas a confiança que você tem de exibir para que a magia aconteça deve ser grande. Então, tome cuidado, de início, com os seus próprios desejos: você tem certeza de querer conhecer, sem nenhuma idéia preconcebida, quem você é e o seu futuro? Você não estará na verdade disposto, ao bater à porta de um médium, a *comprar* dele as ilusões que gosta de acalentar? Se for esse o caso, pule este capítulo.

Há profissionais do "não ze [sic] preocupe, senhora, ele vai voltar, seu marrido [sic]... com um pequeno trabalho de restauração do afeto e dez mil francos, eu vou fazê-lo voltar; eu..."

Mas os charlatães só existem, e tive a dor de compreendê-lo com o passar dos anos, porque alguns consulentes NÃO procuram SOBRETUDO um verdadeiro médium, visto que não têm nenhum desejo de conhecer o seu presente nem o seu futuro. Eles querem legitimar suas quimeras, simplesmente ouvir de outra boca a pequena litania interior ou o cenário que suas convicções já elaboraram perfeitamente.

Mas quanto aos outros...

Entretanto, tudo poderia ser simples. Há regras, a maioria das quais advém do bom senso, para saber onde colocamos as mãos.

Quando começou seu *Guide de la voyance* (Guia da Vidência) há cinco anos, Anne Placier era, como você, uma iniciante.

Jornalista, ela acabara de fazer uma pesquisa para a revista feminina *20 ans*. Cética com relação ao fenômeno, foi nessa ocasião que ela me entrevistou, assim como a outros, dentre os quais Marie Delclos. É preciso acreditar que o punhado de adivinhos que éramos se compunha de pessoas em forma, cada qual em seu ramo, dado que seu encontro conosco levou Anne a escrever um guia a respeito. E ela conheceu Marcel Picard, Axel Le Mée, Bernard Sahli, "Célya", Lila, Kerlanne e Guy Angeli.

Em suma, pessoas honestas, sérias, capazes. Verdadeiras.

Mas antes de escolher um médium, pergunte a si mesmo como você escolhe amigos, como escolhe o seu médico ou o seu carro, as suas férias.

É simples: vai ser necessário aplicar exatamente os mesmos princípios, o mesmo rigor — multiplicados por dez. Porque o encontro que você terá pode fazer sua vida pender para a libertação ou fazer você mergulhar definitivamente numa espiral de desespero e de medo que já levou algumas pessoas a se suicidar.

Para começar, se existem escroques, você pode agradecer ao pensamento racionalista. Porque o escroque só floresce duradouramente num país civilizado. Triste paradoxo.

Por quê? Porque as nossas elites intelectuais, contando às pessoas que todas são iguais, incluindo eles e você, se permitem a partir disso pensar no lugar das pessoas no que é bom ou ruim acreditar. E, tratando as pessoas como cretinas quando estas manifestam um interesse pelo essencial, isto é, pelo sagrado e pelo eterno, essas elites enchem as pessoas com a religião mais grosseira e mais bárbara de todas: o materialismo. Agradeça a elas.

Porque a minha experiência com relação a fenômenos e práticas existentes desde a pré-história — falei longamente disso no primeiro capítulo deste livro — corresponde a privar todas as pessoas da mais elementar cultura esotérica. Por que perder tempo em falar do que *não existe*? O nome disso é negação. Mas isso nunca impede que as coisas sobrevivam mesmo assim.

Porém, na sua forma mais medíocre e nociva. Imagine uma sociedade que declare que o homem não sabe nadar, que, não tendo guelras, ele nada tem a fazer na água e que, além disso, ninguém jamais se banhou num curso d'água; que se gravuras do passado representam o homem no mar ou nos rios, trata-se de vestígios de lendas ou, então, da representação de lamentáveis acidentes.

O que aconteceria? Pode-se pensar seriamente que mais de um ser humano se jogaria no mar? Claro que não. Mas, banhando-se de noite (a vergonha) sozinho (ainda a vergonha) — o que diriam os vizinhos? —, em qualquer água e em qualquer clima, já que todo mundo teria se esquecido da existência da bandeira vermelha e da cartografia das zonas seguras ou poluídas, teríamos todos os dias um número espetacular de afogados, o que permitiria à autoridade de plantão triunfar dizendo: "Nós bem dissemos que não se deve jamais pôr sequer um pé na água porque o homem não pode nadar nem nunca conseguiu fazê-lo a não ser na imaginação."

O condimento da proibição, de caráter moral, permitiria a uma multidão de aproveitadores se autoproclamar "mestre nadador", o que lhes daria a liberdade de espoliar suas vítimas antes de lançá-las da ponte. Em nossos dias, eles mesmos formam uma corrente de vidência. É exatamente o que acontece hoje na nossa sociedade com a adivinhação e a cultura esotérica e oculta em geral.

O grande público não está, em matéria de informação, nada além de vestígios, ou melhor, de alusões parciais através de símbolos muitas vezes aprisionados num contra-senso: nas capas de Cds de *rock*, nos parques de diversões (não é o trem fantasma uma miniimitação destinada a lembrar o Bardo Thödol?), nas imagens dos fliperamas, nas quais aparecem às vezes alguns mágicos bárbaros, havendo grande regozijo quando se vira o caldeirão, ou então nas histórias em quadrinhos de ficção científica.

Em suma, aquilo que os bem-pensantes, que de modo geral, não podendo controlar sua própria vida, se esforçam por regrar a dos outros, qualificam de "subcultura".

Estabeleci-me em 1987. Depois de três anos de prática, criei a Delta Blanc com Chantal Hurteau-Mignon, uma astróloga diferente. Ela está prestes a concluir o seu doutorado em psicologia social, participa de um grupo de pesquisas sobre o tema das crenças na universidade e se reorienta hoje na direção do exercício da psicoterapia breve, em que é muito boa. Ela é também a autora de *Cherche âme soeur* (Procurando a Alma Gêmea), que propõe que se compreendam melhor os segredos da alquimia entre os seres. Na Delta Blanc, nossa divisa era: "Não somos feiticeiras." A idéia era simples: reunir praticantes de artes divinatórias, sem julgar seu trabalho a fundo (como ser juiz e parte interessada?), mas propondo-lhes a adesão a um código deontológico tão estrito que seria materialmente impossível que um escroque ganhasse a vida com tantas restrições. Lembro brevemente os grandes princípios, alguns dos quais me parecem precisar de uma nova atualização.

Para começar, ainda que se seja vidente e astrólogo o tempo todo, nem sempre se está em forma, o que nem por isso nos torna menos responsáveis; assim, para se ter certeza de que a consulta é válida, uma regra se impõe: ser capaz, sem que o consulente tenha dito nada, de falar-lhe claramente do seu presente e do seu passado, tratando de suas dificuldades e expectativas, permitindo que sua vida se endireite. Devemos situar o consulente, através de uma trama que temos de reconstituir com bastante veracidade para ter certeza de "captar" bem a pessoa que está diante de nós, no caso de um vidente, ou saber interpretar bem o seu tema astrológico ou numerológico, quando se pratica astrologia ou numerologia. Se, passados quinze minutos de entrevista, você ou o praticante avaliam que na verdade a coisa não vai, a relação não vai adiante nem um pouco e você não tem de pagar NENHUM HONORÁRIO. Essa é a pedra angular da nossa deontologia. Não só nem Chantal nem eu queremos reatualizá-la, como a mantemos cada vez mais porque como um charlatão poderia sobreviver aplicando essa prática?

O segundo princípio consiste em não praticar de maneira indireta, isto é, por correspondência ou telefone. Isso levanta uma verdadeira ambigüidade. De um lado, no plano puramente técnico, é no fundo perfeitamente possível ver por telefone... É um pouco mais complicado, creio, no caso da astrologia. De outro, é uma porta aberta a todos os abusos, tema a que dedico todo um capítulo. No tocante a isso, convencidas do acerto do adágio "é melhor prevenir do que remediar", nós sempre proibimos rigorosamente isso.

Em acréscimo, pedimos aos que seguem a nossa linha, que se comprometam a só receber um pequeno número de clientes por dia — não mais do que quatro — para conservar toda a disponibilidade necessária a um tipo de encontro que requer, da parte do praticante, um enorme investimento.

Todas as experiências parapsicológicas já citadas têm revelado que, ao final de algumas horas de prática, ocorre um verdadeiro enfraquecimento das capacidades. O fenômeno da vidência é relativamente comparável ao da criação artística. Dá para imaginar Mozart compondo todos os dias das dez às 23 horas, como os falsos médiuns, que afirmam "ver" ininterrupta e obrigatoriamente no horário comercial, sem jamais fracassar? Tome cuidado. Se tivessem os "poderes" (essa palavra vilã) que atribuem a si mesmos, e só recebessem, como querem fazer crer na sua publicidade mentirosa, as grandes personalidades deste mundo, eles teriam outra coisa a fazer na vida além de ouvir você (em média por uma quantia que varia entre seiscentos e mil francos por hora; sua caridade tem um preço), imobilizados atrás do telefone, como os motoristas de radiotáxi. Os consulentes se aglomerariam na porta da sua casa, e eles em pouco tempo chegariam mesmo a ter vidas harmoniosas, teriam tempo para o desjejum e, passadas vinte horas, voltariam ao convívio da família ou dos amigos, junto aos quais reencontrariam o reforço imperativo que o exercício correto da vidência, da astrologia e das artes divinatórias impõe.

Eles afirmam que são "o melhor vidente da França", o "prêmio mundial de parapsicologia". Deveria saltar aos olhos que, se tivessem reais qualidades, não esperariam pelo cliente.

Você pode imaginar um grande professor de medicina como Léon Schwartzenberg ligando para você à meia-noite para bater papo, contra a apresentação do seu número de inscrição na Previdência, sobre suas angústias com relação a um câncer de que ele não sabe nada, já que nem se dá ao trabalho de encontrar você?

Ou então Mestre Collard ou Vergès aconselhando você distraidamente "todos os dias das dez horas à meia-noite", a quinze francos por minuto, e com abatimento, porque você é um freqüentador habitual, na extremidade de uma linha através da qual você pode importuná-los quando quiser?

A disparidade entre os títulos fajutos, anunciados com um misto de pretensão e de ridículo — que diz muito do infantilismo da psicologia dos que distribuem esse tipo de anúncio —, e seu servilismo deveriam alarmar o bom senso de todas as pessoas.

Antes de tudo, um esclarecimento indispensável que é a base de todo o problema, mas não vai ter uma solução imediata: não existe, definitivamente, *nenhum* diploma de parapsicologia, visto que não existe nenhum ensino oficial. Eu repito: oficialmente nós nem sequer existimos. Nada há de mais radical.

Há grupos de pesquisa independentes, como o Groupe d'études et de recherches en parapsychologie [Grupo de Estudos e Pesquisas Parapsicológicas], fundado por iniciativa de universitários, cuja vocação consiste em estudar o conjunto do domínio parapsicológico, ou então, mais recentemente, a Fondation de psycho-physique Marcel et Monique Odier, com a qual aceitei colaborar.

Há pessoas corajosas, como o professor Yves Lignon, que, apesar de certas dificuldades materiais decorrentes da ausência de créditos, dão prosseguimento às suas pesquisas. Mas tudo isso advém de iniciativas *particulares*.

Por outro lado, todos esses grupos, embora aceitem, como é natural, trabalhar com médiuns, nem por isso se dispõem a lhes dar algum diploma, e nem sequer posso dizer que essa idéia lhes tenha um dia passado pela cabeça... Assim sendo, a que correspondem esses títulos ressonantes das propagandas enganosas? A coisa alguma!

Vocês são uma dúzia de companheiros que não sabem o que fazer e, em vez de se dedicarem a algum esporte coletivo, decidem se autoproclamar júri mundial de parapsicologia. Com toda a modéstia. E vocês se julgam a si mesmos, sozinhos, e outorgam prêmios a si mesmos.

Mas, se o empreendimento salta aos olhos, nem por isso deixa de estar na base de uma crise que é real: a da legitimidade do médium ou do astrólogo.

Todo exercício profissional de artes divinatórias, ou de magia, passa nas culturas tradicionais por iniciações. O xamã é, no início, um aluno, depois, passa por toda uma bateria de provas que envolvem altas temperaturas (banho de vapor, que, às vezes, o leva ao desfalecimento). A ingestão de alucinógenos e a passagem por outras tantas práticas podem colocar-lhe a vida em risco. Os marabus [religiosos muçulmanos], isto é, os verdadeiros, não os escroques que se aproveitam da nossa ignorância cultural para nos propor aqui trabalhos fajutos, são autênticos eruditos. Eles estudam o Alcorão durante anos. E intervêm, graças aos seus conhecimentos e à sua formação, por meio de encantamentos e amuletos sagrados, cuja receita aprenderam com mestres, tendo estes últimos recebidos de outros mais velhos desde a noite dos tempos.

Não há charlatães nas culturas primitivas, pelo simples motivo de que existe uma *tradição*; a palavra é pronunciada.

A ausência dessa tradição no Ocidente está na origem das nossas dificuldades.

Nas culturas em que os que recebem de nós o nome de paranormais, fingindo perceber que isso exista, são considerados parte integrante das atividades normais, a cultura esotérica basta por si só para que os charlatães, caso existam, não durem muito tempo.

Só se pode ser enganado naquilo que não se conhece. O consulente de um feiticeiro africano não vai escrever uma carta, passados seis meses e um dia, para lhe dizer: "Você me anunciou uma mudança de emprego em seis meses. Ora, são passados seis meses e uma semana e meia desde que nos encontramos, e até agora nada aconteceu. Isso é um absurdo; você é um charlatão."

Porque, na África ou na Ásia, o tempo não tem o mesmo valor que apresenta para nós. Como poderiam pessoas que, na sua maioria, não sabem a data do próprio nascimento e convivem muito bem com isso, ter a ingenuidade de imaginar que um vidente pode ver de modo preciso no tempo?

Os habitantes de países alegadamente não-civilizados não têm dificuldades para saber usar seus diversos adivinhos e feiticeiros — e por várias razões:

• Eles os respeitam, e sem ambivalência. Sabem que, para exercer a função, os adivinhos e feiticeiros passaram por uma iniciação e por um aprendizado bem longo, pondo por vezes em risco os seus dias na Terra. No Ocidente, o consulente descobre que é prisioneiro de dois pensamentos antagônicos, num dúplice impasse: a cultura em que vive o acusa de acreditar "nessas coisas", mas ele se vê mesmo assim atraído pelo irracional porque, na maioria das vezes, teve dele uma experiência em sua própria vida. O resultado é simples: ele tem pelo profissional que vai procurar, uma relação em que se combinam o desafio, o desprezo, a exigência exacerbada e o medo.

• Eles têm naturalmente o sentido do símbolo e do sagrado, que é indispensável ao bom uso das previsões de um sensitivo. Quando o *I-Ching* diz para você cruzar as grandes águas, ninguém fala em cruzar a piscina de Pontoise três vezes, mas diz que você deve se lançar num empreendimento, ainda que perigoso.

• A presença do irracional está *em toda parte* na sociedade. E é aquele que acha que não crê nos espíritos que passa por doente, enquanto no nosso caso acontece o contrário.

A conclusão é simples: a formação intelectual e cultural dos ocidentais ou do americano médio não lhe permite, sem uma verdadeira reeducação, compreender o que é a adivinhação ou o oculto em geral. Como se pode admitir, num universo tecnocrático, em que as máquinas podem dar respostas com uma precisão absoluta de medidas em mícrons, como se pode admitir que um vidente possa ver e não saber exatamente *quando* alguma coisa vai acontecer?

Quando uma ecografia pode se deter todo o tempo que quiser nos dedos do pé de um bebê ou em cada centímetro do seu crânio, à vontade, bastando para isso apertar um botão, tão simples assim, como não esperar que um médium não possa, ele também, como uma máquina vulgar, submeter a escrutínio a íntegra das nossas comezinhas preocupações, sem maior discernimento do que a de uma sonda sofisticada?

Vivemos num universo de máquinas. Os médicos se tornaram — e muitos o deploram — engenheiros. Como afirmei, nos termos do pensamento de Descartes, nós nos acostumamos a decompor nossas dificuldades numa dada quantidade de pedacinhos, que tentamos tratar um depois do outro, tendo perdido por completo a coerência do todo.

Dessa maneira, o outro também deve tornar-se uma máquina. E como na vidência e na criação isso não é possível, nosso papel às vezes se torna... um inferno.

A tradição esotérica entre nós foi descartada pela Igreja, na História, como um hipermercado se descarta dos pequenos comerciantes: pelo vazio.

Tendo perseguido os feiticeiros, os alquimistas, os cátaros, os gnósticos, a Igreja pôde ficar tranqüila durante séculos, e enriquecer calmamente.

Até que, devido a razões que não hesito em qualificar de kármicas, viu-se ela mesma destronada pelo materialismo.

O progresso tecnológico fez jus — e dessa vez com justiça — ao fogo do inferno, a diversas mortificações e à culpa doentia.

E chegamos agora ao ponto em que o homem descobre que tem uma alma e, talvez, algumas outras faculdades diferentes das que os racionalistas gostariam muito de lhe outorgar. Mas, o que fazer com essa consciência de outra coisa? Voltar para a Igreja? Dificilmente. Analisei as causas disso no meu primeiro livro. E ali aparece o defeito. A carência não se deixa mais ignorar: é preciso remontar ao período pré-cristão para reencontrar a nossa tradição esotérica. Os primitivos podem nos ajudar.

Mas a conseqüência desse vazio é a nossa crise de identidade, de nós videntes, é o semifracasso de Delta Blanc.

Começamos com a idéia de nos ater à forma:
- Não julgar a fundo as capacidades de um confrade.
- Fazê-lo passar por um teste de cultura geral que comprove sua integração normal à sociedade, visto que todos os dias somos levados a aconselhar consulentes acerca de problemas práticos, sendo assim aconselhável ter ao menos alguma idéia deles.
- Praticar de maneira *digna*. Quer dizer, de maneira direta, nada de consultas de dez minutos, nada de ficar parado nos cantos de algum salão como vacas na porta de Versailles durante os belos dias das exposições agrícolas. Nada de consultas por telefone, visto que queremos ter um rosto, bem como ver a pessoa que faz as perguntas. Queremos praticar na nossa casa, em sessões tranqüilas, nas melhores condições. Para respeitar aos outros, é preciso começar preenchendo a condição de respeitar a si mesmo.
- Preceder toda consulta do famoso teste destinado a verificar a nossa forma, bem como nossa compatibilidade com o consulente.

Porém, com o passar dos anos, isso, é claro, se revelou insuficiente. Para começar, bem poucos praticantes se juntaram a nós. Depois de cada uma de minhas aparições na TV, recebíamos centenas de telefonemas de potenciais consulentes. E, em sete anos, só entraram em contato conosco... trinta praticantes.

Desse número, uma dezena, os fiéis, os apaixonados, ainda estão conosco. Eles vieram de toda a França. Quanto aos outros, houve aqueles que nós recusamos imediatamente porque queriam apenas, ingenuamente, aumentar a clientela com práticas desonestas. E os outros, os que queriam tomar o nosso lugar, desistiram ao final de um ano de exercício, justamente por causa dessa ausência de "iniciação". E havia também aqueles cuja personalidade — e eu os compreendo, porque também sou individualista — não se coadunava bem com o espírito do grupo. E Chantal e eu também examinamos as nossas falhas... Chegáramos a pensar em criar uma escola de formação com os mais antigos de cada disciplina, verdadeiros exames, bem como a obrigação, para cada cliente, de fazer um trabalho consigo mesmo, seja por meio da psicanálise, das regressões kármicas, da terapia de grupo ou de qualquer método de "passagem pelo moedor", que é a condição *sine qua non* do exercício do nosso ofício.

Outro erro, mas nesse caso eu percebi imediatamente. Minhas pesquisas interiores tinham avançado. Em todos os tempos, em todas as latitudes, não é por um saber constituído que se transmite o aprendizado do nosso ofício; é por meio de uma iniciação que sucede à predestinação. E, nesse caso, nada de regras, nem de escolas nem de notas de avaliação: guias, encontros, revelações, provas. Nada. E o germe fica como germe até a próxima vida. Não são dez anos de estudos astrológicos que mudam aquilo que somos. É preciso ter *nascido* para isso. A parte de talento, como no caso do ator, é a mais inquantificável e a mais necessária das qualidades, mas não pode ser ensinada.

Por outro lado, era difícil misturar a astrologia e a numerologia com a vidência numa única associação, ainda que, no fundo, sejam semelhantes as qualidades necessárias para acolher almas que estão em busca.

Em conclusão, o verdadeiro trabalho tem de ser feito na sociedade como um todo. Do mesmo modo como é impossível fazer que uma população aceite os anticoncepcionais sem que se tenha antes modificado por completo sua visão da riqueza que representam os filhos e sua convicção religiosa, é impossível propor ao público "praticantes honestos" quando esse público não faz nenhuma idéia do que ele pode de fato esperar de uma consulta e confunde o rótulo Delta Blanc com o de algum produto, repreendendo-nos, em tom de queixa: "Vocês deviam despachar Madame Machin; ela me disse que eu tiraria férias e se enganou; estou verdadeiramente decepcionado."

Nós é que estávamos decepcionadas. E não só por causa dos praticantes. Pelas centenas de telefonemas de consulentes em potencial que, sem nunca ter coragem de dizer o nome, nos tratavam como se fôssemos um serviço público que lhes devia dar "um conselho a partir da vidência". O único interesse que tinham por isso era economizar. Em suma, tudo o que não queríamos ser. Pensávamos em informar e vimo-nos encarregadas de "indicar nomes", quando o que queríamos era ensinar um método.

Eu sei que existe uma outra associação, o I. N. A. D. Institut National des Arts Divinatoires, que, de sua parte, se propõe a legislar sobre o exercício da nossa profissão, que se encontra, não é preciso dizer, no mais absoluto vazio jurídico, já que amanhã qualquer um pode abrir, sem preocupações, um consultório de vidência.

Mas, como apresentar um projeto de lei para regulamentar uma atividade considerada culturalmente, pelo conjunto da sociedade, como simplesmente imaginária? E em função de que critério de base poderiam os legisladores decretar que um vidente e não outro, tem o direito de praticar?

Por outro lado, há leis relativas à publicidade enganosa e um órgão, o B. V. P. (Bureau Vérificateur de la Publicité — Agência de Controle da Publicidade), que poderiam perfeitamente resolver 90% dos problemas relativos aos grandes escroques notórios se as vítimas prestassem queixa. O problema, e nós já o compreendemos com a Delta Blanc, não se resolve pela repressão.

A Delta Blanc não se dissolveu. Ela procura a si mesma, assim como nós avançamos, Chantal e eu, em nossas respectivas práticas e na nossa busca espiritual.

Enquanto isso, é urgente continuar a informar o público.

Numa busca de legitimidade malcompreendida, o que é que os diversos médiuns e videntes podem fazer na nossa sociedade? Tentar fazer-se respeitar pelo único denominador comum a todos: o dinheiro e as honrarias.

Não podendo ser considerado graças a um talento, não sendo depositário de uma tradição, já que a sociedade a nega regularmente, possível culpado de charlatanismo em todos os guichês onde perguntam "profissão" e se responde "vidente", a tendência, ou melhor, a reação é simples: impressionar a massa a golpes de publicidade ambígua, de honra mitomaníaca e de pseudocontrole de oficial de justiça. O truque é simples: basta enviar previsões diferentes sobre o mesmo tema a tantos oficiais de justiça quantos sejam os futuros possíveis de um evento.

E infelizmente a conseqüência é uma discriminação maior ainda da parte do público.

Porém, estranhamente, há videntes dotados que gostam desse estilo de comunicação, convencidos de obter através dela uma posição social com a qual ficarão satisfeitos; é uma pena eles cederem a essa tentação! E isso não adianta. Raros são aqueles que, dotados de um verdadeiro talento, persistem nesse caminho. E por uma razão simples: um vidente talentoso verdadeiramente apreciado pode, sem recorrer aos meios de comunicação e sem nenhuma publicidade, preencher sem esforço sua agenda por várias semanas; é o caso de Marc Estève, e de muitos outros, citados por Anne Placier no seu *Guide de la voyance* (Guia da Vidência), e que não esperaram o aparecimento do livro para ficar com o consultório cheio.

Esse também é o caso de alguns que se juntaram a nós, como Colette Olivier, Eliette Occhipinti, de Jeannie Tasson, de Évelyne Lafon ou de Jackline Cervera, que, conhecidos pelos habitantes de sua região ou de seu bairro, obtiveram ao longo dos anos uma clientela bastante fiel e regular.

Recapitulando, eis os sinais que devem fazer você fugir ou, pelo contrário, que podem fazer com que você se aproxime...

Coragem; fujamos!

• Da publicidade ambígua e pretensiosa. Ela custa caro. Isso significa que o praticante que faz uso dela tem *necessidade* dela para encher seu consultório. Isso é um mau sinal. Não a confunda com um anúncio discreto e simpático. Para diferenciar, não é preciso muito: é uma questão de estilo. O uso de superlativos unidos a pseudoqualificações, frases do tipo "o vidente mais prodigioso do século XX" ou "sua extraordinária precisão o faz ser consultado por reis e astros" são sinais de trapaça ou, por outro lado... de bobagens. O mesmo se aplica ao diploma fantasioso de que já falamos.

• Das promessas de sucesso garantido: quanto mais conta que nunca se engana, tanto pior é o médium. A vidência não é uma ciência

exata. Quanto àqueles que pretendem poder fazer você ganhar na loteria, se eles tivessem de fato esse poder, começariam por jogar e, bilionários, parariam de aliciar as pessoas.
* Das alegadas "vidências gratuitas". Trata-se do sistema de amostragem, que muitas vezes envolve uma cilada. Nós nos divertimos, na Delta Blanc, em responder ao anúncio de uma célebre pseudovidente para ter uma consulta gratuita.

Tenho o documento, que vale seu peso em ouro. Para começar, a senhora nos escreve procurando nos lisonjear. É cômico, e produz coisas como: "Senhor Delta Blanc (sic), o senhor é sensível, as pessoas que o cercam não o compreendem e o senhor não é apreciado por aqueles que têm inveja. Há muito tempo o senhor sofre, etc., mas tenho a solução: minha medalha de 490 francos mais um pequeno presente, e patati e patatá..."

Até aí, o processo é claramente desonesto, já que uma amiga que fez a experiência ao mesmo tempo que nós recebeu escrupulosamente o mesmo texto dirigido à senhorita Anne Duchesne..., estamos num comércio bastante canalha. Mas há coisa pior: diante do nosso silêncio e da nossa recusa em comprar essa medalha magnetizada que faria a nossa felicidade e nos afastaria dos inimigos (sem brincadeira, eu não tinha necessidade. A história é perturbadora, mas o fato é que, das três únicas pessoas que me desejaram verdadeiramente mal, de maneira ativa, na minha vida, em períodos diferentes, duas morreram jovens e brutalmente, e a terceira passou por uma sucessão de catástrofes incomuns, sem que eu, naturalmente, o tenha desejado...), o tom se reforça e muda. Passa-se a: "Senhor Delta Blanc, o senhor não é razoável, sua situação está ainda pior do que o senhor pensava depois da minha última carta, e o senhor sempre recusa meu pingente de 350 francos — como é para o senhor, eu dou um desconto — e o luxuoso porta-felicidade que ofereço ao senhor em primeira mão."

Silêncio de nossa parte. Para ver até onde vai chegar. Deixo de lado as etapas intermediárias. A última carta recebida, no final, ao todo, de um ano, fazia tremer. A mulher já não propõe ajuda; ela ameaça: "Senhor Delta Blanc, graves problemas recairão sobre o senhor, ameaçando sua saúde, sua prosperidade e seus entes queridos. O senhor não pode sair disso sozinho. Se não pedir imediatamente o meu transformador de onda e o meu anel porta-felicidade, o senhor correrá um *grande perigo*..." O senhor Delta Blanc vai bem, obrigado. Mas como pessoas infelizes, seduzidas pela pequena frase "vidência gratuita", podem resistir a semelhantes pressões psicológicas?

Embora a vidência não deva ser um comércio, é em contrapartida não só normal mas indispensável que mereça retribuição. Trata-se de um trabalho, e todo trabalho faz jus a um salário.

• Fuja também de todos os "amadores" e tiradores de cartas diretos que importunam você nos jantares, quando você não pediu nada, e propõem generosamente a sua ajuda. É certo que você não paga, mas há fortes chances de que o pagamento deles seja outro... Eles podem, por exemplo, deixar você em dívida com relação a eles, podem fruir o poder exercido sobre você e o controle que tentarão assumir, pouco a pouco, sobre a sua vida. Trata-se, de modo geral, de pregadores que, em troca do tempo que oferecem a você, o deixam cheio de considerações religiosas ou filosóficas indesejadas, ou então indivíduos de vida pessoal pobre que se nutrem de suas histórias e vivem através de suas aventuras as emoções que faltam na vida deles.

Conheci uma consulente, Laure, que ficara bastante traumatizada e posta numa situação de dependência por uma mulher que encontrara por acaso. Membro da geração de sua mãe, a mulher, que era comerciante e inspirava confiança, propôs a Laure, recém-divorciada, sua ajuda. Um pouco desamparada, Laure aceita. As previsões, de início corretas, se sucedem. Encantada, minha consulente adquire o mau hábito de recorrer à mulher cada vez mais freqüentemente, e, mais tarde, todos os dias. Ora, pouco a pouco, as relações foram se transformando. A vidente se mostra possessiva, ciumenta, intrusa. E quando Laure encontra — enfim — um novo homem, a mulher, aproveitando-se da confiança que soubera estabelecer, não cessa de destruí-lo aos olhos de sua protegida. Ela não hesita em acusar o novo amor de Laure de terríveis defeitos, acusando-o de tudo, inclusive de infidelidade.

Por causa dessa mulher, que dessa maneira exercia controle sobre algumas pessoas de quem se dizia amiga, e às quais fingia dedicar-se,

Laure teve vários rompimentos com Bruno. Foi-lhe necessário um período de mais de dois anos para voltar a ter confiança no seu novo amigo, depois de ter sido obrigada a romper todo contato, não sem dificuldade, com a adivinha que, no final, a acossou com telefonemas, destinados a protegê-la de um monstro... de quem agora ela tem duas belas filhinhas e com quem vive um amor harmonioso há cinco anos.

Já que tudo na vida é troca, e como a vidência, embora natural, envolve um gasto de energia, não há nenhuma razão, a não ser no caso de um verdadeiro amigo íntimo, para que alguém a "ofereça". Assim, todos os adivinhos do mundo fazem uma troca, de acordo com a cultura, por fumo, bebida, alimento ou, no Ocidente, dinheiro, desde a pré-história. Você corre o risco de pagar um preço que, você vai descobrir, é amargo pela pretensa benevolência dessas pessoas, sentindo-se além disso em obrigação com elas, o que constitui um entrave à sua liberdade de amar e de conviver com quem quiser. A vidência é um dizer que marca. É necessário que seja praticada num ambiente relacional claro para que se evitem os desvios.

Quanto ao preço pedido, é difícil avaliar se é ou não abusivo. Isso depende da região, ou até do bairro em que se pratica. O aluguel de um pequeno apartamento no campo não é o mesmo que o de um três peças no Trocadéro. Quanto a mim, fixei o meu de acordo com o que cobra em Paris um advogado ou um auditor competente por hora de trabalho. Além disso, uma consulta por ano em geral é o bastante para esclarecer o destino. Finalmente, a vidência não é "tão cara assim".

O verdadeiro problema está em outro lugar: ou se dá crédito a um praticante, tanto quanto se dá a qualquer outro profissional liberal, pagando-se a ele o mesmo preço, ou se faz uma consulta por fazer, caso no qual o preço é sempre alto demais para o pouco que se vai aproveitar!

• Com toda a confiança...

Você pode se arriscar — sabendo que o melhor dos praticantes pode, com toda a boa-fé, se enganar por completo — se o médium que deseja consultar reúne ao menos duas das seguintes condições:

Ele ou ela é simpático(a) em foto ou ao telefone. Isso parece uma bobagem, mas nem sempre é. É importante que se tenha confiança. Se um médium desperta medo ou desagrado, a relação começa mal.

Verifique se a personalidade do médium escolhido não vai ser incompatível com você. Descubra antes. Todos sabem que sou membro da S.P.A. (Sociedade Protetora dos Animais). Não fique indignado(a) por encontrar cães no meu tapete, e pare de reprovar amargamente uma de minhas célebres co-irmãs por gostar de obras de arte e de um grande refinamento. Esses elementos fazem parte da nossa personalidade. Por fim, não busque consultar obrigatoriamente médiuns célebres. Nada há que os faça necessariamente mais capazes de ajudá-lo do que um desconhecido. Além disso, você corre o risco de esperar demais dele. Prefira um(a) praticante que lhe seja recomendado(a) por um amigo que o(a) consulta há muito tempo. O boca a boca é a principal modalidade, e a mais nobre, da criação de uma clientela sólida.

Ele(a) parece equilibrado(a), bem-integrado na sociedade. Isso é indispensável. Como vimos que as personalidades mediúnicas muitas vezes, no início, passam por provas, é importante verificar se elas alcançaram certa estabilidade emocional.

A relação deve ser posta em pratos limpos: nenhum segredo na hora do encontro, nem sobre o preço da consulta, nem sobre sua duração, nem sobre os métodos. Um pequeno atraso é tranqüilizador porque tende a deixar pensar que o praticante escolhido tem uma boa clientela, salvo nas cidades pequenas ou no consultório de profissionais recém-instalados. Quanto mais o comportamento do médium se aproximar do de profissionais liberais que você pode consultar, médiuns ou advogados, tanto maior será a sua chance de encontrar alguém sério.

Em contrapartida, quanto mais misteriosa for a atmosfera ou quanto mais claro for o aliciamento por meio de uma contrafação do comércio, tanto maior a velocidade com que se deve correr do praticante.

Por fim, não se esqueça de que, se é necessário que você tenha confiança, também o é, caso a consulta não se desenvolva de uma maneira satisfatória, que você fale francamente com o médium.

Um vidente não é um analista. Não é você que tem de falar; ele é que tem de adivinhar. Se a vida que ele contar não for a sua, diga-lhe isso. E se ele mesmo assim insistir, não hesite em levantar-se e ir embora. Não ao final de uma hora de trabalho, evidentemente, porque isso não seria honesto. Mas ao final de dez minutos; isso é bastante normal, e você não vai lhe dever nada.

A vidência é uma prestação de serviço e não algo dado de graça. Nesse sentido, você tem direito de ter certeza de que o médium veja, em seu benefício e no dia da consulta — porque o melhor de nós pode ter a qualquer momento falhas; um dia pode não dar certo, mas pode ocorrer de, se voltar amanhã, você ficar estupefato com o talento dele(a).

Armadilhas a evitar

Para começar, não se compreende muito bem por que me oponho tanto às consultas indiretas por Minitel e por telefone. Por um lado sei que, pegando um fragmento de foto não identificável, é possível contar em detalhes a vida de um homem falecido há dez anos a dez mil quilômetros de distância; no entanto, empenho-me em exigir um contato físico, um encontro bem material. Por quê?

Depois de cada participação em programas de televisão, eu recebia inúmeras fotos e cartas, muitas vezes acompanhadas de cheques, pedindo-me que respondesse a distância às perguntas feitas. Sempre as devolvi metodicamente. Se a minha posição é militante, ela não se deve a razões técnicas, mas a motivos éticos.

Uma consulta de vidência não é uma *pizza* para viagem, e não se deve, em nenhum caso, confundir um médium com uma máquina caça-níqueis, na qual basta enfiar moedas para ter respostas, visto que nós não somos porquinhos.

Por outro lado, o fato de consultar um vidente (sobretudo se ele for muito procurado) é uma decisão grave com relação à qual se deve refletir duas vezes. Isso demora um pouco mais do que discar um número de telefone.

Ora, antes mesmo de toda consideração acerca da real identidade do médium e de suas capacidades, fora de toda idéia de "trapaça", a relação do tipo *fast food* é perigosa tanto para o vidente como para o consulente. O primeiro perde aí o seu crédito, e o segundo corre riscos incalculáveis.

Claro que há excelentes videntes que, por razões de afastamento, têm o hábito de trabalhar assim. Esses não estão instalados em supermercados e de modo geral só aceitam essa prática quando há correspondência, o envio de fotos — no mínimo — ou então como prosseguimento para consulentes com quem já se encontraram pessoalmente antes. Nesse caso, nada há de grave a dizer, porque esse encontro a distância é apenas o prolongamento de uma verdadeira relação de confiança, sem máscaras nem subterfúgios.

Quanto a mim, recuso esse tipo de contato mesmo para consulentes habituais. Outra razão de eu me ter dedicado a esse ofício foi o fato de adorar a presença humana, o encontro, a troca.

Ora, há uma real dinâmica numa consulta face a face, que não se consegue ter com tanta força pelo telefone. Além disso, também gosto de me servir do corpo do outro, principalmente de suas retinas ou de seus dedos, como... *de um suporte!* Quando passeio pelas crateras argênteas dos olhos humanos, as imagens interiores ricocheteiam, assumem precisão, aprimoram-se. Ao final da observação discreta de um anel no dedo ou de um toque de beleza na comissura dos lábios, acumulam-se respostas, organizam-se outras histórias. O corpo presente me fala do amanhã, como se cada célula tivesse uma antena telescópica sintonizada com o futuro geral do seu proprietário e já me agraciasse com o filme...

Mas esse hábito de trabalho é o meu, e reconheço que se poderia de fato fazer o mesmo com uma voz.

O perigo não está na consulta telefônica com o médium habitual, mas nos amadores. Isabelle veio um dia me ver. Trata-se de uma mocinha sensível, esforçada, com um bom talento de pintora. Ela estuda na escola de belas artes, com muita dificuldade, visto que saiu da casa da família, com quem rompeu por inteiro, tendo de custear totalmente seus estudos. Em Paris, isso não é fácil.

Desde o começo, eu a sinto tensa. Falo-lhe rapidamente de cores, de pincéis, chegando mesmo a descrever a atual evolução do seu trabalho. Ela fica muito animada, mas vejo que nem por isso se descontrai.

Ao final de um quarto de hora, ela admite... um verdadeiro problema de consciência: para ganhar a vida, Isabelle se faz passar por vidente atrás de um Minitel. Essa menina de dezenove anos responde sem nenhum dom, sem nenhum conhecimento psicológico, a consulentes desesperados, às vezes sobre questões graves como: "Devo ficar no meu atual trabalho ou aceitar a oferta que me fizeram?" Ou então: "Meu marido foi embora com outra mulher; devo esperar ou desistir?" Ao acaso. Ela admite que responde unicamente ao acaso. Os cafetões (não há outro termo) que a empregaram por um salário próximo do mínimo apenas a submeteram a uma espécie de pequeno teste de recomendações, com um tipo de respostas gerais e hábeis a serem ditas ao interlocutor para reanimar a conversa quando a situação se degrada e o outro deseja interromper a ligação. Mais ou menos como os bons donos de bordéis ensinam as moças a fazer os clientes consumir champanha.

Quem são as colegas de Isabelle? Uma mãe de família desempregada, um jovem com AIDS, uma ex-recepcionista de hotel que, abatida pela doença, ganha a vida atrás de uma tela de Minitel, um contabilista desempregado em plena depressão que não hesita em jogar seus problemas sobre o consumidor, anunciando-lhe múltiplas catástrofes.

Lamentamos pelas vítimas no outro lado da tela. Todas as pessoas que, mergulhadas em angústia, ligam para "36 qualquer coisa" e querem saber com rapidez, com bastante rapidez, o que o futuro lhes reserva.

É claro que há situações intermediárias. Há também verdadeiros videntes, e lamento por eles, envolvidos nesse tipo de empreendimento. Porém, mais uma vez, esse dom é raro. E um bom médium causa uma grande impressão no público onde quer que passe. Além disso, com um pouco de paciência, esse dom é uma grande graça. É rapidamente possível, como eu já disse, ganhar a vida honestamente em todo lugar a partir do momento que se fale a língua.

Como aceitar um regime de produtividade quando a pessoa conhece a fragilidade de suas percepções? Como degradar uma relação que deve estar cheia de magia, de ternura e de força, respondendo ao mesmo tempo a vários Minitéis ou em várias linhas de telefone, a consulentes que nem sempre procuram de fato vidência, mas são presa de crises de angústia que a ausência de formação — e de dom! — só vai exacerbar perigosamente.

Que par estranho formam o consulente e o vidente! Às vezes, rio disso tudo no meu íntimo. Se tivesse de representar simbolicamente esse duo frágil e absoluto, eu pintaria a seguinte cena:

Uma embarcação em pleno oceano (Netuno...) e na ponte deserta ao fim do dia, ao redor de uma mesa coberta com uma simples toalha branca em que arderá uma vela, aquelas duas pessoas que se olham e trocam o essencial, vendo cair as cartas que se vão tirar, ou escutando as Runas formar os desenhos na brancura da toalha, num respeito curioso e jubiloso, porque há alguma coisa de cômico no meu trabalho. Cômico e sério, como o olhar do anjo sobre o homem.

Às vezes, chego atrasada, sem fôlego (os relógios me aborrecem, e eu nem sequer tenho um). Faço entrar meu consulente, que nunca vi e, quando ele se senta, lanço, com as mãos ainda cheias de chaves e pacotes, sem olhar para ele, com um ar distraído: "E aquela loja... Quantas preocupações cercam aquela loja... Como fazer para você sair de lá...?! Bom, vamos ver isso. Vou lavar as mãos e já volto..." O olhar do outro é inesquecível nesses momentos. A inquietação se desfaz. A confiança aparece. Essa é minha maneira pessoal de reduzir a tensão, de fazer que me perdoem a minha não-pontualidade por meio da criação do universo-ilha da relação vidente-consulente.

Como a pessoa se pode fazer pagar por minuto como um cego relógio de ponto?

Quando se deve às vezes ficar uma hora, outras vezes quarenta minutos ou até uma hora e meia com uma pessoa?

Quanto à objeção do preço, não se trata de uma coisa séria: uma hora ao telefone custa em média setecentos a novecentos francos... bem mais caro do que o preço médio de uma consulta real. Você vai gastar mais dinheiro para não ver sequer o rosto daquele que entra assim na sua vida antes de você poder desligar. Que tristeza, correr o risco de falar com um estudante, um desempregado ou uma mãe de família sem dinheiro! É tão bonito um encontro mediúnico!

Ele é necessariamente íntimo e passional. Às vezes acontece de eu ficar irritada por sentir o perigo, a mentira, a traição. Isso choca? Tanto pior. Eu cumpro o meu dever.

O som do alarme não vai ter vergonha de atormentar os ouvidos daqueles que importuna.

Não tenho vontade de agradar a qualquer preço. Tenho respeito demais pela adivinhação para trair o seu sentido. E às vezes decido não trabalhar, de propósito.

Uma jovem morena está sentada diante de mim. Eu lhe falo do estrangeiro, de um homem que ela ama, que faz negócios. Vejo-a viver num país quente. Ela concorda.

Sem saber por que, tenho um pequeno sobressalto. Ela então me explica sem que eu peça: seu amigo, com o qual ela vive na América Latina, vende... aviões.

E eu digo, incrédula: "E por que vejo a morte nos aviões?" Estou com as pupilas arregaladas; ela me responde sem o mínimo incômodo: "Porque são bombardeiros, meu amigo vende também armas."

Ah, não, nada de vidência para criminosos! Eu a levo até a porta. Não quero um único franco dessa mulher. Já tive clientes marginais, atiradores, um assassino em liberdade condicional reciclado na hotelaria. Essas pessoas correram riscos que podem levar alguém a passar anos atrás das grades. Elas jogam com a sociedade um jogo em que inconscientemente buscam limites. Têm com freqüência um pouco de sotaque sulino e, vá saber por que, de modo geral me enviam no Natal flores e chocolates espantosos, com um bilhetinho cheio de erros de ortografia. Comigo eles são sentimentais.

E quando "caem", eles aceitam a sanção de modo geral muito bem. Então vejo a "mulher" deles. Eles deixam telefones falsos e muitas vezes não dizem o verdadeiro nome. Que importa?

Estranhamente, nunca pensei em julgá-los. Serão eles piores do que o oficial de justiça que, procurando um desempregado, faz com que ele se suicide, destruindo uma família por causa de promissórias não pagas? Certamente não.

Mas, comerciante de armas? O crime e a impunidade unidos ao lucro como motivação são uma coisa intolerável. As vítimas não são mais outros vadios, mas crianças, mulheres, ternos velhinhos, que explodem um dia sob o chumbo ardente.

Não. Todas aquelas vidas interrompidas, todas aquelas mulheres enlouquecidas no meio dos destroços, diante do cadáver do filho, gritando de desespero, todos aqueles homens amputados pela guerra — as imagens que vejo não param de aumentar em mim. É uma quantidade inaceitável, que me estoura os vasos sob a pressão de toneladas de detritos sangrentos e cheios de lama. Tenho cadáveres nas narinas e, plantado nos olhos, o olhar de galinha d'angola pretensiosa desse inconsciente que se insurge com o fato de que eu me recuse a fazer o meu trabalho. Mas eu me livro rapidamente da pessoa ainda assim. Porque eu não brinco em serviço.

Tenho uma capacidade de cólera fria que um psicanalista que se divertia em demolir o meu ofício um dia no rádio conheceu em primeira mão.

Sua única resposta: "Madame, a senhora é maligna."

Sou sim. E às vezes arrogante!

Foi a única vez, em sete anos, que me recusei a mergulhar no outro, porque esse mergulho me teria deixado coberta de uma crosta indelével.

Logo, uma consulta é um verdadeiro encontro. Com implicações emocionais, controladas e relativizadas pelos anos de análise que fiz, mas mesmo assim reais.

Convoco então todos os verdadeiros médiuns que se vêem explorados por esse tipo de empresa fraudulenta ou pelos organizadores de salões de vidência, que lhes alugam a preço de ouro estandes que eles são obrigados a tornar rentáveis, dedicando-se a uma verdadeira extração, a se revoltar, a se agrupar e a encontrar um meio de torpedear aqueles que, sem vergonha, os exploram, desacreditando assim um dos mais belos ofícios do mundo ao fazer dele uma chantagem à angústia, um pequeno comércio rasteiro. Por que não se fazer conhecer e encontrar o público propondo às municipalidades conferências sobre os Tarôs e a astrologia? Em matéria de vidência, como de medicina ou segurança, não se pode ter "baixa qualidade" sem grandes estragos.

A adivinhação é uma arte essencial que não pode ser banalizada.

Passamos o praticante das artes divinatórias pelo liquidificador. Agora é a vez de vocês. Porque uma consulta bem-sucedida é um sutil acordo que é mais fácil obter com qualquer médium desde que se conheçam algumas pequenas regras de conduta interior e exterior, que irão permitir a você tirar pleno proveito da entrevista.

ANTES
Uma verdadeira motivação você terá
Neste estágio da leitura do livro, já não preciso explicar que a vidência não é um jogo de salão, mas um exercício de "síntese" de toda a sua personalidade feito antes de projetar você no seu futuro. Reflita sobre a sua motivação. Se não suporta ouvir que X ou Y talvez não seja o homem da sua vida, fuja das artes divinatórias. Elas oferecem respostas, em sua maioria corretas, mas que é necessário aceitar sem que nem sempre se possa, no momento, compreender. Isso pode ser doloroso! Ainda que um vidente sério nunca fale das tragédias que às vezes pode perceber, ele o faz por medo de se enganar, enquanto você corre o risco de não ouvir aquilo que você deseja. Isso é tudo. Mas pode ser grave. Assim, antes de marcar um encontro, pense nisso.

DURANTE
Benevolente você será
O médium está lá para falar a você, o mais precisamente possível, da sua vida passada e presente, antes de se arriscar a iniciar o capítulo do futuro. Ele não está lá para ser submetido a um interrogatório do tipo Gestapo, nem a seus olhares de suspeita quando você estiver sentado diante dele. Foi você que o escolheu. Você talvez se arrependa de estar lá. Mas ele nada pode fazer quanto a isso, deixe-o trabalhar. Todas as ondas de desafio que você envia o bloqueiam; se for honesto, ele vai pedir que você se retire. Você terá perdido o seu tempo e feito que ele perdesse o dele. Se não for honesto, ele corre o risco de pegar o touro pelos chifres numa pancadaria energética em que ele só poderá dizer: "Humm!... Vejo coisas verdadeiramente graves... Não sei se posso lhe dizer essas coisas...", a fim de desestabilizar você e, não podendo ganhar a sua confiança, terá gerado em você o medo e a dependência. Por outro lado, se a principal força motriz da sua vida for o ódio, não perca o seu

dinheiro para saber o que será o seu futuro; será uma catástrofe, de qualquer maneira. Comece abrindo o coração. Enquanto a principal parcela do seu tempo for usada para prejudicar, em atos ou em pensamentos, outras pessoas, sua vida não poderá deixar de naufragar.

Silencioso você ficará
Uma consulta é um exercício que requer certa calma. O praticante não pode ver e tagarelar com você ao mesmo tempo. Cale-se; quando, por si mesmo, ele tiver dito o que poderá dizer a você espontaneamente, você poderá falar livremente e fazer todas as perguntas que tiver no coração. Mas, antes disso, deixe que ele o descubra, como um quebra-cabeça que ele deve montar habilmente. É também através do seu silêncio que você poderá ter certeza da competência dele.

Suas emoções você controlará
Correndo o risco de parecer severa, é importante tentar, na medida do possível, manter uma relativa neutralidade emocional durante uma consulta. Ele lhe diz que você vai mudar de casa e você não tem vontade de fazê-lo! Isso é desagradável e decepcionante; o médium está prestes a compartilhar, com toda a benevolência. Mas, em contrapartida, seus grandes gestos, exclamações e discussões do estilo — "Diga logo! Você não acredita nisso! Eu não tenho só isso a fazer! E a minha firma? Você não me fala da minha firma?" — são consoladores para você, mas são desastrosos para ele; o médium não é karmicamente responsável pelo seu destino. Ele é apenas um mensageiro. Se quiser ir ao setor de reclamações, dirija-se à igreja, ao templo ou à sinagoga. Não ao adivinho. Por outro lado, ele não pode falar *ao mesmo tempo* de sua empresa e de sua mudança de casa. Deixe-o trabalhar em seu ritmo, pois só assim ele não vai sofrer um bloqueio e continuará eficiente.

O inesperado você aceitará
Se alguém tivesse previsto há dez anos, quando você juraria que seu interesse eram os louros altos, distintos e silenciosos, que hoje você estaria sentada diante de mim por causa de um pequeno mediterrâneo que

soube fazer você morrer de rir e a deixou louca de ciúme por ter seduzido todas as suas amigas, apesar de sua falta de jeito e de seus óculos de fundo de garrafa, você nunca teria acreditado. Contudo, é mesmo ele o pai de seus filhos, é por ele que bate o seu coração e, se amanhã ele viesse a deixá-la, você só aceitaria com facilidade a situação em troca daquele belo alemão por quem se apaixonou no verão de seus vinte anos. Portanto, aceite o inesperado. Deixe o médium surpreender você. Talvez essas anotações que você rabisca com ceticismo não tenham nenhum sentido hoje. Pode ser que sejam necessários dez anos para que venham a ter sentido. Mostre-se aberto, a vida é surpresa, transformação, encadeamento. Seja receptivo. Deus não dá sempre aos homens o que eles querem, mas sempre dá aquilo de que precisam.

Informado você será
É bom conhecer um pouco do funcionamento da vidência antes de fazer uma consulta. O médium *não pode* responder com o mesmo tipo de linguagem que o médico ou o advogado. Ele se expressa por metáforas, não por conclusões. A nossa cultura *não nos permite* que, sem preparação, usemos corretamente uma consulta. Sabendo o que pode de fato esperar de uma, você obterá um real proveito. (Aconselho o livro de Marie Delclos, *La Voyance en dix leçons* [A Vidência em Dez Lições]: o título é um tanto zombeteiro, mas o conteúdo é excelente.)

Realista você permanecerá
É maravilhoso ter diante de si qualquer pessoa capaz de dizer, bastando para isso ouvir o nome "Catherine", "veja, ela tem um problema no braço" no momento em que você acaba de saber que sua filha mais velha está engessada porque caiu ao esquiar! Mas a magia tem seus limites. O médium que acaba de impressioná-lo assim pode perfeitamente se enganar com toda a boa-fé, e de maneira absoluta, acerca do que acontecerá com você mais tarde. Esse é um risco a correr. A vidência não é uma ciência exata. Você está pronto a perceber alguns anos mais tarde que tudo "estava errado" sem ficar agressivo com relação ao vidente?
Se não estiver, desista de procurar um vidente. Espera-se que ele faça tudo o que pode, mas não que ele seja infalível.

DEPOIS
Criativo você se tornará
Você vai para casa com suas anotações. Algumas lhe parecem lógicas, outras não. Deixe que a sua imaginação vagueie e nem sempre para o pior.

Uma consulente, divorciada, de cinqüenta e cinco anos, e com muita experiência de vida, me procura para saber se faz bem em comprar, como previsto, um bar em Paris.

Não vejo nenhum comércio, mas vejo longas férias. Bastante água e sol. Ela vai embora abatida. Também lhe falei de um encontro, mas isso ela, com seu pessimismo, esqueceu.

Ela vai reencontrar meses depois seu primeiro amor, dez anos mais velho. Agora, ele é um rico empresário aposentado. Está viúvo há dois anos, e no fundo nunca conseguiu de fato esquecer a minha consulente.

Nada de bar a assumir, uma bela casa na Córsega, com uma história de amor eterno, de deixar um cineasta alucinado.

Quando imaginar um fio que ligaria todas as seqüências de vida que o médium lhe revela, não pense que ele é feito forçosamente de arame farpado...

O tempo necessário você esperará
É impossível julgar uma consulta depois de três meses, ou mesmo de um ano. Aquilo que hoje lhe parece um erro, ou que parece não acontecer, talvez aconteça mais tarde, ou simplesmente de outra maneira. Mantenha a sua confiança; o tempo é a coisa mais difícil de avaliar na vidência.

O serviço pós-venda você esquecerá
"Cara madame, vim vê-la em maio de 1992; sou a mulher com um filhinho que tinha problemas escolares... Veja, eu adoraria saber hoje se o meu marido terá uma oportunidade no banco ou na segurança e em quanto tempo. A senhora previu uma mudança que aconteceu, mas nós gostaríamos de ter certeza de que essa é a mudança de que falou, e não uma outra, porque temos também a possibilidade de ir trabalhar no exterior e..."

Diante desse tipo de pedido, são concebíveis dois tipos de resposta: A primeira é comercial. Agradar e garantir a fidelidade do cliente. É claro que não se tem mais nenhuma lembrança da mulher e que se tira distraidamente uma carta do Tarô. Dá-se uma resposta. Fora de contexto, porque é perigoso responder a questões precisas, a não ser com relação a pessoas íntimas de quem sabemos tudo, o que permite, pelas deduções e comparações a que podemos recorrer, que possamos interpretar a resposta sem muitos erros.

Por que quem nos diz que o marido da mulher não tem, de fato, um problema de saúde? E que é só por essa razão que as cartas não falam da retomada da atividade? Salvo em momentos de inspiração — isso acontece —, é melhor abster-se.

A segunda resposta, a minha, é justamente a abstenção freqüente. Não por preguiça, porque tenho uma real curiosidade de olhar a correspondência, mas porque me sinto impotente e porque, afora eu mesma ou os meus amigos íntimos, com os quais tenho contato natural e constante, não me vejo mergulhando por cinco minutos na vida de uma família para responder a uma ou duas perguntas fora de contexto, quando a trama, o conjunto, não está mais lá. Não sei me contentar em tirar as cartas. Preciso ter vislumbres e não os tenho com esse tipo de prática, que equivale à vidência por correspondência, menos profunda.

Muitos médiuns são como eu.

Ser-lhes-ia difícil permanecer confiáveis nessas condições.

Releia as previsões feitas antes e interprete-as você mesmo. A vidência nos vem num átimo e nos é impossível saber o que queríamos de fato dizer em 1992 sobre um assunto, simplesmente porque o esquecimento é a nossa maneira de integrar naturalmente o segredo profissional.

Se a sua pergunta não é fundamental, espere a resposta da vida. Ou então, marque um novo encontro. Um verdadeiro encontro. E vá mais longe cara a cara.

Quando o destino fica "bloqueado": aprenda a transformar suas provações para sair do bloqueio

A prática do meu ofício me levou a estar em contato com muitas situações de crise. Uma amiga me perguntou um dia sobre a presença de uma impressionante quantidade de lenços de papel numa gaveta. Eu lhe respondi que eram... para meus consulentes. Não sei por que cada um julga necessário, antes de se afogar em lágrimas, me dizer: "Desculpe-me." Por que se desculpar por ter emoções? Eu sei que a capacidade de expressá-las é uma coragem, um primeiro passo rumo à libertação. Eu os encorajo a ter essa explosão emocional que incomoda tanta gente entre nós. Através da crise, a solução às vezes já se apresenta, tal como o céu que se acalma depois da tempestade que o desfigura. São boas as razões para chorar quando se sofre. Uma razão médica: liberam-se endorfinas. Uma razão espiritual: chorar é abandonar-se, deixar de resistir, de se bloquear; deixar que o acúmulo de *stress* se desfaça. As lágrimas são a usina de reciclagem e de conversão das provações, que o Criador deu ao homem para que ele suportasse a sua lucidez.

A aproximação dos estados de crise me foi facilitada pelo fato de eu mesma ter feito análise durante sete anos. Se eu sei, hoje, que o sistema não é perfeito e que a teoria analítica é redutora, nem assim deixo de ver que ela é, no Ocidente, uma das únicas formas de iniciação que permitem resolver os problemas de transferência.

Tive a oportunidade de poder não me sentir desarmada diante dos estados de sofrimento extremo, bem como de me tornar o ponto de apoio suficientemente móvel para permitir que o outro caia na liberação das lágrimas.

Isso me levou a refletir sobre o sofrimento nas situações de crise, na reação da pessoa diante disso, bem como sobre as causas que, por meio da multiplicidade de destinos diferentes, se manifestam nos mesmos cenários, feitos de falta, abandono e sofrimento moral.

Mas, enquanto cada um espera atingir a sabedoria de Buda, é preciso tentar escapar das tempestades morais, que levam alguns de nós a extremos desagradáveis. O momento é visivelmente grave. Um empregado do metrô parisiense, encarregado da segurança, disse-me que há um ou dois anos o número de corpos encontrados nos trilhos tem crescido.

Se essa constatação macabra está ligada em parte ao agravamento da situação econômica, outra causa é a negação hipócrita com que a nossa sociedade enfrenta o sofrimento. Quando o universo publicitário nos envia modelos bronzeadas e desdenhosas, reinando em universos de sonho, quando a saúde e o equilíbrio são *tidos por certos* no mais total absurdo filosófico, que fazer da dor? Devemos curá-la como uma doença, enchendo-nos de antidepressivos, sendo ela um estado necessário à realização da personalidade? Claro que não. É por essa razão que resolvi criar o sistema "Índigo": para que a dor se torne uma energia de sabedoria. Enquanto espero escrever uma adaptação do *I Ching* e um manual do Tarô, essa foi a minha maneira de permitir a cada pessoa a descoberta do seu cérebro "esquerdo".

Índigo é um espaço de encontro para todos os apaixonados pelas artes divinatórias, uma biblioteca, um guia de bom uso da consulta. E é também um programa que permite o diálogo com o nosso inconsciente.

Infelizmente, ele não é acessível a todos, já que eu proponho, também nesse caso, a ajuda de um teste preliminar para verificar se é possível ou não que a pessoa faça auto-adivinhação.

Tenho trabalhado há dois anos para tentar traduzir, numa linguagem própria a cada situação (vida espiritual, amorosa, profissional), a sabedoria das "Runas". As Runas são pedras divinatórias usadas pelos celtas. É a linguagem variada dos godos e dos vikings. Eu queria criar um instrumento que, numa situação de emergência, fornecesse indicações confiáveis e permitisse esperar uma VERDADEIRA consulta com um vidente, que não seria um distribuidor imediato de previsões.

Em caso de crise, a reação mais comum é a tentação de se abrir ao outro, mas ela não é necessariamente a mais apropriada.

Uma alma ao vivo projeta estranhas ondas de desespero com as quais as pessoas próximas nem sempre sabem o que fazer. Por outro lado, afirmações do tipo "Veja o que eu faria se estivesse no seu lugar", mesmo quando mescladas de bondade, são perigosas e desequilibram em vez de acalmar a pessoa.

Claro que cada qual tem sua versão de como tratar o amante problemático, o empregado autoritário ou a criança desorientada. Todos estão certos de saber melhor do que você como resolver um problema acerca do qual só têm em geral idéias preconcebidas vinculadas com a sua experiência parcial da vida. Há em cada um de nós uma parte onipresente e onisciente que não se intimida nem se julga, uma parte de sabedoria que não se deixa levar pelo jorro das emoções. Mas como interrogá-la? Familiarizando-se com as artes divinatórias sem muitos riscos.

Testei Índigo "com várias cobaias voluntárias da minha turma".

Assim, uma amiga que estava de luto perguntou sem muita elaboração ao oráculo: "Como estou moralmente neste momento?" Ela tirou a Runa Kanu invertida com meu comentário: "O fim de um ciclo chegou. Não é preciso temer a perda, não sofrer com a separação, aceitar o vazio, que amanhã será um terreno fértil."

Intrigada, ela continua e pergunta: "Como é a personalidade de Jean-Pierre?" E obtém a Runa Gebo, acompanhada das palavras: "Um desejo de se doar, de união, uma escuta do outro com ternura e devoção." Ora, a pessoa em questão, seu amigo, é educador especializado e passa todos os seus fins de semana, há vinte anos, ajudando benevolentemente diversos desfavorecidos.

A coisa funciona exatamente como se a pessoa tivesse escolhido as pedras. Ora, nem todos podem ter sucesso em entrar em contato com a sua parte de sabedoria. É por isso que, tal como numa consulta com um profissional, recomendo que se faça uma tentativa perguntando *em primeiro lugar* sobre o presente, podendo você avaliar imediatamente a precisão e a confiabilidade do método.

Com esse sistema, impressionei muitos céticos, que reconhecem que "funciona". Como? Como todo sistema de adivinhação, com a própria energia psíquica de cada um. O Índigo é, tal como o *I Ching* (de que preparo uma tradução), um instrumento infatigável, sem alterações de humor, sem dias de licença, sem interferências, cheias de desejo ou de medo, de terceiros, um instrumento que pode permitir que você resolva os seus conflitos, ou dar conselhos para que você os resolva, mesmo em plena insônia ou num domingo pela manhã. Quando eu o estava testando, perguntei-lhe sobre a oportunidade de instalá-lo num serviço telemático de informação esotérica. Tirei a Runa Laguz, com meu próprio comentário: "O seu forte é a intuição. Confie na compreensão profunda que tem das coisas para apreender o universo e os outros, já que é com esse mergulho no cerne de si mesmo que você poderá compreender e ajudar."

Eu sei que o seu uso não causa problemas, graças ao uso que certas pessoas das minhas relações consideraram intempestivo do Tarô de Marselha, do *I Ching* e das Runas. Em suma, uso de todos os sistemas divinatórios, incluindo a geomancia, que me vieram parar nas mãos para que eu resolvesse minhas crises de angústia.

Fiz insistentemente cem vezes as mesmas perguntas e, com a mesma paciência e um bom humor eterno, as artes divinatórias me responderam... cem vezes a mesma coisa. Não conheço um único ser humano capaz de resistir a um questionamento tão maníaco.

Eu só esgotei a mim mesma, já que são os nossos próprios recursos psíquicos que fazem esses sistemas funcionar.

Porém, a leitura simbólica que dele tive requer uma aprendizagem particular, a que aceitei dedicar dias e noites, porque descobri que a adivinhação, quando permite uma introspecção, é o melhor ansiolítico do mundo. Também paguei o preço do começo, porque eu não sabia interpretar o oráculo, fosse qual fosse, que obtinha. O Índigo é a soma de minhas próprias experiências divinatórias e de meus anos de trabalho. Eu quis traduzir símbolos em palavras, porque não é dado a todos dialogar de maneira abstrata com conceitos. Em palavras, porque nada me ajudou mais do que a *linguagem* do *I Ching*... Frases que dão ensejo à interpretação, mas não permitem a identificação às vezes mórbida, porque total, que se tem com imagens ou símbolos.

A adivinhação não é um jogo. A consulta a um vidente é um momento importante de uma vida, um momento sagrado, que não se deve renovar com muita freqüência sob pena de dessacralizá-lo. Era preciso, portanto, descobrir um sistema para voltar a se comunicar consigo mesmo, sobretudo em estado de angústia. Foi assim que o Índigo nasceu no meu espírito, porque a adivinhação é, antes de tudo, um mergulho em si mesmo antes de ser um mergulho no futuro.

Eu queria encontrar um instrumento de fácil uso que, através de respostas a perguntas cotidianas, difundisse grandes princípios espirituais, ensinasse novamente a escuta, a paciência, a tolerância, a esperança, reativasse a criatividade, sem no entanto alimentar ilusões, e ao mesmo tempo que servisse de guia quando a pessoa não tivesse tempo, vontade e, o que às vezes é pior, competência para ajudar a pessoa em crise. O que é uma pena, em especial quando se sabe que é nesses estados de desorganização dolorosa que tudo se torna possível!

Uma filosofia econômica do crescimento *non-stop* só pode desprezar a dor; mas ela se engana ao ser uma negação de realidades cíclicas do destino, ao recusar o eterno movimento dos sessenta e quatro tipos de transformações do *I Ching*. O sofrimento não deve ser combatido como um flagelo, mas usado como uma válvula de escape, numa tentativa de alquimia que revigore a pessoa em vez de anulá-la.

Vamos falar dele, uma vez que ele assedia você, que você já não tem forças para se levantar, que ir trabalhar é um esforço renovado a cada dia, uma vez que cada uma de suas células lhe parece contaminada por um veneno mortal, e você já não tem o menor interesse pelo mundo.

Depois, vamos abordar a prevenção e o tratamento particular de uma das razões que podem facilmente levar você a isso: a insegurança diante do abalo provocado por uma desilusão amorosa.

Como sobreviver, quando se tem vontade de morrer? Pouco importam as razões que o fizeram chegar a isso. Na maioria das vezes, você nem as poderia avaliar. Todos já tiveram uma crise hepática depois de comer demais. Nesse estado desagradável, cada um tinha *certeza* de nunca mais voltar a comer chocolate ou beber champanha. Contudo... assim que o mal desapareceu, volta-se a ter o prazer de viver, e o chocolate, que tanto o prejudicou, volta a ser uma delícia.

A depressão é a crise hepática do cérebro. A pessoa se sente anulada e tem *certeza* de não voltar mais a ter o gosto de viver, de ser indigna de amor e de ter excelentes razões para morrer.

E não se pode contudo ter nenhuma certeza sobre o que será o futuro. Não se trata de um otimismo crédulo, mas de um fato observado. Lembro-me de uma senhora de sessenta anos, perdida em sofridas histórias de herança e ainda por cima doente. Eu vi, seis ou sete anos antes de o evento se produzir, uma "casa com neve a perder de vista, quilômetros de neve". Ela me respondeu secamente que, como vivia na Normandia, não percebia bem a relação.

Entretanto, como eu não me enganava a respeito de pequenos detalhes cotidianos que iam ocorrendo ano após ano, ela voltava a me consultar regularmente.

Ela reencontrou, num enterro, primos distantes que viviam em Quebec. Para arejar as idéias, ela resolveu ir passar o Natal lá. Ali, conheceu um solteiro de sua idade que suportava muito mal, ele também, o luto de sua mãe. Os dois são hoje marido e mulher. E ela vive na casa que descrevi sem que eu mesma pudesse saber do que se tratava.

Sua vida talvez continue sendo um caos, mas no momento você não sabe de nada, por isso conceda, *duvide* do pior. É o que eu chamo de esperança inteligente.

Admitida essa dúvida, como pura hipótese, CHORE. As pessoas que o cercam querem distraí-lo, acenando com "não-pense-mais-nisso" perigoso. Os sofrimentos morais são tão reais quanto as contas de telefone. Se, na leitura de um deles, a pessoa se puser a pensar em termos de "não-pense-mais-nisso", é fácil imaginar as conseqüências. Ao contrário, pense nisso. Perceba o que perdeu, avalie o tamanho do desastre. Francamente, se a verdade dói, a mentira mata.

Você tem vontade de se jogar no chão? Não pense duas vezes, não há por que hesitar, já que você tem vontade — e pare de pensar nas "pobres-criancinhas-que-morrem-de-fome-no-Terceiro-Mundo", que se supõe viver um inferno maior do que o seu. Não existe uma escala objetiva de medição da dor, e não se esqueça de que os países ricos detêm o recorde dos suicídios.

Aceite o sofrimento. Deixe que ele invada o seu ser, que se espalhe em você como uma mancha negra devastadora. É assim que você vai descobri-lo e desarmá-lo; se você o bloquear no momento em que ele se torna suportável, o sofrimento vai penetrar no profundo do seu ser como uma escavadeira dissimulada que manobra, sem que você o saiba, a sua consciência. E a queda, adiada, será ainda pior.

Tenho uma enorme admiração por Elisabeth Kübler-Ross e seus métodos terapêuticos, destinados em parte a pais que perderam filhos ou a doentes incuráveis. Ela conta a Shanti Nilaya, em *La Mort, porte de la vie* (A Morte, Porta para a Vida), que um dos métodos preconizados é o do "colchão", no qual ela instala os participantes de seus seminários e que eles agridem sucessivamente com a ajuda de bolas ou de listas telefônicas.

Mas a terapia de grupo é uma aventura particular, não é a única possível. Encontre um desencadeador de crise: uma foto da pessoa com quem você rompeu ou a quem você perdeu, um pensamento que lhe pareça insuportável a respeito de sua situação atual.

E ponha para fora a sua raiva; se você quiser esmurrar a sua almofada, faça-o, ninguém está olhando.

Depois, e só depois, pode ser que você ainda tenha rancor de alguém a quem você jamais teve coragem de dizer o que pensa por medo de que essa pessoa deixe de amá-lo, para não lhe fazer mal, em suma, por motivos errados, já que agora *você* é que está em perigo e é você que precisa se libertar.

Em vez de pegar o telefone, escreva-lhe tudo o que lhe vai no coração, mesmo se forem coisas inconvenientes e nada caridosas. Se o seu sofrimento impele você de fato ao suicídio, isso não vai ser deselegante, incorreto nem egoísta. Seja claro, porém seja justo. Nunca se esqueça de que cabe a você parte da responsabilidade, nem que seja a de ter suportado tudo aquilo sem reclamar. Precise eventualmente essa sua participação, insistindo no fato de que não gosta nem um pouco do seu papel de vítima, que uma outra era vai iniciar-se agora.

Se resolver enviá-la, espere dois dias para refletir, findos os quais você vai decidir se expede ou não a mensagem. Talvez isso não mude nada entre vocês, mas pode ser que a explicação venha a influenciar favoravelmente a situação.

Conheço também uma pessoa de quarenta anos, profundamente marcada por uma injustiça numa doação que a mãe fez aos seus irmãos e irmãs, excluindo-a. Essa preferência manifesta pelos outros a fez cair em depressão, reavivando lembranças de uma infância durante a qual ela sempre fora a boa irmã com os irmãos menores, os quais nem por isso lhe agradeceram, julgando perfeitamente normal a sua posição de Cosette sacrificada.

Seguindo os meus conselhos, ela escreveu um dia à mãe uma carta bem clara, fazendo aí a narrativa de quarenta anos de vexames.

A primeira reação da mãe foi negar violentamente o que a filha dizia, refugiando-se numa providencial amnésia.

Passado um silêncio total de dois anos, minha cliente, que não esperava mais nada, mas que depois de ter dito o que lhe ia no coração se sentia melhor, recebeu um dia uma carta que me mostrou imediatamente. Depois de graves problemas de saúde, a mãe fizera um exame de consciência e percebera seus erros passados. A velha senhora, quase cega, escreveu cinco ou seis páginas, com uma letra enorme e trêmula, que terminava por "perdoe-me". A paz se fez entre elas. E uma história de amor surpreendente se iniciou entre as duas mulheres, até a morte da mais velha.

A carta que minha cliente tinha escrito era violenta, agressiva, desesperadamente lúcida. Depois de ter provocado defesas do tipo "depois de tudo o que eu fiz por você, filha ingrata... Eu que tanto me sacrifiquei para alimentá-la", etc., ela provocara uma inesperada revolução psicológica.

Não se *perde* nunca dizendo a verdade, a não ser aquilo que já se *perdeu*.

Tendo escapado dos "pense-em-outra-coisa" dos amigos e parentes, aceite a sua incapacidade temporária. Você não tem vontade de se levantar? Na medida do possível, fique deitado. É melhor oito dias de cama do que uma depressão que leve cinco anos para curar porque você se forçou a melhorar.

Você não tem ânimo para lavar o rosto e fazer as unhas? E daí? Não faça. Já estou ouvindo os reclamos das sereias voluntaristas que pensam que se pode recuperar o gosto de viver com grandes chutes nas nádegas. Você pode tornar fresca uma rosa ressequida pondo-a num belo vaso sobre uma bela mesa? É claro que não! Então pare de pensar que sua alma sofredora ficará melhor se você fizer uma nova permanente, exceto, é claro, se você achar agradável e reconfortante ocupar-se de si mesmo, o que provaria que você já não está no fundo do abismo que eu evoquei.

Você tem o direito de não ser o herói de séries americanas vinte e quatro horas por dia.

Em contrapartida, agrade a si mesmo. Se tiver vontade de comer alguma coisa, compre-a; de ler um livro, leia-o. Os trabalhos domésticos que se danem. Isso vai levar as pessoas que o cercam a admitir que você não está bem. Se ficarem furiosas, isso não será nenhuma novidade para você: faz muito tempo que você procura mostrar o homem ou a mulher perfeitos aos olhos deles e eles sempre arrumam um defeito. A queda é dura, mas a lição valerá a pena. Esse é o melhor serviço que você pode lhes prestar, porque, por meio das virtudes do exemplo, eles saberão o que se deve fazer quando não se está bem: abandonar-se.

Não replique dizendo-me que é responsável por eles: sua responsabilidade principal é com você mesmo. Se você não der a si mesmo a parada necessária para recarregar as baterias, aí é que você pode ficar pior. Quem vai cuidar deles se você for parar no hospital?

Você não precisa ir ao fundo do poço para descobrir que ele secou.

Chore por você mesmo. Se acontecesse a mesma coisa a outra pessoa, você seria o primeiro a comover-se. A compaixão também é um exercício feito na primeira pessoa.

Você deve continuar a querer viver. É preciso pensar no amanhã. Imagine o gênero de vida que lhe parece suportável e que lhe agrade.

A maioria dos nossos sofrimentos provém da espantosa atrofia do nosso imaginário. Eu lhe proponho um pequeno exercício, tirado do xamanismo, que só vai funcionar se você admitir que é possível que guias invisíveis o ajudem. Se duvidar, releia o capítulo dedicado aos anjos da guarda e às práticas xamanistas.

Feche os olhos. Se quiser, ponha-lhes uma venda. Se você achar isso ridículo, pense que não é mais do que ter *bobbies* na cabeça ou pedalar uma bicicleta ergométrica.

Produza um ritmo regular com um tambor no qual você vai bater com uma colher enrolada num pano, para não produzir sons agudos. (Um tamborim servirá, assim como qualquer panela velha de alumínio ou de ferro.)

Nada há de supersticioso nessa prática de um ritmo lancinante de tambor destinado a provocar mudanças de estado de consciência na maioria das culturas primitivas. Na Índia, repete-se incansavelmente a mesma palavra ou a mesma frase, chamada "Mandala", para conseguir esse resultado. A razão é neurológica: o barulho penetra nas suas fibras nervosas e de alguma maneira as anestesia, pondo em curto-circuito as percepções comuns que o distraem, já que ele de alguma maneira é mais rápido e forte do que os outros estímulos. Assim, o cérebro é liberado de seus reflexos habituais e pode passar a uma outra atividade.

Esse tipo de sons também é usado por certos curandeiros, porque a anestesia é apenas simbólica.

Deixe que surjam em vocês todas as imagens que lhe vierem ao espírito. Não procure provocar o seu surgimento. Não faça nenhuma pergunta. Seja uma tela vazia.

Mas não seja impaciente. Talvez sejam necessários dez minutos de batidas de tambor para que você se livre da sensação de que está fazendo alguma coisa inútil ou absurda.

Toda a sua educação o condicionou, separando-o da sua capacidade de imaginação e da sua intuição. Você não vai recuperar isso em cinco minutos.

Você pode ajudar a si mesmo repetindo o seguinte exercício:

Eu não sou o meu espírito
Eu não sou a razão
Eu não sou os meus pensamentos
Eu não sou o meu corpo físico
Eu não sou a minha memória
Eu não sou o meu julgamento
Eu não sou o meu querer
Eu não sou dualidade
Eu sou a unidade
Eu sou o intemporal
Eu sou o conhecimento infinito
Eu sou a compaixão infinita
Eu sou o abandono total
Eu estou em todas as coisas e todas as coisas
estão em mim
O resto é ilusão.

No momento em que começar a sentir certo estado de relaxamento interior e de vazio, imagine a presença de qualquer ser, vivo ou morto, em quem você tenha uma total confiança, ao seu lado, ou então, se já tiver descoberto a sua existência, peça a presença do seu anjo da guarda.

No momento em que as imagens aparecerem no seu espírito, deixe-as desfilar. Podem surgir lembranças, cenários de angústia, de vingança, fantasmas, paisagens luminosas, encontros com personagens estranhos.

Não censure o que você visualizar. A imaginação não segue as leis da moral comum. Tente, em contrapartida, lembrar-se de cada detalhe *sensorial*. Qual a cor da paisagem, que cheiro você sentiu ao se ver novamente na escola de sua infância, que personagens conhecidos ou desconhecidos você percebeu? Anote tudo num caderno. Se não tiver ouvido nada e sua tela mental tiver permanecido vazia, é pena. Fica para uma próxima vez. Seu inconsciente *conhece* a chave do seu problema. Talvez ele não a forneça agora a você porque você não está preparado. Domestique-o. Isso talvez requeira tempo, mas os benefícios serão imensos.

Pode ser que, ao final de cinco ou seis sessões, você já se sinta bem melhor. Você poderá avaliar seu estado psíquico tirando Runas ou empregando qualquer arte divinatória com que prefira se familiarizar. Você ainda não terá feito nenhuma pergunta precisa sobre o que o atormenta. Terá descoberto que tem uma vida interior, com símbolos, cores, lembranças e ambientes que lhe pertencem. Esse mundo é tão real quanto aquele no qual você evolui sensorialmente todos os dias. Ele obedece mais ou menos às mesmas leis, diferindo pelo fato de você nele poder construir refúgios nos quais nenhum oficial de justiça ou catástrofe poderá atingi-lo.

Todos conhecem a foto que percorreu o planeta: um monge budista se imolando pelo fogo num lugar público, perfeitamente impassível em meio às chamas, continuando a sua prece.

Onde se refugiara a consciência para que ele não sentisse a dor? Naquilo que chamamos erroneamente de "mundo imaginário". "Não viva nos seus sonhos", disseram-lhe quando você era criança, falando do mundo no qual você se refugiava em si mesmo. Mas é justamente nesse mundo que é preciso reaprender a viver, por ser ele o lugar em que você poderá reencontrar forças e recriar para amanhã um futuro *melhor*, escapando ao mecanismo de destruição de que é vítima por ignorância.

Resta encontrar o caminho.

Quando sentir que chegou o momento, você poderá começar a dirigir um pouco as suas jornadas. Não seja imperativo nem reivindicativo. Seus guardiães não são funcionários da seguridade social, já que a ajuda espiritual não é um *direito*, mas uma graça.

Você logo vai encontrar o seu guardião. Pode ser uma pessoa falecida de quem você gosta, um animal que lhe oferece os seus poderes, uma figura desconhecida. Um guia é sempre benevolente. Quando a imagem dele aparecer na sua viagem interior, reconheça-o e faça a sua pergunta. Talvez você fique surpreso com o que vai se seguir, porque o seu guia vai levá-lo para áreas remotas da sua consciência. Eis o tipo de respostas que você poderá obter:

José Stevens e Lena Stevens contam, em *Secret du Chamanisme* (Segredo do Xamanismo), o seguinte caso:

Para Bob Anderson, o dinheiro parecia um problema perpétuo. Qualquer que fosse a soma obtida no fim do mês, ele nunca a julgava suficiente. Contudo, em termos objetivos, ela era suficiente. Ele fizera sólidas economias, além de bons investimentos, mas não podia tirar da cabeça a idéia de que não era suficientemente abastado para manter a família. Ele, sua mulher, Mary, e seus filhos trabalhavam duro, mas, embora os lucros do negócio tivessem aumentado em trinta por cento naquele ano, José exigia que todos fizessem horas extras, preocupado com a segurança. Apesar de todos os seus esforços, ele continuava a atormentar-se. Chegou mesmo a pensar em conseguir outro emprego para melhorar as coisas.

Mary Anderson há muito estudava o xamanismo, mas jamais tivera a coragem de ensinar ao marido a maneira de se fazer ajudar para acabar com sua preocupação com o dinheiro. Uma noite, como discutissem a situação, ela acabou por lhe falar do xamanismo. Para sua surpresa, Bob insistiu para que ela lhe explicasse tudo. Ela havia escolhido visivelmente o momento certo.

Mary explicou ao marido que ele podia contar com um aliado que o ajudaria a resolver qualquer problema. Talvez fosse bom que ele fizesse uma viagem xamânica tendo como ponto focal seu medo da pobreza. Tendo-lhe explicado o procedimento, Mary fez com que Bob se descontraísse, instalou-o confortavelmente num local escuro e lhe deu uma gravação de batidas de tambor para facilitar sua concentração.

Chegando à entrada da gruta, ele foi imediatamente acolhido por um lobo cinzento de pelagem prateada. Bob contou seu problema ao animal. "Venha, vou-lhe mostrar", disse-lhe o guia. Bob segurou-se firmemente em sua cauda e os dois mergulharam numa galeria cheia de reentrâncias. Eles emergiram ao lado de uma colina que dominava um estreito vale. Era o fim da tarde, quase noite. Abaixo deles, brilhava uma grande fogueira em cujo clarão dançarinos se dedicavam a farândulas endiabradas. Eles davam a impressão de liberdade e de grande tranqüilidade. Bob ficou com uma vontade louca de descer para dançar com eles, mas viu-se incapaz de se mover. Baixando os olhos, percebeu que pesados grilhões que iam até o solo lhe prendiam os ombros e a cintura. Era o seu peso que o impedia de juntar-se aos dançarinos. Ele compreendeu que aquelas cadeias em nada diferiam das preocupações financeiras que o atormentavam na realidade comum. Ele perguntou ao lobo como se desfazer delas, e ficou estupefato quando viu este último vestindo uma bermuda e trazendo um colchonete de borracha no qual se deitou e se pôs a ler um livro.

Bob pôde ver o título: *Férias à Beira-Mar*. Ele ficou imediatamente paralisado, pois a luz se fez em seu espírito. Havia anos que ele desejava passar férias à beira-mar, mas sempre se recusara esse prazer, dizendo, para grande decepção da família, que tinha trabalho demais para poder dar a si mesmo esse descanso.

O lobo se levanta de um salto e exclama: "Muito bem! Você começa a compreender." Com isso, o animal se metamorfoseou, tornando-se num átimo o retrato fiel do pai, falecido, de Bob. Não lhe faltava nada, nem o macacão nem a caixa de ferramentas. "Sinto muito, Bob", diz ele, "mas não é possível, você sabe, ir acampar. Nós não somos como os ricos, que podem enviar os filhos para acampar todos os anos. Por outro lado, eu preciso da sua ajuda neste verão."

Essas palavras agitaram terrivelmente Bob. Ele sentiu a raiva aumentar em seu ser, seguindo-se logo a ela uma profunda tristeza. Bob começou a soluçar. Tinha pena tanto de si como do pai, que nunca fora capaz de sair de suas dificuldades financeiras.

E o lobo voltou. Dessa vez, usava uma cartola e trazia um relógio de ouro, fora de moda, na corrente: "Ao que parece, meu rapaz, você deve pôr mãos à obra para recuperar o tempo perdido. Ou você vai continuar a viver como viveu até agora, ou perceber que tudo isso remonta à quarenta anos?"

Bob, com o rosto ainda molhado de lágrimas, sorriu; depois, baixou de novo os olhos e constatou que seus grilhões haviam desaparecido. Sentindo um profundo alívio, seguiu para se juntar aos dançarinos ao redor da fogueira.

Na saída da caverna, o lobo lhe deu um presente: "Eis um anel de ouro com uma pedra preciosa. Cada vez que você começar a pensar que está com a corda no pescoço, lembre-se de que ele está no seu dedo e vai lembrá-lo de sua viagem. Então, você terá escolha e deixará de ser escravo do hábito. Agora, você vai com a família para a beira do mar. Ela bem merece isso depois de ter suportado você todo esse tempo." Bob estoura de rir e agradece ao lobo. Quando abre os olhos, apalpa o dedo. Ainda que invisível, o anel estava lá. Ele o sentia. E Bob voltou a sorrir.

Talvez você consiga uma resposta que no momento lhe pareça absurda. Anote-a assim mesmo. Eu não sabia de fato o que queriam dizer as "manchas de tinta" com que sonhei em 1984, mas elas revolucionaram a minha vida ainda que eu não tivesse consciência disso; aquele sonho se dirigiu ao interior da minha psique e preparou o caos que permitiu que eu compreendesse que o meu lugar era no exercício profissional da vidência.

Quando mal acabara de aprender a ler, você não entendia bem as palavras. Mas nem por isso acusava o livro ou a editora de apresentar absurdos. Faça o mesmo com as visões interiores. Sua capacidade de decodificação vai aprimorar-se pouco a pouco.

Para saber que direção seguir para estimular sua vida espiritual e qual o tipo de erro que constitui um entrave para você, um grande adjutório pode vir de uma consulta ao Tarô de Marselha ou às Runas.

Se constatar que seus desejos são de fato impossíveis de realizar, talvez eles não sejam seus desejos.

Uma de minhas amigas insistia em ter sucesso no ramo imobiliário. Depois de um ou dois anos de semi-sucesso, ela se afundou totalmente ao envolver toda a família em dívidas. Naturalmente, a má conjuntura recente teve a sua influência e, apesar de todos os seus esforços, a falência foi estrondosa. Ela mergulhou numa grave depressão e perdeu treze quilos em três meses. Ainda que cética, ela seguiu o meu conselho e fez uma visualização xamânica. Seu guia lhe apareceu na forma de uma Vênus loura saindo da água, semelhante à célebre pintura de Botticelli.

Ela reviveu cenas da infância, nas quais descobriu que uma forte rivalidade sempre a afastara da irmã, mais brilhante do que ela na escola. Em vez de apaziguar a situação, os pais sempre puseram lenha na fogueira, alimentando um clima de suspeita exacerbada entre as filhas.

Adolescente, tivera uma paixão pela arte, pelos móveis antigos e pela pintura. A família, composta de comerciantes laboriosos e inquietos, a desencorajou vivamente de seguir um caminho que lhe parecia tão perigoso quanto desconhecido.

E, pondo o sucesso maternal em primeiro plano, transmitiu-lhe uma curiosa mensagem do tipo: "Você só vai ser alguém se ganhar dinheiro." Obediente, ela tentou e fracassou sucessivamente nos estudos de administração, de direito e finalmente formou-se em negócios imobiliários.

Seu guia lhe apresentou um pincel dourado que lhe pôs nas mãos. Ela viu em seguida um espelho veneziano (a presença da Itália não é casual nessa história), quadros de diferentes tamanhos e cores, empilhados na parede, e uma pequena ruela num centro de cidade cheio de velhas construções.

Ela observou o conjunto sem compreender, mas encontrou ali símbolos que a lembraram curiosamente do seu gosto pelas belas coisas do passado.

Ainda que tudo *racionalmente* a devesse ter feito procurar o mais rápido possível um emprego, ela decidiu tomar aulas de estilo, para grande furor da família.

Ela conheceu uma velha aristocrata romana, dotada de fortuna e de tempo livre, que, simpatizando com ela e admirando sua motivação, decidiu adiantar-lhe uma (pequena) soma para dar início à sua atividade de antiquária. E quando o caminho é justo, todas as barreiras caem com muita rapidez. Ela teve uma segunda chance ao comprar barato um lote de quadros dourados que reconheceu como os de sua viagem interior. Revendendo-os, progrediu. Ganhou em dois anos de atividade duas vezes mais dinheiro do que ganhara com sua imobiliária, multiplicando as oportunidades e os bons negócios num ritmo que desafia a lógica.

Não tenha medo de mudar. Se tiver chegado a um ponto de sofrimento que lhe pareça no limite do suportável é porque o seu caminho não era o correto e talvez o seu desejo não fosse o seu desejo. Não existem "pessoas que se dão bem" e "pessoas que se dão mal", não existem sortudos e azarados. Há pessoas que estão no lugar delas e pessoas que estão fora de seu lugar. Talvez o seu lugar esteja bem longe daquilo que você imaginou com a razão.

O sofrimento que você começa a usar como um gás propulsor, em vez de deixar que ele o destrua, faz perceber, pelas brechas que faz no seu ego, a trama daquilo que logo irá salvá-lo. Agora você deve começar a aceitar pela metade o fracasso que lhe dava vontade de morrer, porque sente que alguma outra coisa está se colocando no seu lugar.

Mas, se acontecer de você ainda estar cheio de dúvidas, não hesite em voltar ao começo deste capítulo.

Agora que você está mais de acordo consigo mesmo, use suas viagens interiores para submeter à prova seus projetos e esperanças. Você também pode usar a adivinhação, depois de ter feito alguns testes para saber se pode se servir das artes divinatórias. Um bom projeto sempre atende ao seguinte tipo de critério:

Você pode ter sonhado com ele quando criança ou adolescente. Não disse Freud que uma vida feliz era uma vida em que se realizavam os sonhos infantis?

Quando você pensa na realização desse projeto ou desejo, você pensa sempre na sua felicidade pessoal e considera a opinião dos outros com neutralidade.

Se descobrir que não pensa na felicidade pessoal, mas imagina a cara que vão fazer seus colegas, seus pais ou seu parceiro se o seu desejo se realizar, você está errado. Você não está na Terra para agradar ou desagradar os outros, mas para realizar plenamente o potencial que está em você.

Saiba renunciar.

Se as suas viagens interiores e os oráculos mostrarem que o caminho está fechado, aceite voltar ao começo e desista do seu desejo. Não se esqueça de que, para a maioria de nós, o que leva ao estado de desespero em que você se encontra é a incapacidade de renúncia que o Ocidente chama de "tenacidade", "obstinação", e que eu chamo de "teimosia", "desrespeito aos sinais do destino". O fato de você se comportar com a brutalidade de um representante de vendas que engana os clientes, só trará problemas à sua vida. As leis da vida obedecem a sutis progressões, todas relacionadas com o seu karma. Você não é livre para ter sucesso em tudo na indeterminação que a sociedade o faz esperar. Mas não existe ser humano sem realização, não existe vida sem a possibilidade de concretização. Há um caminho justo à sua espera. Renuncie às quimeras. Prepare o terreno para a sua nova vida. "O homem nobre deve reconhecer a tempo que a hora do recuo chegou. Quando escolhemos o momento oportuno para recuar, a operação pode se realizar de maneira amigável, sem dar lugar a 'explicações desagradáveis'." (*I Ching*).

Você mal acabou de sair de uma situação de dor extrema e começa a perceber quais são os elementos futuros que lhe vão permitir a autoreconstrução. Contudo, só o presente pode consolá-lo verdadeiramente, o presente que todos os mestres espirituais concordam em considerar como a única coisa importante.

O que acontecia quando você estava crescendo? Era preciso usar roupas maiores, porque as usadas até então já não lhe serviam.

Você só se terá realizado de fato, graças às práticas que acaba de descobrir, se o seu sistema de valores tiver sido modificado. Deve-se respeitar, *custe o que custar*, um equilíbrio de vida, pois essa é a condição para que se mantenha o começo de alívio que você está sentindo.

Ponha-se no primeiro lugar.

O *Livro das Mutações* afirma, no hexagrama 41, que a pessoa não pode ajudar os outros diminuindo a si própria.

Esse princípio é intangível. Se o seu destino deve ser o sacrifício total de si mesmo, você *já* está ao lado de Madre Teresa.

Talvez seja doloroso começar a perceber que o que você acha que são sacrifícios traduz apenas a sua incapacidade de se opor à vontade dos outros, por medo de ser rejeitado ou — o que é pior — porque propõe uma troca inconsciente do tipo "Veja tudo o que eu faço por você", o que tem como subentendido: "Você um dia vai me dever isso, de uma maneira ou de outra."

Como quer que seja, você todos os dias precisa encontrar tempo para:

- Fazer sentado as três refeições. Isso parece uma bobagem, mas quantas vezes você comeu de pé num balcão?
- Tomar banho, pentear os cabelos e, quando possível, fazer um pouco de relaxamento ou de ginástica;
- Usar ao menos meia hora para fazer viagens interiores ou, se não estiver preparado, para reler as observações que tiver feito durante as suas diversas experiências, ou então para ler obras de desenvolvimento pessoal.

A autodestruição é simples; a auto-reconstrução também o é.

Sua única segurança é a vida interior que você vai criar com o passar dos meses.

Quanto mais você se fortalecer, tanto mais poderá ajudar os outros. Seus filhos podem muito bem viver com *jeans* não passados impecavelmente, ou aprender muito cedo a limpar seus sapatos. Do mesmo modo, não têm necessidade vital de férias suntuosas, que você lhes proporciona trabalhando em excesso. Há um excelente livro que deveria ser distribuído em todos os lares com as páginas amarelas da lista telefônica; trata-se de *L'Art de gérer son temps* (A Arte de Gerir seu Tempo), de Érik Pigani. Ele evitará muitos dramas pessoais e familiares, permitindo melhores comunicações entre os homens do que as listas telefônicas anuais.

Em contrapartida, sendo a única verdadeira educação o exemplo, você corre o risco de comprometer gravemente o futuro de seus filhos se lhes oferecer o espetáculo do seu fracasso psicológico, tendo em vista que, se você se fizer em pedaços, eles não terão nenhum modelo a partir do qual se construir.

Aprenda a receber: pondo em prática a sua nova concepção da vida, você vai passar por momentos de verdadeira paz interior, vai suscitar simpatias inesperadas, bem como começar a ter sorte. Aceite sem culpa o que o destino lhe oferecer. Os xamãs não dizem que as doenças e os sofrimentos provêm da nossa recusa dos presentes que o mundo espiritual nos dá e dos conseqüentes bloqueios energéticos que isso desencadeia em nós? Assim, sem culpa, aceite os presentes e as alegrias da vida. Seu sofrimento só ajudará um infeliz se ele for sádico.

Tudo está dito. Se a mensagem lhe parecer egocêntrica, mude de idéia. O verdadeiro dom passa pela escolha, não pela chantagem ou pela pressão. Você pode logo dedicar-se aos outros, mas primeiro construa a si mesmo para ter alguma coisa a lhes oferecer. Nenhum dos princípios de emergência aqui expostos alimenta o orgulho, o narcisismo ou a irresponsabilidade. Eles são um convite à reunião de suas forças e a uma tomada de responsabilidade cósmica.

Ainda que cada um seja diferente, tenho repetido centenas de vezes as mesmas palavras acerca de problemas da vida daqueles que me procuram. Assim como uma professora, com o passar dos anos, encontra nos ditados os mesmos erros no mesmo teste, a alma humana parece intangível em suas perturbações.

Ao que parece, nossos erros, determinados por um percurso dado e pela nossa incapacidade de recuar, se repetem com uma pontualidade quase científica.

Do mesmo modo, para completar o meu "guia de emergência", vou tentar sintetizar aqui alguns princípios e verdades que "funcionam" quando se faz a opção de ter força para aplicá-los. Ainda que não resolvam miraculosamente todos os problemas, esses princípios e verdades podem, depois de algumas semanas, facilitar ao menos a redução da magnitude destes, tanto para você como para seus entes queridos.

A dor do amor
"A dor de um só, eu disse a você, vale a dor do mundo. E o amor de um só, por mais estúpido que seja, sacode a Via-Láctea e suas estrelas..." (Saint-Exupéry, *Citadelle*).

No fundo, não é um pouco disso de que sempre se morre?

O ferimento afetivo é uma lenta hemorragia por meio da qual nos esvaziamos de toda substância; assim, há ocasiões em que chegamos mesmo a ficar gravemente doente por causa de suas seqüelas. Mesmo sem chegar tão longe, todos os que o conheceram sabem como o sofrimento de amor pode transformar o dia-a-dia num pesadelo. Os minutos, os segundos passam como gotas de ácido que nos caem na cabeça.

Não existe descanso ou, se existe, é muito pouco.

Passamos um bom momento com um(a) bom(boa) amigo(a) e, de repente, sentimos o nó se recompor nas proximidades do esôfago, um sifão invisível que nos tira a energia quando já nem nos lembrávamos dele. Caímos mais uma vez no estado de carência do outro. É como se cada célula do nosso corpo falasse da presença reconfortante indispensável que se *perdeu.* Desarmado como a voz de uma criança no fundo de um desfiladeiro, e cujo eco impotente só traduz a solidão, é como se, deixando-nos, o outro tivesse levado uma parte de nós. Vi pessoas de idade cair em lágrimas diante da evocação de um amor de mais de meio século.

Não, o tempo não arruma as coisas; ele as organiza em garrafas nas quais elas ficam tranqüilas até que, quando tiramos a tampa, se difundem, rápidas como larvas, escapando ao nosso controle, apossando-se das nossas lembranças e nelas semeando um pó incandescente de arrependimentos jamais contidos.

Depois da lâmina de barbear descartável, um certo pensamento que se caracteriza como jovial e voltado para o prazer inventa o amor fácil. O sexo fácil posso admitir que é possível viver. Mas não o amor. E confundir os dois é uma falta de gosto que nenhuma civilização cometeu o desatino de fazer antes da nossa. Isso diz muito sobre o cheiro de Apocalipse que difundimos sem que saibamos.

O amor é sério. Isto que eu afirmo não é muito comercial, mas é certo. No fundo, nada é mais perigoso do que essa confiança que depositamos, às vezes sem querer, naquele ou naquela a quem entregamos a nossa vida. Ontem ele era um estranho; agora é necessário. Assim, como o mal do amor é, ao lado do luto, o problema número um na escala do sofrimento moral, a primeira precaução consiste em tudo fazer para evitá-lo.

Quando o mal ainda não se instalou
Você sente que o outro se afasta. Menos telefonemas, menos pedidos de encontro da parte dele ou um cotidiano fragmentado, certo distanciamento afetivo se instala entre vocês; a ternura vai ficando rara, quando você sente decididamente que irrita aquele ou aquela que, há algum tempo, lhe lançava um olhar de admiração. E você se sente mal.

Se vocês vivem sob o mesmo teto, há fortes chances de que você o veja mergulhado nos livros, o nariz enfiado na televisão com uma supercola invisível que nenhuma de suas palavras dissolve.

Se moram separados, suas noites se enchem de atividades diversas, ele(a) vai visitar a família nos fins de semana, que outrora vocês passavam juntinhos.

Em todos os casos, se você começa a ter a sensação de que o(a) incomoda ao telefonar, se ele(a) se atrasa duas horas, quando antes era pontual em todos os encontros, vem o sofrimento. Se você ouve amabilidades como: "Não sei como você ainda tem caspa! Há xampus para isso!" proferidas num tom de raiva, ou então "Você está comendo demais. Já reparou na sua barriga? Em dez anos você vai estar como sua mãe ou como seu pai", a coisa está quase arruinada; mas se você não reagir com rapidez, ela estará arruinada completa e definitivamente.

Você adoraria reagir, se defender, responder, ridicularizar. Mas isso não é possível. *Amar é antes de tudo confiar.* E foi essa a atitude que você teve com aquele ou aquela que hoje o(a) rejeita. De sublime aliado, ei-lo transformado em inimigo. A anulação incomoda, você se sente mais impotente do que um bebê esquecido na calçada na porta do orfanato. É tentador negar essa realidade que o arrasta. Atribuir a indiferença ao cansaço, a agressividade ao excesso de trabalho ou a problemas profissionais, de nada adianta.

Muitos consulentes, depois que eu lhes descrevo sua situação de abandono, me explicam: "Não compreendo; aconteceu de repente."

De modo algum! Isso nunca acontece de repente. É lenta a degradação que solapa uma relação amorosa. É por isso que, às vezes, ouço também: "Não entendo como pude chegar tão baixo." Ah, sim, e com toda a tranqüilidade. Os africanos dizem: "É preciso matar o crocodilo quando ele é pequeno." E eu acrescento: e não confundi-lo com um lagarto-bebê!

É, portanto, ao primeiro sinal de negligência, de impaciência e de indiferença que é preciso agir.

Como? Comece por falar.

Sempre há tempo de encontrar estratégias para fingir indiferença, desapego ou para criar uma relação de forças suficientemente brutal para saber se "vai" ou "racha". Mas antes é preciso FALAR.

Os peles-vermelhas dizem que uma relação feliz entre um homem e uma mulher deve ser vivida no eixo norte-sul, isto é, começar na inspiração e se realizar na ação.

Eles zombam do nosso eixo leste-oeste, que nos faz privilegiar a sensibilidade e a reflexão, e que resulta em intermináveis cantilenas do tipo: "Eu gostaria de ter certeza de que você sabe o que eu queria dizer quando repensei que eu tinha medo do que você pensa de mim." É óbvio que podemos parecer ridículos com a nossa constante reflexão, ainda que a instalação numa análise contínua de uma situação só sirva para revelar que, se temos necessidade de *falar* dela, é porque a sua *existência* é precária.

Em contrapartida, é necessário, já que nem todos são telepatas, verificar se o par se compreende bem. A linguagem é imperfeita, vá lá, é fonte de mal-entendidos, eu compreendo, mas afasta menos do que o silêncio, que é capaz de criar dramas irremediáveis de que a história de Camille é o exemplo mais trágico que conheço.

Camille tinha 58 anos. Não tivera filhos e não ficou casada senão por muito pouco tempo. Eu já lhe descrevera olivais, já que ela vinha do sul, quando a minha vidência sobre o seu passado encontrou um homem grande, de voz hesitante, bem moreno e viril. Ela ficou impressionada com a descrição que fiz dele "prestes a pescar", porque o homem, com efeito, outrora passava o tempo livre com os pés enfiados nos rios.

Esse homem, que vamos chamar de Marc, se apaixonara por ela num baile na metade dos anos de 1950. Seu amor à primeira vista deixou em sua memória imagens do paraíso celeste. Ela compreendeu meses depois que estragara a vida por causa de um mal-entendido e de uma traição. Mas sobretudo por causa do orgulho dos dois, que era o problema primordial...

Marc era estudante de medicina. Em 1955, numa cidadezinha do sul, a roupa branca de médico tinha um prestígio social prodigioso, sem comparação com a de hoje, claramente mais pálido.

Camille era órfã. Criada por uma tia comerciante, rabugenta e profundamente ciumenta de seu idílio com Marc. Desde o primeiro dia, a tia não parara de repetir: "Ele se diverte com você e nunca vai se casar", "Esse rapaz usa você e, quando estiver em idade de casar, vai procurar outra moça, você vai ver."

A guerra da Argélia lhes impõe uma separação de dois anos. Marc deve partir para lá. Ele jura seu amor a Camille e promete escrever-lhe. Ele o fará: cem cartas num ano. Sem uma única resposta de Camille, porque a tia as confisca cuidadosamente e não as entrega quando ela vai passar todos os fins de semana na cidade.

Camille acabou lendo essas cartas. Mas no ano anterior, por ocasião da morte da tia, ao limpar o celeiro.

Ela saltou sobre o telefone, depois de uma noite em claro de lágrimas, de raiva, de esperança.

Mas o médico já não morava em Nice. Morrera dois anos antes.

Na época, a abominável tia se encarregara de dizer a Camille estas más palavras: "Veja bem que ele não escreve e zomba de você", levando a calúnia a ponto de insinuar que uma de suas clientes vira Marc antes da partida passeando no campo de bicicleta com uma outra moça, uma "garota"...

Incapaz de imaginar, dada a sordidez da coisa, que a tia fosse capaz de uma tal maquinação, Camille se ateve aos fatos: Marc não dava notícias.

Por despeito, ela se casou no ano seguinte com outro rapaz.

No tempo das cartas, Marc de início se inquietara, depois se resignara. Mais tarde, calou-se.

Voltando da Argélia, soube do casamento de Camille. Ele também encontrou, na observação do que acreditava ser, enganado, a realidade, uma resposta às suas perguntas, uma amarga resposta. Camille provara ser inconstante e agarrara o primeiro rapaz que passou.

Ele também se casou no mesmo ano, com a filha de amigos de seus pais, notários.

Mais de trinta anos de silêncio, duas vidas mutiladas, palavras atravessadas na garganta, como espinha de peixe, plantadas na glote, lágrimas e lágrimas caindo sobre a sobrevivente, acabando com o seu equilíbrio como as vagas de uma tempestade demolindo uma represa ou como o fantasma vitorioso de uma terrível megera que nem o próprio diabo iria querer!

Reconheço que o exemplo é extremo; talvez seja a história mais cruel que já ouvi em matéria de pessoas que se desencontraram. Irremediável. Um vertiginoso absurdo.

Mas, quantas pessoas não estragaram a vida por não querer correr o risco de passar por imbecis?

Falar é, antes de tudo, dizer o que se sente. Não se esqueça, porém, de que se trata de uma tentativa de comunicação e não de um interrogatório.

Prefira usar a primeira pessoa em vez da segunda. É melhor dizer "Sinto-me muito sozinho ao seu lado e me parece que você perdeu o interesse por mim" do que "Você está se comportando muito mal; está sendo abominável comigo".

Talvez você consiga uma explicação em que aquele que você ama reconheça a situação e também tenha coisas a lhe dizer, talvez não das mais agradáveis. Isso não é o problema. Dê um crédito de confiança. Aceite as reclamações sobre você mesmo, ainda que não concorde. Reserve um tempo para refletir sobre isso. Pode ser que você esteja diante de um manipulador, mas você ainda não pode ter certeza.

Se tiver dúvida, faça uso das Runas e do Tarô. Não só a respeito dele, mas de você mesmo. Para a pergunta "Sou honesto com X?" você talvez tenha uma resposta não muito agradável. Quando há um conflito, cada um tem sempre parte da responsabilidade.

Pior seria se, tentando iniciar o diálogo, você desse de cara com uma parede.

Se, diante do espetáculo do seu sofrimento, e diante de sua sinceridade, sua companheira ou companheiro disparar:

"Deixe de sutilezas, eu não sei aonde você quer chegar quando vem com as suas trapalhadas" ou então "Como assim; estou amuado! Eu, amuado? Como assim, eu gritei! Eu não gritei!", é melhor se preocupar.

Porque uma relação não é possível com um ser que nega suas emoções, que diz no seu lugar o que você tem ou não o direito de sentir. Que recusa o questionamento. Que não se comove com a sua angústia.

Se houver relação entre vocês, é a que há entre o senhor e o escravo. Encontrei para esse tipo de relação uma definição que faz rir os que são vítimas dele: "Entre vocês, é tudo muito simples: um tem direitos, e o outro, deveres."

Mas estamos longe do universo perverso e do sadismo estético da *Histoire d'O*. Se isso divertisse você, você não estaria chorando. Você não está num perfeito jogo de decadentes maquiavélicos. Você está simplesmente prestes a perder forças todos os dias numa relação em que é *negado*. Trata-se de uma morte simbólica de você mesmo, à qual você assiste impotente. Reaja.

Se o seu querido(a) e adorado(a) não sabe mais falar, mude de método. O melhor, se vocês não vivem sob o mesmo teto, porque aí é preciso ter cuidado com o abandono de domicílio, é desaparecer — pura e simplesmente.

Tire o fone do gancho, não atenda mais. De modo algum. Ele(a) fica inquieto(a)? Tanto melhor. É o mínimo que deve a você. Deixe as mensagens se sucederem sem se preocupar com a sua angústia, que você sente aumentar a cada nova mensagem. Há bem pouco tempo, ele(a) também não se importava nem um pouco com as suas emoções. Porque agora é ele(a) que vai querer uma explicação.

Mas, como você não é um cão de caça, pronto ao primeiro toque do apito, não se precipite. Quando julgar o tempo suficiente, isto é, o tempo que você considerar necessário para se distanciar, você pode revê-lo(a). Mas, às vezes acontece que quinze dias de afastamento permitem a você examinar tão bem como se sente que já não há mais o desejo de retomar a relação.

Se isso acontecer, diga-lhe bem claramente.

Caso contrário, imponha as suas condições. É ele ou ela que interpela você, é o sinal do seu interesse. Aproveite para você também o(a) interpelar, sem raiva mas firmemente, falando de tudo o que sofreu, esclarecendo que, se por infelicidade isso voltar a acontecer, você poderá prescindir da sua presença. Ele ou ela terá bons motivos para acreditar, já que você acabou de fazer uma demonstração.

Mas há, por desgraça, uma outra probabilidade: o telefone não toca. E o outro não aparece...

Como diz o *I Ching*, "não é correndo atrás do seu cavalo que você o recupera. Se ele for de fato o seu cavalo, ele voltará naturalmente a você".

Nunca vi um único ser humano que voltasse a se apaixonar por um outro que tivesse tendência para servir de capacho. Talvez seja doloroso, mas assim é a vida! Esqueça as lágrimas, as súplicas, que não servem para nada. Como cantava Serge Gainsbourg, "eu vim dizer que vou embora e suas lágrimas não vão poder mudar nada".

Ao contrário, se permanece uma pequena chance de reavivar os sentimentos do outro, procure fazer um recuo digno. Evite desacreditar suas palavras. Ou seja, antes de fazer grandes declarações de ruptura, assegure-se de que assumirá o que diz. Se você disser toda semana ao outro que tudo está acabado, o descrédito será bem rápido.

"Não é aconselhável que afastemos os homens vulgares por meio de proibições ou meios exteriores. Quando a pessoa quer se ver livre deles, ela deve em primeiro lugar, se afastar por completo interiormente, porque eles vão observar sozinhos o incômodo que demonstramos e se afastarão..."

Quando for mais do que evidente que uma ruptura se impõe, mas você se sentir muito fraco para romper de todo, não se precipite.

Mude simplesmente de atitude com relação ao outro quando o encontrar. Você sabe no fundo que a história acabou. Observe-o. Note interiormente todos os seus gestos, examine bem o que não está em ordem na relação de vocês. Avalie-o. Com o passar dos dias, você por certo verá surgir os primeiros sinais do seu afastamento.

Enfim, se a infelicidade se abater brutalmente, porque você descobriu uma traição, uma infidelidade, tente, ainda que seja muito difícil, terminar tudo imediatamente. Na verdade, o abalo provocado por esse tipo de surpresa fragiliza a ponto de fazer a personalidade regredir à situação descrita por Jacques Brel em *Ne me quitte pas*. Eu garanto que essa súplica nunca faz voltar um amante que se afasta, a não ser que sua conta bancária rivalize com a da falecida Christina Onassis. É sórdido, eu sei, mas existe.

Além da ineficácia, pense no mal-estar que você terá daqui a cinco anos, quando cruzar com o interessado no ônibus ou no supermercado e lhe ocorrer um só pensamento: "Mas como eu pude chegar àquele ponto

por esse(a) aí?..." E sempre será muito desagradável ver o seu olhar, talvez irônico, cheio de lembranças de suas atitudes ridículas...
Agora o mal já está feito.
Acabou. Você fica sentindo uma falta que se aproxima da amputação. Vai ser necessário uma auto-reconstrução.
Há técnicas para acelerar o luto psicológico.

Pinte os cabelos, mesmo que seja com a sua cor natural.

Se os cabelos sempre foram usados na magia ou na feitiçaria, é porque são maravilhosas superfícies, ao mesmo tempo porosas, que revelam tudo o que se vai viver, e expressão da sua essência mais íntima.

Isso quer dizer que todas as carícias que eles receberam do ser amado ficam na memória dos cabelos. O mesmo acontece com todos os sofrimentos infligidos. Do contrário, a psicometria de que já falamos não existiria.

A tintura vai "queimar" um pouco tudo isso desde que associada a um pequeno ritual bem simples:

Compre sálvia. Pegue um punhado e queime enquanto aplicar a tintura e esperar a fixação.

A sálvia queima muito naturalmente, bastando dispô-la num pequeno recipiente de metal.

No momento da rinsagem, quando todas as operações tiverem acabado, você joga nos cabelos a água que preparou antes.

O poder do magnetismo foi comprovado mil vezes por meio de testes com dois recipientes de valeriana, crescendo aquela que é regada com água "magnetizada" duas vezes mais rápido do que a outra. Mesmo que você não tenha o talento de Marcel Crozier, radiestesista meridional que consegue resultados surpreendentes, é possível igualmente "carregar" a água com uma mensagem.

O ideal seria usar a água da chuva. Basta mais ou menos um copo. Na falta disso, qualquer água de fonte serve.

Antes de dormir, durante três dias antes do dia da tintura, você fala com a água, pedindo-lhe que "lave" toda lembrança que haja em você referente à pessoa com relação à qual você precisa fazer um período de luto.

O pensamento exerce poder sobre a matéria, como o abordamos amplamente; não duvide de sua eficácia. Agora, basta derramar a água sobre os cabelos recém-tingidos e lavados. Seque-se rapidamente com uma toalha, mas deixe que os cabelos sequem naturalmente.

Descobri esse poder "anulador" da tintura quando tentei fazer uma vidência com uma mecha de cabelos trazida por um consulente.

Não vi NADA, mas me pus a dizer: a única coisa que vejo, ou melhor, que sinto... é um cheiro de detergente.

Seguiu-se um estouro de riso: a mecha pertencia à própria pessoa, que acabara de pintar os cabelos.

Todas as outras informações tinham desaparecido...

Corte as unhas
Porque elas têm a mesma natureza "porosa" dos cabelos. Se isso faz mal ao seu coração, existem belas unhas prontas para usar, e que terão o mérito de não lhe relembrar, durante noites, o filme de sua descida aos infernos, que, como uma fita magnética, elas registraram dolorosamente.

Tome banho todos os dias
Pelas mesmas razões.

Dou aqui uma receita inspirada na que foi dada por um xamã mexicano a Jacobo Grinberg Zylberbaum, em *Rencontre avec les chamans du Mexique* [Encontro com os Xamãs do México], e cuja eficácia o surpreendeu. Consiga
— uma garrafa de cidra;
— uma garrafa de cerveja;
— um grande recipiente de mel silvestre

Misture o equivalente a dois vidros de cidra e dois de cerveja com o mel.

Cubra-se da cabeça aos pés com o líquido espesso que se terá formado. Fique assim durante um bom quarto de hora no banheiro. Não se esqueça dos cabelos, das axilas e das partes pudendas. Enxagüe-se e lave-se normalmente.

Depois de um acidente de automóvel, entrei em casa arrasada. Tendo voltado para uma consulta que eu deveria dar duas horas depois, era preciso que eu conseguisse anular a irritação resultante dos insultos que acabara de sofrer. Experimentei, cética, a famosa receita. Não só fiquei calma e revitalizada para a minha consulta como continuei assim nos dias seguintes.

Não compreendo absolutamente como isso funciona, reconheço, mas também não sei bem como funciona um fax, mas nem por isso deixo de me servir dele todos os dias!

Você pode repetir esse banho quantas vezes quiser.

Há fortes chances de que você ainda tenha objetos ou fotografias referentes à causa da sua dor. O ideal é queimá-las com a sálvia; mas algumas vezes, mais tarde, nos lamentamos por nos termos livrado de lembranças que, sem nos fazer sofrer, pelo contrário nos divertem quando damos com elas outra vez anos depois.

Mas, no momento, reúna todos esses tesouros num saco de tecido branco que você mesmo vai fazer e forrar por inteiro com papel-alumínio.

Mais uma vez, o efeito do metal sobre as transmissões de vibrações sutis me foi revelado em consultas. Assim, a maior parte das fotografias desmagnetizadas são as que tocaram chaves no fundo de bolsas.

Desde então, quando a fotografia está realmente vazia, pergunto diretamente: "Ela não esteve em contato com as suas chaves ou moedas, por exemplo?" E é comum que isso tenha acontecido.

Enfim, purgue-se.
Não ignoro a conotação molieresca (modernizada por Rika Zaraï) desse tipo de prática, mas quanto mais limpar as células, tanto mais depressa você esquecerá. Associe a sua tomada de purgantes à queima de um pouco de sálvia e peça à lua, como já pediu à água, que limpe a sua imaginação de lembranças que o(a) impeçam de fazer o seu luto. A lua é a mestra da imaginação. Você já viu o seu efeito sobre as marés; e como o corpo contém uma enorme porcentagem de água, ela age bastante sobre você. Confie nela.

Desde a noite dos tempos, os homens do mundo inteiro praticam a "magia branca" para se acalmar, curar, tranqüilizar.

Seja o "pequeno canto da pimenta", que os índios cuna queimam à cabeceira do doente para afastar os maus espíritos, ou o jásper cor-de-sangue que os bérberes usam para promover a paz do lar ou a harmonia do casal.

Se *não funcionasse*, há muito tempo eles teriam parado de usar.

E para fazer um amante desaparecido *voltar?* — você me perguntará.

Responderei que o amor tem por base a liberdade. E que o fato de trabalhar, por meios mágicos, para "fazer voltar" um outro é um ato de violência inteiramente repreensível, porque equivale a tentar aprisioná-lo, impedindo-o de exercer seu livre-arbítrio.

E isso é uma ofensa aos bens cósmicos mais elementares. Ora, não se pode pedir ajuda do cosmos e violar suas regras elementares! Isso só faria voltar as coisas contra você mesma.

Cataclismo ou mutação? Você decide!

Tudo começou há dez anos. Eu morava na frente da Torre Montparnasse. Na época, ainda não estávamos nesse ponto crítico, economicamente falando.

Passeando com meu cachorro pelo átrio da Torre, deixei-me levar pelo ruído do vento, pela litania regular dos veículos que passavam lá embaixo, pela vertigem dessa arquitetura.

Como sempre quando a vidência se manifesta, eu não pensava em nada.

Com frio, fraca de fome, eu fazia na época, sem razão, constantes regimes para emagrecer. Eu estava uma vez mais prestes a criar, sem o saber, todas as condições necessárias à passagem para a "dimensão supraluminosa" descrita pelo professor Dutheil.

E duas visões se sobrepuseram nitidamente diante dos meus olhos: a primeira era real. Eu via o átrio, a Torre, jovens em *skates*. Uma segunda veio sobrepor-se à primeira: uma imagem interior, porém bem mais forte do que a primeira. Exatamente como, num fundo sonoro de noite de verão, pode de súbito eclodir o ruído ensurdecedor de um rádio de carro que abafa todo som ao passar.

As placas de mármore tinham voltado, a Torre estava caída. Nos escombros, havia fogueiras ao redor das quais jovens se aqueciam. Suas roupas estavam rasgadas. Tinham os cabelos raspados ou com penteados estranhos que não deixavam de lembrar os dos bárbaros. Alguns tinham também enormes argolas e tatuagens no rosto.

Essa sobreposição durou alguns segundos. Depois, tudo voltou à ordem. Fiquei, é claro, bastante perturbada, já que na época não me sabia vidente. Eu já passara por essa sensação de sair do tempo, mas no sentido inverso, duas ou três vezes.

Adolescente, fazia minhas disciplinas no Printemps Haussmann, como tantas jovens dos bairros do oeste, que chegavam pela estação Saint-Lazare.

Um dia, na época do Natal, sentei-me num banco. Ali, mais uma vez, fui involuntariamente colocada em condições de passar para a outra dimensão, ao fixar guirlandas douradas cujo balanço, ao calor que escapava cada vez que a porta da loja se abria ou fechava, criava um efeito hipnótico.

De súbito, eu estava numa época de festas porém em 1900, 1920. A sensação foi efêmera. Vi a sobreposição de um ou dois fiacres com cocheiros. Ouvi o ruído das patas de cavalos nos pavimentos. Uma mulher com um grande chapéu, de espartilho, trazendo nos braços uma diáfana menina... passa através de mim.

Atribuí tudo à minha imaginação, mas a realidade sensorial da experiência, de cujos odores eu ainda me lembrava, me abalou seriamente.

Uma outra vez foi a foto de uma vedete da guerra de 40 que me projetou em pleno jantar-espetáculo de *music-hall* americano. Não sei se aquela mulher foi o detonador de uma viagem astral no passado, ou se, numa vidência particularmente forte, eu revivera alguns minutos de sua vida, como se tivesse me transformado nela: posso dizer que eu estava sentada — aliás, apenas uma parte da minha consciência estava sentada, estando a outra no meu quarto de adolescente — diante de uma bela toalha branca, lembro-me que se falava inglês americano ao meu redor e que vi, apoiada numa só perna uma extraordinária dançarina negra. Eu me via cercada de mulheres de penteado característico. Ouvia risos. Depois, tudo desapareceu...

Essas viagens ao passado, ou ao futuro, parecem marcar a vida de certos místicos, para quem a existência não é senão um constante mergulho no sobrenatural, como Anne-Catherine Emmerich, cuja vida e visões — como a referente à Paixão de Cristo — foram descritas pelo padre alemão Karl Schmogler, suas visões parecem autênticos saltos no

tempo. Para citar Pierre Jovanovic, "é como se ela tivesse uma câmera na mão".
Por outro lado, a jovem lia perfeitamente pensamentos e levitava regularmente.
Diante desse tipo de prodígio, meus pequenos retornos, nas noites de Réveillon, ou minhas evasões aos teatros de *music-hall*, são insignificantes histórias cujo alcance espiritual não é, naturalmente, comparável. Mas ela vivencia o mesmo fenômeno com alvos diferentes: Anne-Catherine era religiosa e estigmatizada. Suas preocupações, seu desejo, para falar em termos analíticos, não eram evidentemente da mesma natureza que os meus, francamente mais terra-a-terra.
Quanto a seus deslocamentos no futuro, seu confessor obteve um dia uma confidência despreocupada dela: "Vi um papa que coroava um homem pequeno de rosto esverdeado..." Quatro dias depois, Napoleão Bonaparte tornava-se imperador.
É preciso distinguir vidência e profecia. Resumindo, a vidência se refere ao futuro de um sujeito; a profecia, ao futuro do mundo.
Mas ocorre acidentalmente, com certos médiuns, como o inigualável Edgar Cayce, de receber também, independentemente dos tratamentos eficazes para curar doenças de que ele foi depositário, alarmantes visões sobre o nosso fim de século.
É mais ou menos nessa linha que classifico os freqüentes vislumbres que recebo do futuro.
Mas eu me perturbei quando minhas visões corresponderam, antes de eu as ter lido, às de Nostradamus. Vlaicu Ionescu e Marie-Thérèse de Brosses publicaram em 1993 *Les dernières victoires de Nostradamus* [As Últimas Vitórias de Nostradamus], obra incomparável que é capaz de mudar a opinião de todos os céticos quanto ao poder do visionário provençal.
A revista *Marie-Claire* me pediu que falasse do futuro da nossa civilização, numa longa entrevista em que o que eu dizia era comparado com o que disse Alvin Toffler, o futurólogo americano.
Eu escrevi: "As sociedades do tipo americano se encaminham para uma situação dramática. Dentro de quinze anos, a economia americana vai sofrer um grande golpe. Pessoas vão morrer de fome. Por que eu lhes

digo isso com tanta segurança? Porque há cinco anos um amigo, de volta dos Estados Unidos, me mostrou uma foto dele tendo ao fundo alguns edifícios. Saio da sala para tomar um chá, torno a olhar para a foto e vejo a mesma imagem com os edifícios desabados, completamente destruídos; a imagem era tão impressionante que eu achei, por um instante, que estava sendo vítima de uma ilusão de ótica.

Em outra ocasião, uma cliente veio mostrar-me uma foto de uma amiga americana. Eu não lhe disse nada, mas eu vi essa amiga com os cabelos em desordem, com pedaços de lama por toda parte, como se estivesse saindo de um bombardeio. Sobre o destino individual de várias pessoas que vinham me consultar a respeito dos Estados Unidos, tive *flashs* catastróficos."

E o que pensa disso Nostradamus? O mesmo que eu.

Depois dessa primeira experiência, a do átrio de Montparnasse, fiquei tranqüila durante anos. Foi há apenas uns dois anos que as visões, cuja maioria qualifico como "vislumbres selvagens", voltaram à minha vida.

A vidência é quase sempre voluntária.

Assim, preocupados com a minha presença numa loja ou num jantar, as pessoas que têm medo de serem desnudadas podem ficar tranqüilas. Não faço horas extras e, se o meu estado de consciência geral é poético, isto é, receptivo a todos os influxos da vida e voltado naturalmente para a analogia e a metáfora, não vivo sendo, de modo algum, invadida por imagens da vida do meu vizinho de mesa quando faço minhas refeições num restaurante. Quando me alimento, eu apenas me alimento... só isso.

Isso pode parecer simples, mas talvez seja a minha maior vitória. É difícil estar totalmente presente ao que se faz. Ter uma perfeita atenção a todo instante sem ser perturbado pelo movimento de pensamentos ou de desejos...

O que caracteriza o vislumbre selvagem é, com efeito, o fato de que não se pede para ter um... Ele se impõe sozinho à pessoa, em condições que começo a resumir.

Tive vários desses vislumbres nos dois últimos anos. Preferi expô-los, num primeiro momento, um depois do outro, sem comentários. Se bem que os comentários, eles também, nem sempre me tenham chegado pelos caminhos da análise.

Eu estava na Bastilha, num bistrô, onde esperava um amigo que estava atrasado. Chovia e eu estava exasperada pelos muitos contratempos que pareciam conturbar o meu dia. Não são apenas emoções celestes que me trespassam, nada disso; a raiva me invade muitas vezes. Sentada diante do meu café, fixo o fundo da xícara, tentando me revigorar. Não consigo. Meu olhar prefere então observar a água que pinga de uma cortina. E a coisa começa. É sempre o mesmo fenômeno quando vem essa série de vislumbres: um sentimento de sobreposição da realidade ambiente por uma outra mais forte, mais densa.

Vejo então explodir o vidro do Café em que estou. Há homens mascarados e de capacete que entram com barras de ferro. É um verdadeiro massacre. Está quente, a luz da rua é ofuscante e sinto uma onda de calor. Mais uma vez, "eles passam através de mim", isto é, eu tomo consciência da minha realidade não material. Vejo, em contrapartida, minha mesa se erguer e voltar ao lugar. E, detalhe divertido, percebo que a parte de baixo da mesa está cheia de chicletes. Depois, tudo acaba. Quando volto à terra, duas idéias me passam pela mente: faz frio. Devo verificar em seguida o que há debaixo daquela mesa. Meus dedos então encontram um monte de porcarias coladas: eu me certifico.

No mesmo espírito catastrofista, uma segunda visão se impõe a mim algum tempo depois.

Era uma noite de inverno numa ruela de subúrbio.

Eu tinha de pôr um documento na caixa de correspondência de uma casa. Era um subúrbio de classe média, como aquele no qual cresci. Não era nem a zona nem um bairro residencial. Pequenas casas coladas umas ao lado das outras, com jardins modestos, ainda que bem conservados. Também nesse caso eu estava irritada. Eu não tinha um mapa legível, o farol do meu carro não estava bom e meu cão decidira fazer turismo, porque vira um gato lá fora. Em termos concretos, isso significava uma série de latidos ensurdecedores e sessenta quilos de carne peluda saltando no banco de trás. Tenho vontade de me tornar uma rematada feiticeira para transformá-lo imediatamente num belo cãozinho crespo. Ele ficou tão aborrecido que se calou um pouco!

Parei no meio da ruela, preparando-me para sair a fim de ler uma placa luminosa.

E vi de súbito as casas transformadas; as grades estavam arrebentadas e os jardins invadidos por ervas enlouquecidas. Já não havia vidraças nas janelas; uma espécie de lama amarela coloria as fachadas brancas. Eu sentia sobretudo os olhos e o nariz dolorosamente irritados, como se tivesse respirado gás lacrimogêneo. Nessa desolação, ainda havia panos secando lá fora... Então, as casas devastadas ainda eram habitadas? As antenas nos tetos tinham caído e eu não vira um único ser humano. O que mais me marcou foi a cor do céu. Um céu marrom-violeta, opaco, sem luminosidade.

Quando isso cessou, até os latidos do cão me pareceram agradáveis.

Outro vislumbre num subúrbio parisiense:

Fui procurar meu currículo escolar no liceu. Não era coisa fácil, mas eu precisava dele. Mais uma vez, esperei. Nessa ocasião, não havia irritação, mas sobretudo uma emoção. Eu vivera histórias intensas de revolta e de paixão entre aquelas paredes espessas, nas salas pintadas de cor pastel, cheias de ecos e de néons.

Eu estava sentada e pensei: "Olha só, eles trocaram a máquina de café." Com ruídos de moedas num ouvido, olho para além da rampa da grande escada, quase em vertigem. Dessa vez, foi como se o tempo tivesse parado.

No começo, vejo locais consideravelmente degradados, com a pintura desgastada, o teto com vários buracos. Depois vejo homens cujo rosto está escondido por cachecóis, com metralhadoras. Eles falam alto, riem, fumam, sentados no chão imundo. Olhando pela janela, não há mais nada. Explico que as janelas do meu liceu dão para a Défense. Eles parecem antes guerreiros do que militares. São estrangeiros. Mas de onde vêm? Não sei. Nada de adolescentes, nada de professores.

Uma poeira acinzentada cobre tudo. Mais uma vez, faz um *frio* abominável. Já tenho uma imagem: a de um cão famélico e, ainda assim, contente, que se junta ao grupo de homens. Depois, o nada. Há uma geração que nunca mais preparará sua graduação naquele liceu público. Servirá de dormitório aos insurretos? Terá sido invadido por pessoas sem moradia? A construção, dos anos de 1930, é um tanto monumental. A construção é sólida. Será a única coisa que vai ficar de pé depois de uma explosão?

Mas parece que alguns lugares terão no futuro, eles também, estranhas destinações sem nenhuma relação com o que neles acontece hoje: Era em Orly. No fim do dia, cheguei lá vindo de uma pequena viagem ao sul. Sempre tive certo prazer em ver os aviões decolar. Eu não tinha comido o dia inteiro, estava muito debilitada. Ainda assim, sentia-me num agradável estado de fadiga serena quando, ao descer a escada rolante, fui de novo projetada no futuro.

Minha primeira sensação foi o eco. Um eco de igreja. Havia, como sempre, duas visões.

Na primeira, a do presente, eu via homens e mulheres levando suas malas nos carrinhos, deslizando, com pressa, descentrados, rumo a diversos destinos, ao ritmo dos anúncios no alto-falante e de uma dessas terríveis músicas de fundo que inventaram para nos impedir eternamente de nos recolher em nós mesmos.

A segunda visão se sobrepôs. Ela é incompreensível, como se Orly se tornasse uma catedral. Ao pé da escadaria, havia homens e mulheres reunidos, alguns de joelhos, outros de pé, que entoavam cânticos de mãos dadas, ou então rezavam em voz alta. Eles eram bem numerosos. Lembro-me de que suas roupas eram sombrias e de que eram ocidentais.

Essa clivagem entre o lugar e o fervor inaudito que emanava daqueles cantos continua a ser um mistério. Também lá eu vi, através dos vidros, o estranho céu marrom-violeta, e tive irritação no nariz e na garganta, como se a atmosfera estivesse bem mais poluída. Ao pé da escada, tudo terminou.

Em primeiro lugar, como no caso das mensagens do meu anjo da guarda ou de Jim Morrisson, o que me surpreende é a coerência.

A coerência não é evidente na vidência; pelo contrário. Muitas vezes, em consultas, vejo-me prestes a descrever vislumbres do futuro que não têm nenhuma relação entre si. Adquiri o hábito, e meus consulentes também, de dizer: "Vamos deixar de lado e no final veremos." Quer dizer, vamos observar o conjunto e só procurar o sentido no fim. Mas, no caso das visões, há uma real seqüência em tudo aquilo que se impõe a mim. Descubro assim as circunstâncias que favorecem essa recepção, repito, involuntária, de imagens.

Para começar, o fato de estar faminta. Sabendo que, em certos períodos da minha vida, a fome não é para mim uma coisa desagradável nem muito dolorosa porque, fato estranho, nem sempre percebo que não me alimentei, seja porque eu estava extremamente ocupada ou por estar claramente angustiada.

Esse jejum é uma constante em todos os místicos, sejam xamãs, yogis ou religiosos católicos; todos observaram a influência do jejum em estados alterados de consciência.

Uma outra variante parece desencadear isso: o meu mal-estar. A vidência — hoje eu estou segura disso — apareceu em mim como uma defesa psíquica para apreender uma realidade numa verdade que a linguagem me ocultava. Assim, quando há uma doença forte ou muito cansaço, meu cérebro passa imediatamente para a freqüência mais alta. É apenas por esse motivo que me vi outra vez prestes a fazer uma vidência para a parteira durante o período do meu parto, o que foi difícil. Ora, nos dois casos descritos aqui, eu estava oprimida, por bobagens, mas muito oprimida. E no último, o do liceu, foi também a riqueza das reminiscências emocionais que me abalou.

Então, quando vem a catástrofe? — tem-se vontade de me perguntar. Não sei. Mas sei que ela acontece seguida, graças a Deus, de um agradável renascimento.

Isso já me foi confirmado quando fiz uma das minhas primeiras viagens xamânicas, que é uma vidência provocada. Por um condicionamento ritual, o uso de batidas de tambor produz um curto-circuito no sistema nervoso auditivo habitual e permite um mergulho em mundos interiores. E tive a oportunidade de chegar sem nada aonde chegaram os pacientes voluntários submetidos a injeções de LSD 25, que não preciso lembrar que é um forte alucinógeno, sob os olhos de Stanislav Grof, o psiquiatra genial que descobriu por si, tomando uma dose, que podia se tornar um urso em pleno hospital psiquiátrico.

Mas o que causa impressão no curso dessas experiências é a nitidez das cenas ditas fantasmáticas, revividas, bem como o fato de que alguns sujeitos parecem reviver períodos inteiros de história, que parecem pertencer ao passado e não necessariamente à sua cultura. Patrice Van Eersel conta muito bem, em *Source noire* [Fonte Negra], o assombro de médicos que observam um paciente reviver todos os detalhes de um ritual tolteca dedicado a Quetzalcóatl, o deus Águia-Serpente.

Em suma, o LSD, desde que a experiência seja bem feita, isto é, sob vigilância e com o acompanhamento de um ou dois guias, permite a qualquer pessoa descobrir mundos que estão além do seu ego, viver uma experiência transpessoal.

Quanto a mim, eu diria que, tal como Obelix, devo ter caído na poção mágica quando era pequena, porque a minha consciência, sob o efeito de pressões e experiências diversas, parece ser... naturalmente expansível!

Antes de vendar os olhos, eu não tinha voluntariamente comido coisa alguma durante o dia. Mas mal as minhas mãos começaram a bater o tambor tibetano de que me sirvo habitualmente, as visões vieram num jorro.

Eu tinha pedido ao meu guia uma resposta sobre um conflito.

Mas não foi a isso que ele decidira me conduzir. Atravessei com muita rapidez uma espécie de túnel cheio de estalactites e estalagmites, antes de cair numa terra queimada. Havia ali um velho, um índio de cabelos quase totalmente brancos. Ele estava sentado, com as pernas cruzadas, ao lado de uma fogueira. Ele me estende uma xícara de ferro esmaltado onde havia uma espécie de chá, de que tomo alguns goles. Meu guia desaparece. O velho me estende uma pena de pássaro e, quando a toco, vejo-me com ele no ar sobre as asas de uma águia silenciosa e escura. Depois, ele me transmite uma espécie de saber telepático. Ele me diz que desencarnou há mais de cento e cinquenta anos, mas que vela sempre pelo seu povo. Afirma ter sido um xamã muito poderoso, bem como um grande feiticeiro. Ele me disse até o nome, de que não me lembrei, que pena, ao despertar. Primeiro ele me mostra o seu povo nas planícies. Mas eu não estava prestes a assistir a um filme, como no cinema. Não, eu *vivia* de fato com eles.

Vi meninas tirando água de um rio, um bebê nascendo sob a tenda; vi mulheres preparando uma espécie de sopa muito saborosa. Senti o vento nos ramos. Ao meu lado, o homem falava numa língua de que eu compreendia não apenas uma palavra, mas todo o sentido. Ele me disse que vivera pacificamente com eles e que tinham sido muito felizes, até o dia em que os *cow-boys* massacraram uns após outros.

Nesse momento, ele começou a soluçar, meio cantando, e chegamos a uma cidade completamente iluminada do tempo presente (Las Vegas?), diante de um índio obeso, deitado no chão, caído de bêbado, na esquina de uma cervejaria vermelha, no meio de papéis engordurados e da multidão indiferente. Compreendi que se tratava do último dos seus descendentes. Quando escrevi este livro, eu estava em plena busca em função dessa "viagem": procurava o povo a que pertencia o velho, porque tinha detalhes tão precisos sobre as roupas e os enfeites que devia ser possível identificá-lo; eu procurava a cidadezinha a que havíamos chegado.

Por outro lado, ele me pediu um "serviço", que sonho poder prestar-lhe, claro que desde que consiga reencontrar o lugar.

Depois ele foi tomado por uma cólera terrível e me pegou a mão. Ele estava bem junto de mim e me transmitia uma força estranha. A seqüência é mais difícil de descrever porque tudo aconteceu muito rápido, sem sucessão de imagens, mas numa simultaneidade tão incomensurável que não há experiência humana que se lhe assemelhe.

Digamos que vi, aos trancos e barrancos: um incêndio gigantesco em Nova York,* bombas e chumbo enchendo o céu, uma onda de calor (veja só...) assustadora, pilhas de cadáveres, explosões e trombas d'água

---

* É preciso lembrar que o livro foi escrito em 1994 e que, conseqüentemente, os acontecimentos recentes dos Estados Unidos, e principalmente os de 11 de setembro de 2001, encontram um eco especial nas visões que Maud Kristen descreve aqui.

que soterravam outra cidade. Era algo tão atroz e apocalíptico que tive dificuldade em perceber com precisão a sucessão das imagens; porém, também nesse caso, a mensagem é clara: o mundo moderno, dito civilizado, está em vias de se preparar para uma completa mutação que corre o risco de não ser nada suave.

Ouvi-o também dizer: "É o sangue dos meus irmãos que vai cair sobre a cabeça deles."

Depois, ele me deu uma semente e me pediu que a plantasse numa planície, que me indicou como situada perto de uma cadeia de montanhas vermelhas e desérticas. Ele chorava. Fiquei emocionada e atordoada. Tudo isso seriam apenas fantasmas se, para me agradecer de antemão, o homem não tivesse feito... uma cura...

Um dos meus cães, de porte bem grande, mancava há quinze dias com uma moléstia cuja causa meu veterinário não tinha identificado, mas que suspeitava ser muito grave. Deveríamos mandar fazer radiografias. A bateria de antiinflamatórios fora tentada, em vão, e não houvera nenhuma melhora.

Ora, que fez o velho índio? No momento de me deixar na planície árida, onde nos encontráramos, ele fez... aparecer perto dele o meu cão, ou melhor, a sua forma astral, e, depois de ter passado penas sobre a pele do seu ombro, mordeu-a e pareceu aspirar qualquer coisa que cuspiu imediatamente e que parecia sangue pisado. Devo dizer que esse ritual de cura é comum.

Jacobo Grinberg Zylberbaum narra inúmeros rituais como esse em *Rencontre avec des chamans du Mexique*, e os poderes do meu índio são pouca coisa em comparação com uma curandeira, Donia Sara, que parecia capaz de realizar, só pela força do pensamento, uma completa regeneração de órgãos.

Encontramos as mesmas histórias nos livros de Lynn V. Andrews. Mas o surpreendente não é o fato de o ritual ter sido praticado dessa ou daquela forma; o que interessa é que meu cão ficou totalmente curado!

E que ele ficou bom desde a minha "descida", se posso me exprimir assim, quando mancava seriamente uma hora antes.

Tenho de ir procurar a planície, pois agora me sinto obrigada a terminar o que o velho feiticeiro me pediu para fazer e que prefiro deixar em segredo por enquanto.

Portanto, vai ser necessário que o mundo passe por fases de extrema violência. Eu teria hesitado em escrever isto aqui se não tivesse descoberto, relendo *Source Noire*, de Patrice Van Eersel, que inúmeras pessoas que tiveram experiência de quase-morte, sobretudo sujeitos do quinto estágio, isto é, os que alcançaram a iluminação, tinham visualizado as mesmas imagens que eu, tingidas de apocalipse.

Alguns não hesitam em falar de "esferas de almas humanas horrivelmente misturadas umas com as outras, deslizando rumo a abismos". Alguns pesquisadores começaram até a estudar essas visões proféticas coletivas, mas ainda não chegaram a conclusões definitivas.

Porém, antes de nos desesperarmos, é preciso compreender que o mundo que nos parece normal no fim do século XX traz objetivamente as sementes e os estigmas do seu fim.

Apesar do que dizem os existencialistas, o mundo não é absurdo, e existem, para além do homem, regras cósmicas que não se podem violar com tanta impunidade por muito tempo.

Descubra o seu potencial de adaptação à sociedade futura

Nossa sociedade funciona rigorosamente em oposição a princípios e regras que foram repetidos em vão, em todas as épocas, pelos sábios e místicos de todas as religiões e de todas as culturas.

Para começar, uma sociedade que vive com a idéia de que só existe a matéria é, para o resto do mundo, precisamos ter consciência disso, uma bárbara aberração.

Sendo imortais e espirituais, pensamos em nós como seres físicos e efêmeros. Imagine a loucura de uma sociedade em que as pessoas se identificassem com suas roupas. Cada acidente de tinturaria originaria um artigo de duas colunas, cheio de digna compaixão, nos jornais gratuitos locais. Toda a ciência se dedicaria à revitalização dos tecidos injetando — por que não? — microfibras de linho, e só se falaria seriamente, e de maneira exaustiva, de sabão em pó e de cabides nos jornais e na publicidade. Ora, é mais ou menos o mesmo grau de insensatez identificar-se *somente* com o corpo, quando se sabe de que ele é feito e que uma alma se reveste às vezes de dezenas ou de centenas deles ao longo de suas sucessivas encarnações.

Por outro lado, nossa sociedade valoriza a impaciência, quando a publicidade exclama: "Quero tudo imediatamente", exclamação boba, exclamação de infantilismo consumidor que está em total oposição à experiência que todos podem fazer no dia-a-dia. Não se tem de querer *tudo*, mas fazer uma escolha e, uma vez feita esta, todos já observaram que o "imediatamente" é o caminho mais rápido para o fracasso, enquanto a paciência às vezes resolve difíceis situações.

Além disso, a cultura ambiente só valoriza o movimento exagerado. Por que tanto movimento sem rumo? Qual é a perenidade de uma sociedade baseada na força centrífuga? Quando pára, ela cai. É exatamente o que está para nos acontecer economicamente, e não me surpreendi nem um pouco com a extrema pobreza em que vejo o universo de amanhã. Isso é apenas a contrapartida de um mito de crescimento eterno e de progresso vertical, que não leva em conta a lei essencial do universo, que é a dos ciclos e das transformações.

Que arrogância demente pôde levar o homem a sonhar com uma sociedade sempre mais próspera, quando a natureza, as estações, todo o cosmos, as marés só falam de crescimento e redução, de alegria e de vazio, de verão e inverno? O interesse econômico daqueles que aí encontraram o que queriam, num expansionismo e numa megalomania cujo preço todos eles haverão de pagar.

Quanto mais passam os anos, tanto mais me parece que vivo num mundo absurdo quando ouço falar de "criar necessidades", quando a minha experiência pessoal — e transpessoal — me diz todos os dias que o único caminho é justamente o contrário. O da libertação dessas necessidades nas quais os meus contemporâneos tentam me aprisionar. Não é a posse nem a não-posse que importa, mas o espírito com que se vive cada coisa.

Contudo, eu me recuso a gostar, mesmo um pouco, dos objetos de consumo, ou a ter por eles um interesse visceral, e, ao contrário de muitos dos grandes místicos, que tiveram o tempo todo um completo desapego e indiferença à posse, eu tenho o gosto e o sentido da harmonia. Gosto, é certo, de viver da maneira mais agradável e estética possível, porque, como já disse, meu caminho não é o do ascetismo.

Meu carro nunca me trouxe um centésimo da felicidade arrebatadora que certos estados alterados de consciência provocaram em mim.

E o meu mais precioso copo de cristal, no qual tenho muito prazer em beber, nada representa ao lado de dois segundos daquilo que me concedeu a minha viagem ao lado do velho índio.

Toda a nossa escala de valores é falsa. O que acontece numa empresa quando o contador soma no lugar de subtrair e multiplica as somas que deviam ser divididas? Estagnação. E para estagnar com mais rapidez, criamos um clima geral que não faz senão valorizar a distração e a exterioridade, quando somente a recentração e a interioridade podem nos permitir ver as coisas com clareza e talvez a não nos inquietar.

Em toda parte, querem nos "ocupar". Sob um bombardeio de imagens e de ruídos da televisão, do vídeo, da música, até nos elevadores. Isso não é mais um espetáculo, mas uma *overdose*, pendendo para o exagero, algo que só pode nos devolver da nossa vida uma imagem medíocre e frustrada.

O que temem os líderes para nos impedir dessa maneira de nos reencontrar com o nosso próprio ser ao nos envolver numa enxurrada de "distrações"? A força que proporciona a vida interior, a recentração, a paciência, o domínio? Vou citar de novo o monge budista que se sacrificou ateando fogo em si mesmo em praça pública. Sua impassibilidade, que percorreu o mundo, e cuja foto já encontrei recentemente numa capa de CD de rock, *Rage against the machine*, é a forma de resistência mais forte a todo tipo de opressão.

Porque o homem que recupera todo o seu potencial intuitivo reencontra também um domínio sobre a sua vida e é impregnado por uma consciência que o impede de ter certo tipo de obediência. Ainda que não possamos, é claro, chegar cada um a ter sobre si próprio o mesmo poder, agindo assim também não estaremos mais dispostos à manipulação.

É por isso que dois milênios de Igreja Católica exterminaram os alquimistas e os diversos magos, cujas pesquisas tinham como alvo restituir ao homem nada mais do que sua dimensão divina. John White, filósofo e inventor de um termo de que gosto, fala do homem "noético". O termo foi escolhido em homenagem a Teilhard de Chardin e significa "que se refere à consciência e ao estudo desta".

E o que diz John White sobre a autonomia do *Homo noeticus*? "Ele não vai tolerar mais que a sociedade impeça o pleno desenvolvimento de suas potencialidades. Sua psicologia será fundada na expres-

são das emoções, e não mais na sua repressão. Sua motivação será a cooperação e não mais a competição e a agressão. Sua lógica será polivalente, integradora, simultânea, e não mais seqüencial, linear, alternativa. Os caminhos sociais já não serão convenientes para ele."
Quanto a mim, isso se aplica em larga medida. Sofro todos os dias por viver numa sociedade que põe em primeiro plano valores que não têm nenhuma importância e que, mais do que isso, são desprovidos de sentido.

Vocês já observaram a expressão particular que fazem as numerosas modelos nos anúncios. O que se destaca é uma arrogância ridícula do gênero: "Eu sou de fato um ser muitíssimo superior, bem distante de vocês, pobres mortais cheios de preocupações; eu não tenho defeitos, nem emoções e, através dos meus olhos vazios de toda compaixão e doçura, vocês se agitam como sapinhos inúteis que quase maculam a minha indiferença de um outro mundo."

Ora, eu posso afirmar, a partir das experiências feitas com as cerca de três mil pessoas que atendi em sete anos, que as pessoas que se perdem nos pequenos jogos da arrogância — o destino é assim — de maneira geral recebem um eco tão rápido quanto o do som, porém mais violento. E a vida se encarrega de abalar aquele que se julgava uma rocha.

"As altas montanhas são usadas pelas águas e os vales, não alagados. A lei das forças do destino esvazia o que está cheio e proporciona felicidade ao humilde. Os homens também detestam aquilo que é pleno e amam a humildade." (*I Ching*)

Não é algo moral, é assim mesmo. E tão incontornável quanto um princípio de jardinagem que obriga a cortar os galhos regularmente a fim de que se possa desenvolver uma moita.

E quando não representam a arrogância devastadora, as modelos são levadas pelos publicitários a imitar a hilaridade histérica e o movimento arrebatado. E nós temos todos os dias o direito de ver as paredes cobrirem-se de modelos femininos e masculinos tomados por um riso tolo, agitados, com os braços cheios de pacotes. Nesse caso, temos: "Corro, corro, faço dez mil coisas ao mesmo tempo, todas mal e superficialmente, nunca a mesma, porque eu sobretudo não me aprofundo em nada, pois isso me faria correr o risco de ser coerente, e eu não conheço dez segundos de solidão, o que é desejável já que, na situação em que estou, em degenerescência mental, eu morreria por isso." Fico morrendo de raiva. Porque recebo todo dia no meu consultório as vítimas desse ideal absurdo, ferozmente destrutivo. Porque esses pacotes desembrulhados levam ao desejo de outros pacotes, que, como uma droga, sempre pedem outros, assim como pedem a vida, que tende a ser tomada por uma sucessão de comédias estéticas do tipo: "Bem, joguemos golfe"; "Visitemos os Durand"; "Pratiquemos *squash*" — o que um dia se transforma em "E cheguei ao cemitério sem nada ter feito da minha vida", a não ser ficar cheio de angústia diante da idéia de perder um princípio de fuga e de posse que, sob meu sorriso crispado, me protegeu de toda experiência realmente fundamental: o amor e o conhecimento.

Ainda que eu faça justamente parte do grupo dos privilegiados de todos os níveis, aos quais ela tanto agracia, já que possuo aparentemente tudo o que ela preza, eu de fato não vou sentir saudades dessa sociedade que tira a vitalidade dos homens e leva os adolescentes ao suicídio.

Se eu tivesse de trocar o meu belo apartamento por uma caverna ou por um barraco, isso não teria nenhuma importância, desde que todos recuperassem o sentido do sagrado. Que aqueles que nos dirigem sejam outra vez escolhidos com critérios de chefes, e não mais de técnicos, covardes e sem inspiração, que se especializam em abrir guarda-chuvas para fugir de todas as conseqüências de seus atos.

Os jovens não são bobos. Eles vêem os pais sofrendo e não se deixam enganar. A expressão musical muda. Enquanto a onda do "iê-iê-iê" falava em seus textos um pouco açucarados de libertação amorosa, os campeões das paradas deste verão nos oferecem textos cuja real profundidade filosófica e cuja análise social tão justa negam definitivamente o lugar-comum segundo o qual os adolescentes de 1994 seriam fúteis.

Assim, o grupo de *rap* IAM, que hoje todos conhecem pela sua canção *Je danse le mia*, denuncia esse tipo de atitude por meio de outra canção, *Contrat de conscience*: ... "eles têm tudo nas urnas e nada na alma". Talvez seja trivial, mas é realista.

Porque a força vem do espírito, não da matéria. E uma sociedade que escolhe suas elites com critérios como a capacidade de memorizar, de sintetizar e de reproduzir sistemas aprendidos é, em suma, uma sociedade tecnocrática que exclui os intuitivos e os inspirados. E são estes últimos, como tentei demonstrar, os únicos que sabem agir com rapidez, na hora da emergência, porque só o desenvolvimento do pensamento holístico pode fazer frente à crise atual. E, em termos de relação de forças, algumas imagens falam por si mesmas. O que pode fazer o ocidental medroso, que teme a perda do seu conforto e dos seus bens, ao menor problema com seus pares, reunindo-se em sessões, comitês, antes de tomar a menor decisão? Se ele tem de entrar em conflito com um chefe do Terceiro Mundo que tem o poder sem partilha, um fanático, integrista, e para o qual a vida tem menos sentido que a honra? Grande coisa não é. A não ser, naturalmente, perder.

O episódio americano da Guerra do Vietnã, da Guerra do Golfo, mas também os eventos da Somália, do Haiti e, mais recentemente, da ex-Iugoslávia, são apenas uma amostra do que nos espera no resto do mundo se não "mudarmos nossos métodos", como me disse Morrisson a propósito dos meus.

Causa medo que, depois de termos tomado todo o mundo por selvagem ou retardado cultural, conheçamos um reverso tão agudo da medalha. Julgamos hipocritamente urgente bombardeá-los com latinhas de Coca-Cola e com valores ocidentais para salvá-los do seu obscurantismo — e sobretudo para poder pilhar seus recursos e dar em troca ajuda humanitária...

Nossa linguagem de "duas caras" corre o risco de nos custar o nosso conforto, por um retorno kármico, de que talvez um despertar geral ainda possa nos salvar, com a condição de sabermos aceitar a perda da sociedade de hoje.

Elisabeth Kübler-Ross estudou as cinco fases do luto da seguinte maneira:

- A primeira é a negação, o "não, não é possível"; nós nos recusamos a saber.

- A segunda é a raiva, o "isso é culpa de...", a revolta, a agressividade, a cólera.
- A terceira é a barganha: "Um bom acordo, vou perder aquilo que tenho mas, talvez, mesmo assim, ainda me reste um pouquinho, bem, só um pouquinho..."
- A quarta é o abatimento, a depressão e a anulação, com seu cortejo de desestímulos.
- E, por fim, a quinta, o renascimento, uma espécie de graça mágica através da qual a prova é de súbito integrada, transformada.

Lendo isso, percebi bruscamente que essas fases por certo descrevem a maneira como cada um poderia reagir hoje diante da crise moral, econômica, familiar que tomou conta de nós. Não há uma única esquina de Paris sem um mendigo que tenta recolher, com um recipiente, moedas que lhe permitam sobreviver. Mandá-lo trabalhar? Onde? Não há uma família sem um jovem desempregado.

As grandes promessas se mostraram mentirosas. "Estude" — era o que nos diziam os adultos quando éramos jovens. Supunha-se que eles nos garantiriam o bem-estar e o conforto. Mas a evolução social sistemática é um engodo aritmético: dois operários, cada qual com dois filhos, podem gerar quatro técnicos na primeira geração, mas não oito dirigentes médios na terceira, dezesseis superiores na quarta nem trinta e dois diretores-presidentes na quinta!

E como podemos ao mesmo tempo ser modelos para os nossos filhos explicando-lhes que só seremos felizes se eles se saírem *melhor* do que nós socialmente, o que é uma maneira implícita de admitir o nosso fracasso imaginário?

Poderemos ter alguma autoridade diante de seres aos quais pedimos para ter sucesso social, isto é, resgatar o que apresentamos erroneamente como nossa incapacidade?

Se nos julgamos incapazes, não vejo em nome de quem poderemos dar-lhes conselhos, correndo o risco de ouvir um "E o que você fez da sua vida?" bem merecido, por nos apresentarmos diante deles fazendo exigências. E se não podemos servir-lhes de modelo, como eles vão crescer? Mal, e não tendo nenhuma vontade de se tornar adultos. Nós os transformamos de crianças em salvadores em potencial. Crescidos, eles também serão insatisfeitos, à nossa imagem. É essa a mensagem que o nosso exemplo transmite. E educação não é mais do que o exemplo. Exagero? Não creio. Falando com inúmeros psicoterapeutas infantis, parece que a indicação que leva os pais a se preocupar com a saúde psíquica da sua progênie não é nem a angústia nem o sofrimento, mas... o fracasso na escola.

Ora, a nossa sociedade está doente. E, como acontece no luto, vêm primeiro os que negam a doença. Essa é a tarefa dos políticos, que nos enganam com uma hipotética retomada do crescimento, manipulando os números como um alfaiate hábil manipulava as roupas em plena penúria durante a Ocupação: se fizermos isso direitinho, ninguém vai perceber muito.

Os segundos são os que se entregam à raiva. Raiva racista, raiva social. É culpa dos patrões, dos jovens, dos *gays*, dos velhos, dos desempregados.

Os terceiros, em fase de barganha, acalmam-se tranqüilamente dizendo a si mesmos: "Eu também já não saio muito de férias; meu filho mais velho está desempregado, é verdade, mas isso quer dizer que, estatisticamente, minha filha vai encontrar emprego, porque dois desempregados na minha casa é inconcebível." Subentendido: "Eu já paguei."

Os quartos estão desesperados. Trata-se do crescente número dos que provocam acidentes de automóvel, que estão aumentando, que vivem graças aos ansiolíticos de todo tipo ou, o que é mais grave, põem fim aos seus dias.

Os quintos, de que faço parte e que passaram jubilosamente pelas quatro primeiras fases, tentam entrever o mundo de amanhã. E os sinais precursores de uma nova humanidade de potenciais curiosamente ampliados.

É como se, brutalmente, tudo estivesse de acordo: o resultado de experiências dos físicos quânticos, o espantoso trabalho dos observadores da morte com seres que, tendo chegado perto dela, têm como eu o sentido de todos os seus valores profundamente modificado, num sentido claramente espiritual, independentemente de suas crenças filosóficas ou religiosas fundamentais, e as mensagens de outros planos de consciência... tudo está de acordo. Kenneth Ring, um dos especialistas americanos das Near Death Experiences, não hesita em falar da hipótese de uma próxima mutação coletiva da humanidade, que recuperaria seus poderes passados, poderes de que, no momento, só umas poucas pessoas são depositárias e conhecedoras. Sua tese me seduz ainda mais porque eu teria muito prazer em poder contribuir, por meio da minha pequena experiência pessoal, para aquilo que ele qualifica como reforço do campo "morfogenético humano".

Quanto ao anjo de Gitta, ele lhe deixa a mensagem perturbadora que, ao final deste relato, assume todo o seu sentido:

"A nova língua faz nascer novos ouvidos; ainda não há ninguém para ouvir o som, a voz vibra, a matéria, o lodo original freme, assim nascerão os novos ouvidos..."

Aí se inscreve o meu combate cotidiano: na urgência de preparar os "novos ouvidos". Essa é a missão humanitária que resume todas as outras, porque o sujeito que conhece o despertar não provoca, à sua passagem, nem morte nem destruição, o que não me impede de ser uma verdadeira guerreira à imagem do feiticeiro yaki descrito por Castañeda em *Voyage à Ixtlan*.

E se as visões trágicas de que tenho sido a tela involuntária, a que se unem as inúmeras que outras pessoas tiveram, não tiverem outro sentido senão nos fazer passar o mais perto possível da nossa morte coletiva, de maneira que, como as pessoas que voltam das experiências de quasemorte no plano individual, tenhamos uma profunda e radical mudança de valores?

Tudo ainda é possível. Inclusive a nossa salvação, já que o "despertar" anula o karma acumulado, mesmo o coletivo, e é juntos que precisamos reagir, por meio de uma luta cotidiana contra tudo o que nos descentra, nos dispersa, nos distrai e nos prende. Sabendo que podemos reencontrar em nós mesmos o saber que outros fingem deter em nosso lugar, e que existem guias, em outros planos de consciência, que só pedem para nos conduzir.

Com furor e amor, sem complacência e com eficácia, prontos a alterar nossos hábitos e os dos outros por meio de uma dessas belas cóleras como a que teve Jesus diante dos mercadores do templo. Unidos na mesma necessidade de nos transformar e de desenvolver em nós toda a nossa humanidade.

E assim como uma única folha só amarelece com o silencioso assentimento de toda a árvore,
Assim também o malfeitor só pode agir mal com a secreta aquiescência de todos nós.
Como uma procissão, vocês avançam juntos, rumo ao seu eu divino.
Vocês estão no caminho e entre os que caminham.
E quando um de vocês tomba, ele tomba por aqueles que vêm atrás dele, evitando que encontrem a pedra de tropeço.

Khalil Gibran, O Profeta

E, por fim, não quero encerrar este livro senão com o texto a seguir... talvez severo?

Em outras palavras, a profecia renasce 3.275 anos depois.
A espiritualidade vence as forças materiais, o grande poder divino desce do céu.
Cuidado, cuidado, homem.
Porque o reflexo da vaidade vai sair do espelho e estrangulá-lo.
Nossos ancestrais sabiam disso; eles escreveram.
Hoje, a quem isso tem servido?
O tempo mata o físico e o espírito permanece, e nada vai conseguir abalá-lo...
Faraó, retorne!

O que escolhi então para concluir?
Um velho poema de um místico visionário asceta e medieval? De modo algum! É uma parte da canção *Pharaon, reviens!*, do grupo IAM,

autor de uma outra de que já falei, *Je danse le mia*, que foi um dos sucessos do nosso verão de 1994.

Quem compra esses discos? Os jovens. Aqueles com os quais amanhã se terá de reconstruir o mundo. Eles, ao que parece, compreenderam... E é isso que eu chamo de esperança!

Paris, setembro de 1994

Bibliografia

ANDREWS Lynn-V., *Femmes de pouvoir, femme étoile*. (O relato de uma mulher em busca de iniciação. Uma apaixonante exploração.) Espace Bleu.
AUGERIAS François, *Domne ou l'Essai d'occupation*. Le Rocher.

BENDER H., CHAUVIN R., FAVRE F., JANIN J., *Soixante années de parapsychologie*. (Uma boa abordagem resumida da questão científica.) Kimé.
BEVILACQUA Marguerite, *Voyance et Prophéties*. Henri Veyrier.
BLUM Ralf, *Les Runes divinatoires*. Robert Laffont.
BOUNIAS MICHEL, *Si Dieu avait créé le monde*. Philippe Lebaud.

CHARON Jean, *Le Monde éternel des éons*. (Indispensável para penetrar os mistérios da matéria.) Le Rocher.
CHAUVIN Rémy, *La Fonction psy*. Robert Laffont.

DELCLOS Marie, *Le Toucher intérieur*. Souffle.
DELCLOS Marie, *La Voyance en seize leçons*. (Muito mais profundo e sério do que permite supor o título.) Librairie de l'inconnu.
DONNER Florinda, *Le Rêve de la sorcière*. Le Rocher.
DUTHEIL Régis, *L'Homme superlumineux*. Sand.

GRINBERG Jacobo, *Rencontre avec les chamans du Mexique*. Le Mail.

HALIFAX Joan, *Les Chamans*. Seuil.
HARDY Christine, *La Science et les États frontières*. Le Rocher.
HURTEAU-MIGNON Chantal, *Cherche âme soeur*. Dangles.

JOVANOVIC Pierre, *Enquête sur l'existence des anges gardiens*. Filipacchi.

BIBLIOGRAFIA 239

KÜBLER-ROSS Elisabeth, *La Mort, porte de la vie*. Le Rocher.
KÜBLER-ROSS E., *La Mort dernière étape de la croissance*. Le Rocher.
LABORDE-NOTABLE Élisabeth, *La Voyance et l'Inconscient*. Seuil.
LAPLANTINE François, *Un voyant dans la ville*. Payot.
LIGNON Yves, *L'Autre Cerveau*. (Instrutivo e repleto de humor, obra dos novos horizontes.) Albin Michel.
MALLATZ Gitta, *Dialogue avec l'ange*. (Meu livro de cabeceira.) Aubier.
NICHOLS Rosanna, *Vivre la voyance*. Âge d'être.
NICHOLSON S., *Anthologie du chamanisme*. Le Mail.
ODIER Marcel, *L'Esprit de la nouvelle science*. L'âge d'homme.
ORION Blanche, *Voyance destinée à la conquête de la chance*. Verseau.
PIGANI Érik, *L'Art de gérer son temps channels*. De Vecchi Verseau.
PLACIER Anne, *Guide de la voyance*. (Perfeito para acabar com os charlatães...) Philippe Lebaud.
STEVENS José e Lena, *Secret du chamanisme*. J'ai Lu — New Age.
SUGRUE Thomas, *Edgar Cayce, Il est un fleuve...* De Mortagne.
VAN EERSEL Patrice, *Source noire*. (Um clássico indispensável para compreender a ampliação de nossa noção da consciência.) Grasset.
VAN EERSEL Patrice, *Le Cinquième Rêve*. Grasset.
VARVOGLIS Mario, *Rationalité de l'irrationnel*. (Rigoroso e audacioso na abordagem científica.) Interéditions.
WILSON Colin, *L'Occulte*. (A obra de referência por excelência, tanto no plano histórico como no filosófico.) Philippe Lebaud.

Se você está procurando informações sobre as questões esotéricas e espirituais, se você deseja descobrir as Runas ou falar o que pensa sobre essas questões, visite o *site* http://www.maudkristen.com